대학생이 알아야 할
인성·교양
윤리의 문제들

서 문

　내가 여러 대학 강단에서 학생들에게 전공을 포함하여 교양과 인성 그리고 윤리 교과목을 강의한지도 20여년이 훌쩍 흘렀다. 그 사이 사회 환경이 바뀌고, 대학생들의 삶의 방식도 많이 바뀌었다. 그러다 보니 대학에서 이들 교과목에 대한 수업방식도 거의 해마다 바뀌어 온 것 같다. 한 해 한 해 지날수록 대학에서의 교양 교육의 중요성은 강조되지만, 정작 교양교육의 현실은 이를 비웃기라도 하듯 부실하게 운영되고 있는 것이 안타까운 사실이다.

　나는 지난 2014년에 대학생들을 위한 교양서로 『20대, 이제 철학을 만나다』(동문사)를 출간한 바 있다. 이번에 출간하는 이 책은 지난 번 책에서 다루지 않았거나 좀 더 보완해야할 주제들을 선별한 것으로서, 대학생들이 꼭 알아야 할 '인성', '교양', '윤리'의 문제를 중심으로 구성하였다. 특별히 이 분야를 중점적으로 다룬 이유가 있다. 나는 평소에 대학 교양 교육의 핵심 목표와 가치는 인성이 겸비된 인재, 교양을 갖춘 인재, 윤리적 소양을 지닌 인재를 양성하는 데 있어야 한다고 확신하고 있었기 때문이다.

　사회가 아무리 빠르게 변한다 해도, 그 속에서 살아가야하는 주체는 바로 우리 인간이다. 그렇다면 인간으로서 우리가 해야 하는 기본적인 삶의 태도, 이웃과의 관계, 사회적 책무는 그 양상만 달라졌을 뿐 우리가 해결해야 할 기본적인 문제들은 동일하다고 나는 생각한다. 그런 점에서 대학에서의 교양 교육도 점점 세분화, 전문화 되고 있지만 가장 중요한 정신만은 동일하다고 본다. 바로 그 점에서 인문학, 사회과학, 공학, 예체능을 전공하는 모든 대학생들이 나름의 주체적 시각을 가지고, 이웃을 배려하고, 공동체 구성원으로서 더불어 살아갈 수 있는 지혜를 얻게 되기를 바란다.

그와 같은 일은 몇 개의 교양 강좌를 수강했다고 하여 단박에 획득되는 게 아니다. 끊임없이 비판적인 태도를 지닐 때, 그러면서 자기 자신을 성찰할 수 있을 때 가능하다. 쉼 없이 자신의 부족함을 채우되, 이웃에게 한없이 베풀 수 있을 때 비로소 인성은 함양되게 된다. 그래서 교양인, 문화인으로 살아갈 수 있을 때 우리는 진정 자유인이 될 수 있는 법이다. 수많은 철학자들과 위대한 스승들이 우리게 알려주는 것은 그러한 일이 참으로 힘들고, 어렵고, 기나긴 과정을 겪어야만 성취될 수 있다는 사실이다.

이 책에 수록된 여러 주제들을 읽고, 토론하고, 그러면서 각자의 생각을 정리하다보면, 여러분들은 인성, 교양, 윤리의 문제가 이제 남의 일이 아닌 나의 일, 우리의 일임을 어느덧 깨닫게 될 것이다. 그 과정에 이 책이 자그마한 길라잡이가 되기를 바란다.

2018년 1월
동아대학교 승학캠퍼스 연구실에서
저자 씀

차 례

제11장 한국기독교는 왜 대중의 조롱거리가 되었는가?

제12장 지식인으로 산다는 것의 의미는 무엇일까?

우리는 왜 문화인이
되어야 하는가?*

* 이 글은 「서양의 문화인 vs 한국의 선비−서양의 Humanitas 관점에서 본 선비정신과 마음공부의 의미−」,
『한국선비연구』 제5집(동양대학교 한국선비연구원), 2017. 12, 47−74쪽에 수록되어 있음.

인 문학의 위기와 교양교육의 재건에 당면하여

　최근 우리시대의 정치, 사회, 문화, 교육 등등 대부분의 공적 영역과 사적 영역에서 가장 큰 화두는 '소통(疏通)'이다. 소통은 막힘없이 서로서로 통한다는 의미이다. 소통이 있어야 서로를 이해할 수 있다. 그러기 위해서는 상대를, 타인을, 타자를 먼저 배려(配慮)해야만 한다. 이런 태도는 글로벌 사회인 이 시대를 살아가는 우리 모두에게 요청되는 덕목이라 할 수 있다.

　몇 해 전 대통령과 청와대의 통치 행위에서 엿보이는 국민과의 소통 부재, 대한항공 부사장의 이른바 땅콩 회항 사건에서 보이는 기업 소유주와 사원간의 소통의 부재, 사회적으로는 갑과 을의 관계에서 빚어지는 소통의 문제, 범위를 좁혀서 보면, 가정에서의 부모와 자녀 간의 소통의 문제, 부부간의 소통의 문제, 학교에서의 교사와 학생의 소통의 문제 등등. 우리 사회는 바야흐로 어떻게 하면 진정한 소통을 할 수 있을까라는 문제에 사회 전체가 골몰하고 있다고 할 수 있다. 이처럼 소통과 배려의 중요성을 인식하면서, 대부분의 사람들이 그 좋은 해답을 찾고자 여기저기를 기웃거린다. 그러다 발견한 것이 인문학, 인문학적 사유, 인문학적 태도에서 해결의 실마리를 찾아내려고 한다. 그러다보니, 인문학에 대한 관심이 높아지고, 소위 인문학 열풍이라는 기이한 현상까지 일어나고 있는 현실이다.

　기업체를 비롯하여 각종 문화단체나 공공기관에서 소위 '인문학 강좌'가 인기를 누리고 있다. 이참에 아예 이 분야로 전직하다시피 한 인문학자들도 여럿 있다. 급기야 텔레비전 프로그램에서도 인문학과 힐링을 주제로 한 강의가 인기를 얻고 있는 추세이다. 그러니까 한국사회는 좀 과장하자면 인문학 열풍에 휩싸여 있다.

그런데 우리가 인문학에 관한 논의를 하다보면 정반대의 상황도 목격하게 된다. 정작 인문학을 연구하고 이 분야에 종사하는 이들은 지금이야말로 인문학의 최대 위기상황이라고 한목소리를 내고 있다. 거의 모든 대학에서는 경제논리를 근간으로 한 구조조정이라는 미명하에 인문학 분야의 학과를 폐과시키든지 통폐합하려는 움직임이 거세다. 이런 와중에 인문학 분야에서도 철학과가 가장 대표적인 희생양이 되고 있다. 뿐만 아니라 인문학 분야는 타 학문분야와 비교해서도 정부의 재정지원이 가장 미흡하게 이루어지고 있다.

이런 현실을 우리는 어떻게 받아들여야 할까? 인문학이 겉으로는 대접받고, 인기를 누리고 있지만, 속으로는 존망의 위기상황에 봉착해 있다. 그래서 우리는 지금 인문학이 가진 두 얼굴을 똑똑히 보고 있다. 어쩌다 인문학이 이런 신세가 되었을까? 필자는 인문학을 전공한 이로서 우리자신에게서 문제의 원인을 찾아야한다고 본다. 그러니까 인문학은 인문학다워야 하는데, 인문학이 '과학'처럼 되려고 하는 데에서 지금의 위기를 맞게 되었다고 생각한다.

일찍이 인문 교양교육의 중요성을 강조하였던 누스바움(Martha C. Nussbaum, 1947~)은 민주주의의 앞날과 관련하여 현재 마치 암처럼 눈에 띄지 않게 진행되고 있는 어떤 위기가 있다고 말한다. 그녀가 '조용한 위기'라고 부른 이것은 다름 아닌 '교육에서의 전 세계적 위기'[1]이다. 누스바움에 따르면, 전 세계 민주주의 사회체제들이 젊은이들에게 가르치는 교육의 내용은 대부분 국가의 이익에 맞추어져 있고, 정작 민주주의 자체를 위한 교육에는 소홀하고 있다는 것이다. 따라서 이러한 현상이 지속된다면, 전 세계 국가들은 스스로 생각하고, 전통을 비판할 수 있으며, 타인의 고통과 성취

---

1) Nussbaum의 책 *Not for Profit*은 국내에서 『공부를 넘어 교육으로』(우석영 역, 궁리, 2011)라는 제목으로 번역되어 있다.(이후 *NfP*로 표기하고, 번역본의 쪽수를 표기하도록 함) *NfP*, 24쪽.

의 중요성을 이해할 수 있는 온전한 시민이 아니라, 곧 '유용한 기계'[2]일 뿐인 세대를 생산하게 된다. 그런 맥락에서 세계의 민주주의 체제들의 미래는 오늘날 극도의 위기에 빠져 있다는 것이다.

그렇다면, 오늘날 교육이 위기 상태에 봉착하게 된 근본 원인은 어디에 있을까? 누스바움은 그 원인을 교육현장에서 찾고 있다. 말하자면, 인문교양과 예술이 사실상 전 세계 모든 국가의 초·중·고 교육 그리고 전문대·대학교 교육에서 잘려 나가고 있는 현실에서 답을 찾고 있다.[3] 국가는 세계 시장에서의 지속적인 경쟁력을 갖추기 위해서 당장 쓸모없는 모든 것들을 없애야 하는 시대에, 인문교양과 예술은 정책 입안자들의 눈에는 쓸모없는 겉치레로 보일 뿐이다. 그래서 그것들은 교과과정에서, 학부모와 학생들의 정신과 마음에서 자신의 자리를 속속 잃어가게 되었으며, 과학과 사회과학의 인문학적 요소라 불릴만한 것들, 예를 들면 상상적이며 창조적 요소들, 비판적 사유의 요소들 또한 본래의 제자리를 잃어버리게 되었다는 것이다. 이는 국가들이 이윤 창출에 적합한, 유용하고도 최첨단 응용 기술의 개발을 통한 단기적 이익의 추구를 선호함에 따라 발생된 현상이라 할 수 있다. 세계 시장 속에서의 이익창출 가능성을 향해 질주하는 쇄도와 함께 민주주의 체제에 더 없이 소중한 가치들이 이제는 사라지고 말 위기에 처해 있다고 누스바움은 진단하고 있는 것이다.

일반적으로 이윤(이익) 동기는 많은 관련 지도자들에게 과학과 기술이 국가의 미래 건강에 핵심적 중요성을 차지한다고 속삭인다. 누스바움은 훌륭한 과학·기술 교육 자체를 반대하는 것이 아니다. 과학·기술 교육만큼이나 똑같은 핵심적인 중요성을 지니는 다른 능력들이 지금의 경쟁적 혼

---

2) '유용한 기계'라는 표현은, 오늘날 민주주의 체제에서 위기의 교육을 받은 젊은이들은 온전한 주체로 성장하는 것이 아니라 기껏해야 국가의 이익, 즉 국가의 경제성장에 동원되는 유용한 기계로 전락하게 될 것이라는 의미이다.

3) 누스바움은 *NfP* 한국어판 저자 서문에서 2008년 방한 당시 인문학의 위기 상황과 교양교육을 지켜내려는 한국 사회의 열정과 의지에 큰 감명을 받았다고 밝히기도 하였다.

돈 속에서 사라질 위기에 처해 있다는 사실을 지적하고 있는 것이다. 이 능력들은 다름 아닌 인문교양과 예술에 관련되어 있다. 그러니까 비판적으로 사고할 수 있는 능력, 지역적 차원의 열정을 뛰어넘어 '세계 시민'으로서 세계의 문제에 접근할 수 있는 능력, 마지막으로 다른 사람의 곤경에 공감하는 태도로 상상할 수 있는 능력이다. 이를 한마디로 표현하면, '인문정신'(the Spirit of humanities)이다.[4]

　누스바움에 따르면, 민주주의 체제들을 살아 있게 하고, 깨어 있게 하는 일에, 훈련된 비판적 사유 능력은 필수항목이 된다. 여러 다양한 문화·집단·민족들을 세계 경제에 대한 이해의 맥락에서, 또한 여러 국가적·집단적 상호 교류사의 맥락에서 사려 깊게 사색할 수 있는 능력이란, 민주주의 체제들로 하여금 각기 상호 의존적인 세계의 일원으로서 현재 우리가 직면하고 있는 문제들에 책임 있는 자세로 대응하도록 만들기 위해서 절대적으로 필요한 능력들이다. 그런 맥락에서 누스바움은 '이익 창출 중심의 교육'과 '훌륭한 시민양성 중심의 교육' 양자 사이에서 어느 하나를 선택하는 것이 아니라, 양자의 조화와 상호보완에 초점을 맞추고 있다.[5]

　'이익 창출 중심의 교육'은 달리 표현하면 '경제성장을 위한 교육'이며, '훌륭한 시민양성 중심의 교육'은 '민주주의를 위한 교육'이라 할 수 있다. 그런데 오늘날 세계 경제 위기의 상황에서는 단연코 '경제성장을 위한 교육'에 초점을 맞추게 되고, 그 결과 교양·예술 교육을 단지 무시하는 것에 그치지 않고, 인문교양·예술교육 자체를 반대하는 상황까지 초래하게 되었다. 이러한 상황에서 누스바움은 세계 교육계에서 통용되고 있는 경제성장 본위의 모델에 대한 대안으로 '인간 계발 패러다임'(Human Development

---

4) Nussbaum, *Citizens of the World: A Classical Defense of Reform in Liberal Education*(Cambridge, MA: Harvard University Press, 1997), *NfP*, 31쪽.

5) Nussbaum, *NfP*, 36쪽.

제1장 우리는 왜 문화인이 되어야 하는가? •• 7

Paradigm) 모델을 제시한다.[6]

이 모델에 따르면, 중요한 것은 생명, 건강, 육체적 온전성에서 부터 정치적 자유, 정치적 참여, 교육에 이르는 여러 핵심 분야에서 개인이 지니는 '기회' 또는 '가능성'이다.[7] 이러한 계발 모델은 모든 개인이 법과 제도에 의해 존중되어야 하고, 그 누구에게도 양도될 수 없는 인간 존엄성을 지닌다는 점을 인정한다. 국가다운 국가라면 최소한 시민들이 여러 권리들을 지닌다고 공인할 것이며, 시민들이 최소 수준 이상의 기회를 갖게끔 방법적 전략들을 고안해내어야만 한다. 누스바움은 자신의 '인간 계발 모델'이 민주주의에 절대적 관심을 두고 있다고 말한다. 한 인간의 삶을 지배하는 정책들의 선정 과정에서 일정한 목소리를 내는 일이야말로, 존엄한 인간의 삶에서 핵심적 요소가 되기 때문이다.

누스바움의 주장처럼, 건강한 민주주의를 위해서는 적어도 인문정신을 길러줄 수 있는 인문학과 교양 예술교육이 더욱 강화되어야 한다는 것이 필자의 기본 입장이다. 그렇다면, 오늘 우리사회나 대학 교육에서 인문정신, 즉 후마니타스(humanitas)의 본래 가치, 지향점에 대한 정확한 인식이 선행되어야 할 것이다. 그리고 이를 바탕으로 서양식의 후마니타스 교육과 병행하여, 우리의 전통적 인문정신의 발현이었던 선비정신에 대한 재평가, 그리고 그와 더불어 선비들의 삶의 지향점을 우리의 교육현장에서 병행/접목하여 교육할 방안을 찾아낼 필요가 있을 것이다.

그래서 필자는 서양 후마니타스 전통의 인문정신을 우리의 전통적 인문정신의 요체였던 선비정신과 선비의 삶과 연결지어보고자 한다. 이를 통해 오늘날도 여전히 대학교육 현장에서 인문정신의 재교육이 더욱 강화되어야 한다는 입장을 견고히 지켜나가고자 한다. 그런 맥락에서 본 논문

---

6) Nussbaum, *NfP*, 56쪽. 누스바움의 인간계발 패러다임 교육 모델에 대한 상세한 논의는 신응철, 『20대, 이제 철학을 만나다』, 동문사, 2014. 제1장을 참조바람.
7) Nussbaum, *NfP*, 56쪽.

에서는 전 세계적으로 외면 받고 있는 인문교양 교육의 중요성과 필요성을 강조하면서, 서구 후마니타스 전통의 인문정신의 핵심 가치를 살펴보고, 이와 연관된 문화, 교양 개념을 이끌어낼 것이다. 그리고 유교 전통에서 선비정신의 핵심 가치들을 살펴보고, 이를 실천한 선비의 삶을 재조명하고자 한다. 마지막으로는 사람살이의 다양한 문제들을 서양에서는 후마니타스 전통의 인문 교육을 통해서, 우리는 선비정신의 교육을 통해서해결하고자 했다는 점을 드러냄으로써, 동서양이 공통적으로 '인문정신'을 강조하고 있었음을 드러내고자 한다. 바로 그 점에서 오늘 한국사회의대학 인문교양 교육의 핵심 요체로서 선비정신의 이념이 여전히 유효하며, 나아가 핵심적 가치로 발휘될 수 있다는 점을 밝혀보고자 한다.

후 마니타스 전통에서 '文化' 개념과 '文化人'의 위상

그렇다면 인문학이란 무엇일까? 인문학은 '人文'에 관한 학이다. 人文이라는 말은 '사람의 결, 무늬'를 뜻한다. 사람이 만들어낸 무늬란 표현, 형태, 사고 등등 물질적인 것과 정신적인 것들을 망라하여 사람이 만들어낸 모든 결과물이다. 이러한 무늬들을 찾아내어, 해석하고, 의미를 부여하고, 새롭게 조명하는 일을 모름지기 인문학이 해왔던 것이다. 그래서 이러한 과정을 통해서, 나는 누구인가? 사람은 어떻게 살아야 하는가? 사람은어떻게 죽어야 하는가? 등등의 물음에 답해왔던 것이다. 한마디로 인문학은 사람살이의 문제를 다룬다.

사람살이의 문제를 다루는 인문학은 크게 보면 문학, 역사, 철학, 언어, 예술, 종교 분야로 이루어져 있다. 이 각각의 영역에서 추구하는 최종 관심사는 결국 참된 지식이란 무엇인가? 어떻게 하면 德(arete)을 개발할 수 있을까? 어떻게 하면 영혼을 돌볼 수 있을까? 진정한 아름다움이란 무엇인가? 이다. 이를 위해 소크라테스는 묻고, 대답하고, 따져 묻는 방식을 취하였고, 마침내 '검토하지 않은 삶은 살만한 가치가 없다'라는 결론을 이끌어내었다. 끊임없이 자신을 되돌아보고, 성찰하고, 새롭게 각오를 다지게 만드는 것이 인문학적 사유의 기본 가치이고 태도이다. 이러한 태도가 소통과 배려를 중시하는 글로벌사회에서도 그대로 유효하다고 보는 것이다.

이러한 인문학의 공부에서는 자연과학적인 경험이나 논리법칙에 근거한 명확성이나 객관성의 차원보다는 상상력에 근거한 애매성이나 모호성의 측면이 더 강하게 자리하고 있다. 그런데 인문학자들의 연구가 마치 자연과학자들의 연구를 흉내 내거나 닮아가려고 했던 데서 인문학 스스로의 위상을 허물어버리게 된 것이다. 말하자면, 인문학이 사람살이의 문제에 관심 갖기보다는 삶의 문제와 무관한 지엽적인 일에 관심을 기울이게 된 것이다. 오늘 한국사회에서 인문학을 연구하는 이들이라면 대부분 이러한 형편에서 자유로울 수 없을 것이다.

그러면, 이제부터 서구의 후마니타스 전통에서 인문학, 인문정신에 대해 살펴보도록 하자. 우리가 사용하는 '인문학'이라는 말을 영어로 표현해 보면 The Humanities이다. 이것의 독일어 표현은 Kulturwissenschaften이다. 인문학이라는 개념은 본래 서양사상 전통에 터하고 있다. 그러니까 인문학은 르네상스 휴머니즘 전통에서 비롯한 것이라 할 수 있는데, 이 말은 헬라어, 라틴어, 히브리어로 쓰인 고전문헌에 대한 연구 전통을 따르고 있다는 말이다. 이러한 연구 전통에서는 주로 '事物'보다는 '文字'(글)가 주된 관심사였고, 인간의 내면이나 영혼에 대해 주목했으며, 교육의 중요성을 강조하는 경향이었다. 결국 인간으로서 인간답게 사는 것에 주안점이 있었다.

인문학의 독일어 표현인 Kulturwissenschaften에만 주목해 보자. 인문학은 다름 아닌 '문화과학'이라 할 수 있다. 원래 '문화'(kultur)라는 말은 라틴어 colere(양육하다. 경작하다. 육성하다)에서 파생되었고, 라틴어 cultura가 독일어화 된 것이다. 독일어 kultur는 17세기말부터 등장하고 있는데, 이것은 여러 제도들, 행위들, 과정들, 상징형식들의 총체를 지칭한다.[8] 이런 것들은 합목적적 기술을 통해 '주어진 자연'을 사회적 삶의 공간으로 변형시키고 이를 보존하고 발전시킨다. 또한 이를 위해 요구되는 숙련 도구들(문화기술. 지식)을 만들고 발전시키며, 지도적 가치들(가치의 차원)을 특수한 의식(儀式), 세련된 예식으로 거행하고 확고히 하며(종교. 축제. 교육 등), 그 결과로 의사소통적 형식들을 장기적으로 보존하는 사회적 질서와 의사소통적 상징 세계를 창출해낸다.[9]

라틴 세계에서 cultura는 농경문화를 넘어서 또한 개인들의 인격적인 문화, 혹은 역사 시기들의 문화와 관련해서 사용되었다. 이후 많은 영향을 미친 키케로의 cultura animi(영혼의 경작)라는 관용어는 그리스어 paideia(교육)에 조응하고, 이후 중세의 culturamentis(마음의 경작)와 연결되는데, 그것은 인간의 '양육(養育)'과 '교양(敎養)'을 가리킨다. 이때부터 사물의 문화로서의 문화 옆에 '인격'의 문화가 의식되었고, cultura 개념은 외부의 자연에 대한 작업에서 '내부의 자연'에 대한 작업으로 옮겨갔다. 하지만 문화와 농경문화와의 연관은 아직 오랫동안 지속되었다.[10] 정리하자면, 자연대상인 논/밭을 갈아엎는, 쟁기질하다의 뜻으로 사용되었던 'cultura'가 이제 사람에게도 적용되어 우리의 '마음의 밭'을 일구는 것을 의미하게 되었다. 이런 점에서 서양에서의 '문화인'이란 곧 '교양인'이며, '성숙인'이고, '품격

---

8) *Hartmut Böhme. Peter Matussek. Lothar Müller, Orientierung Kulturwissenschaft,* Rowohlt Taschenbuch Verlag GmbH, Reinbek bei Hamburg, 2000. (이 책의 번역본은, 『문화학이란 무엇인가』(손동현·이상엽 역), 성균관대 출판부, 2004. 이후부터는 『문화학』으로 표기하고, 쪽수는 번역본을 기준으로 함.) 『문화학』, 149쪽.

9) Joseph Niedermann, *Kultur. Werden und Wandlungen eines Begriffs und seiner Ersatzbegriffs von Cicero bis Herder,* Firenze 1941. Wilhelm Perpeet, "kulturphilosophie", In Archiv für Begriffsgeschichte 20 (1976), 42~99쪽. 『문화학』, 149쪽, 170쪽.

10) 『문화학』, 150쪽.

인'과 같은 맥락이 된 것이다.

한편 중세의 *Artes liberales*(自由科)[11]와 *Artes mechanicae*(수공 기술들)[12]의 구분은 두 문화의 근대적 탄생을 이미 준비하고 있는 것이다. *Artes liberales*가 현대의 '정신과학'의 선구라면, *Artes mechanicae*의 부분은 '자연과학'과 '기술'의 초기 형태로서 이해될 수 있다. 중세 후기 이래로 이 양자는 문화 발전의 본질적 요소로서 자리를 잡는다. 양 문화의 분리는 근대의 대학 체계의 근간을 이루게 된다.[13]

서구에서의 문화학의 생성은 칸트(1724-1804)와 헤르더(1744-1803)이후의 근대적 문화 개념을 전제로 한다. 칸트는 '자연(自然)' 개념을 보편적 법칙에 따라 규정되는 한에서의 사물의 존재라고 말한다. 신칸트학파의 리케르트(1863-1936)의 경우 칸트의 생각을 이어받아 '자연'과 '문화'를 대립 개념으로 설정하였다. '자연(Natur)'은 저절로 발생한 것, 탄생된 것, 스스로의 고유한 성장에 맡겨진 것들의 총체. 이런 자연 개념과 대립하는 '문화(Kultur)'는 가치 있는 목적에 따라 행동하는 인간이 직접 생산한 것, 또는 그것이 이미 존재하고 있는 경우 적어도 그것에 담겨있는 '가치(價値)' 때문에 의식적으로 가꾸어 보존한 것을 말한다.[14] 그러므로 모든 문화 현상에는 인간이 인정한 어떤 가치가 구현되어 있다. 리케르트의 경우 가치와 무관한 '자연'과 가치와 관련되는 '문화' 개념을 구별하였고, 그런 의미에서 그가 파악한 문화(과)학은, 종교학, 법률, 사학, 문헌학, 국민 경제학 등 말하자

---

11) 고대 그리스로부터 내려오는 개념으로, 교양인으로서 자유 시민이 배워야하는 일곱 가지 과목이라는 뜻이다. 구체적으로 '문법', '수사학', '토론술', '산술', '기하학', '음악', '천문학'을 가리킨다. 미술에서 일곱 가지 자유과는 다음과 같은 상징으로 표현된다. 문법(회초리, 지팡이), 수사학(칠판, 석필), 토론술(뱀이나 개의 머리), 산술(계산할 때 쓰는 판 혹은 줄/끈), 기하학(컴퍼스나 줄자), 음악(악기), 천문학(별의 위치, 시각, 경위도 등을 관측하기 위한 천문기계인 아스트롤라베).

12) 생계를 위해 습득했던 수공기술들을 일컫는다. 몸을 사용해야 하는 육체노동과 비교하여 교양인의 정신적인 활동이 훨씬 보다 품위 있고 격이 높다는 것을 나타낸다.

13) 『문화학』, 151쪽.

14) 리케르트, 『문화과학과 자연과학』(이상엽 역), 책세상, 2004. 55쪽.

면 모든 정신과학의 대상을 포괄하고 있다.[15]

칸트의 경우, 사람은 문화를 통해서 비로소 사람이 된다고 믿었고, 자연 속에 주어진 소질과 가능성을 완벽하게 개발, 발전시키는 것이 문화, 그러니까 인간 교육(敎育)의 목적이라고 보았다. 그렇지만 칸트는 문화를 자연의 체계 속에서, 즉 자연 속에 내재된 유기적 힘에 의존해서 이해하려 하지 않았다. 칸트는 인간 존재의 고유한 의미와 인간 문화는 자연 질서 속에서 설명될 수 없다고 생각하였다.[16] 오히려 인간이 자연을 떠나 자연을 노동의 대상으로 삼을 때 비로소 인간의 '내적 문화'(말하자면, 지성, 판단력 등 자연적 소질의 개발)와 '외적 문화'(인간 활동의 산물로서의 문화)가 가능하다고 보았다. 이렇듯 칸트는 문화가 자연 속에 내재된 유기적 힘에 의해 이루어지는 것이 아니라 전적으로 인간 자신이 스스로 만든 결과임을 강조하였다. 그러기에 칸트에게서 문화는 인간이 스스로 만든 작품이고, 인간은 이러한 문화를 통해서 자신의 삶을 만들어간다. 인간의 문화는 한 개인에 그치지 않고, 세대에서 세대로 인류 공동체의 공동 노력을 통해서 축적될 수 있다.[17] 요약하자면, 칸트에게서 문화란 "자연(自然)의 보호 상태에서 자유(自由) 상태로의 이행"을 말한다.[18]

이런 관점에서 칸트는 에덴동산에서의 인간의 타락을 자유 상태로의 진보의 과정, 즉 자연에서 문화로 이행하기 위한 필연적(必然的) 과정으로 파악하였다. 그러니까 역설적이게도, 인간의 타락의 사건이 없었다면, 과거로부터 현재까지의 "인간의 문화"는 불가능했다는 말이다. 그런 맥락에서 자연의 역사는 신(神)의 작품이기에 선(善)으로부터 시작하고, 자유의 역사는 인간의 작품이기에 악(惡)으로부터 시작한다.[19]고 칸트는 말한다. 다

---

15) 리케르트, 같은 책, 61쪽.
16) 임마누엘 칸트, 『칸트의 역사철학』(이한구 편역), 서광사, 1993, 61쪽.
17) 칸트, 같은 책, 27쪽.
18) 칸트, 같은 책, 83쪽.
19) 칸트, 같은 책, 84쪽.

시 말해서, 인간의 문화는 에덴동산에서 선악과를 따먹은 타락사건에서 시작하고 있으며, 인간의 타락은 결국 (역설적으로 비춰질지 모르지만) 인간 문화의 원동력이 되었다고 할 수 있다.

한편 칸트는 「세계 시민적 관점에서 본 보편사의 이념」(1784)에서 문화의 기원에서 나타나는 선·악의 문제를 인간이 지닌 '반사회적 사회성'(unge-sellige Geselligkeit 反社會的 社會性)과 관련시켜 설명하고 있다. 그가 말하는 반사회적 사회성이란 무엇인가? 인간은 한편으로는 끊임없이 사회를 파괴하고 자신을 사회로부터 고립시키고자 하는 성향을 가지고 있다. 동시에 다른 한편으로는 바로 그와 같은 성향으로 인해 타인과의 갈등을 조장할 수 있는 위험을 예측할 수 있는 능력이 있기에 오히려 타인과 함께 사회를 이루어 살고자하는 성향이 있는데, 이를 반사회적 사회성이라고 말한다. 칸트에 따르면, 타인과의 끊임없는 경쟁심과 투쟁심, 자신의 명예욕(名譽慾)과 지배욕(支配慾), 소유욕(所有慾)을 만족시키고자 하는 욕구·욕망이 인간에게 없었다면, 인간 문화의 발전은 불가능했다는 것이다.[20]

칸트는 인간의 문화가 반사회성, 그러니까 문화발전의 원동력인 인간의 경쟁심, 투쟁심, 소유욕, 명예욕, 지배욕에 의존하게 될 경우, 인간의 문화의 미래는 학문과 예술, 법질서와 도덕체계를 갖춘 '문명화된 상황'을 맞이할 수도 있을 것이라고 예상하였다. 그런데 우리가 문화를 논의하면서 칸트를 대단히 높게 평가하고 중요하게 다루는 측면은, 그가 인간 문화의 최종 종착점은 '문명화'를 향하기보다는 오히려 '도덕화'(Moralisierung 道德化)를 겨냥해야 한다고 주장한 부분 때문이다. 칸트는 이런 맥락에서 자신의 『교육론』(1803)을 통해 인간 심성의 도덕적 훈련의 중요성을 특히 강조하였던 것이다.[21]

---

20) 칸트, 같은 책, 29쪽.
21) 칸트, 같은 책, 37쪽.

이상의 칸트의 문화 개념을 정리하자면, 첫째 문화는 인간의 활동의 산물, 즉 정치, 경제, 법률, 예술, 종교 등 이 모두를 일컫는 것이며, 둘째 문화는 '과정적'(過程的) 성격을 가지고 있으며, 셋째 문화의 발전은 인간의 자기보존의 욕망과 밀접한 관계에 놓여있다는 점이다.

이상에서의 논의를 종합해보면, 인간의 '반사회성'에 근거한 문화현상들 속에는 惡의 요소가 많이 들어 있고, 반대로 인간의 '사회성'에 근거한 문화현상들 속에는 善의 요소가 많이 들어 있음을 알 수 있었다. 인간의 사회성은 궁극적으로 도덕 교육을 통해서만 획득될 수 있음을 칸트의 눈을 빌어 확인하였다. 이를 달리 표현하면, '문화인'이란 자신의 마음의 밭을 끊임없이 쟁기질하여 반사회성을 사회성으로 회복한 사람이라고 말할수 있다. 나라는 존재, 우리라는 존재, 인간이라는 존재 속에는 반사회성과 사회성이 동시에 들어 있다. 마치 야누스처럼 말이다. 또한 이 두 가지속성은 확연하게 구분되어 존재하는 것이 아니고, 마치 태극의 무늬처럼서로 꼬리를 물고 있는 형상이다. 우리의 삶 속에서, 사건 속에서, 행위 속에서 반사회성과 사회성 가운데 어떤 측면이 나타나느냐의 문제는 결국우리 마음 밭의 쟁기질을 통해 결정될 것이다.

이 대목에서 우리는 그래도 인간만이 사회성을 강조할 수 있고, 또한 문화의 도덕화를 추구할 수 있는 능력을 지닌 존재라는 사실을 믿고 있다. 이러한 믿음 때문에, 우리는 앞으로 문화가 어떻게 진행되어갈 것인가 라는 문제에 대해서도 회의적인 태도보다는 오히려 낙관적인 태도를 취할수 있는 것이다. 우리가 이 세상의 그 어떤 존재보다도 '인간에게' 희망을거는 이유가 바로 거기에 있다. 결국은 인간이 문제이다. 인문학은 결국사람살이의 문제에 집중하되, 말과 글(문자)을 아끼고 즐겨야한다. 경제적이익이 생기지 않더라도 사람의 됨됨이와 품격을 추구해야 한다. 이웃을배려해야 하고, 사랑을 실천해야한다. 그것이 곧 우리 자신의 행복한 삶임을 깨우쳐주어야 한다.

유교 전통에서 '선비정신'과 '선비'의 위상

우리말에서 선비는 학식과 인품을 갖춘 사람에 대한 호칭이다. 특히 유교 전통에서는 유교적 이념을 구현하는 인격체를 가리키며, 사회적으로는 독서를 기본 임무로 삼고 관직을 담당하는 신분 계급을 가리킨다. 한자어에서 '사'(士)자는 선비와 같은 뜻으로 쓰이며, 그밖에 '유'(儒)자나 '언'(彦)자도 선비라는 뜻을 지니고 있다.

우리말에서 선비는 학식과 인품을 갖춘 사람에 대한 호칭이다. 특히 유교 전통에서는 유교적 이념을 구현하는 인격체를 가리키며, 사회적으로는 독서를 기본 임무로 삼고 관직을 담당하는 신분 계급을 가리킨다. 한자어에서 '사'(士)자는 선비와 같은 뜻으로 쓰이며, 그밖에 '유'(儒)자나 '언'(彦)자도 선비라는 뜻을 지니고 있다.[22]

그런데 이 '士'의 개념은 춘추전국시대에 공자와 맹자를 중심으로 유교 사상이 정립되는 과정에서 관직과 분리되어 인격체로서의 성격이 뚜렷하게 드러난다. 공자와 그 제자들은 자신들을 '사'(士)의 집단으로 자각하였고, 그들은 관직을 목적으로 추구한 것이 아니라, '도'(道)를 실행하기 위한 수단으로 보았다. 그렇기에 '선비' 개념은 유교 이념인 '道'를 실현하는 인격적 주체를 뜻한다고 할 수 있다. 그래서 공자는 '道'에 뜻을 두어 거친 옷이나 음식을 부끄러워하지 않는 인격을 선비의 모습으로 강조하였던 것이다.[23] 그렇기에 궁극적인 이상을 실현하기 위해서는 생명과 이익을 버릴 수 있을 정도로 확고한 신념과 실천력을 지니는 것이 선비의 인격적 조건으로 제시되었던 것이다.

---

22) 금장태, 『한국의 선비와 선비정신』, 서울대출판부, 2000, 3쪽.
23) 『논어』, 「里仁」, "子曰, 士志於道, 而恥惡衣惡食者, 未足與議也"

사람의 길을 묻는 학문이자 선비가 추구하는 도학(道學)은 그 실천을 통해 정당성을 확보할 수 있다. 사람의 길이란 높고 먼 곳에 있는 것이어서 아무나 다가가기 힘든 그 무엇이 아니다. 이는 모두가 감당할 수 있는 삶의 일상에 관한 일들로 짜여있다.

道란 일상생활 하는 눈앞에 있는 것으로 지극히 얕고 가까운 것이다. 쇄소(灑掃), 응대(應對)하는 것보다 얕은 것이 없고, 애친(愛親), 경장(敬長)하는 것보다 가까운 것이 없는데, 훌륭한 사람이 되려고 하는 자들은 거의 다 이를 버리고 가서 높고 큰 것을 엿보아, 반드시 먼저 하늘을 말하고 주역을 논하려 하니, 등급을 뛰어넘고 차례를 따르지 않음이 이와 같다. 사람의 일을 모르는데 어떻게 하늘의 일을 알겠으며, 사람의 이치를 모르는데 어떻게 주역의 이치를 알겠는가.(『靑莊館全書』, 卷5.)[24]

그렇다면 선비는 타고나는 것일까 아니면 다듬어지는 것일까? 유교를 통치 이념으로 정립한 조선시대에 들어오면서 선비는 사회의 지도적 계층으로서 그 지위가 확립되었다. '선비'라는 말은 '士大夫'의 신분에 속하면 아무에게나 붙여주는 것이 아니라, 학식과 덕망을 갖춘 인물에게 존경의 뜻을 실어서 부르는 호칭이 되었다. 비록 신분적 지위에서는 '사대부' 곧 '양반'으로 태어났다고 하더라도, 사대부라는 사실만으로 선비의 대접을 받을 수도 없었고, 더구나 선비로 자부할 수는 더더욱 없었다. 벼슬이 높더라도 그 인품이 탐욕적이거나 지조가 없는 인물은 '小人'으로 불려 졌을 뿐이다. '士君子'로서 학식과 인격을 갖추어야만 세상으로부터 선비로 존중받고 스스로도 선비로서 자부할 수 있었던 것이다. '士君子'의 인격은 타고나는 것이 아니라 오랜 세월동안 갈고 닦은 학문과 수양을 통해 성취되는 것이다. 그러므로 '선비'는 타고나는 것이 아니라 다듬어지는 것이라 할 수 있다.[25]

---

24) 박균섭, 『선비정신연구』, 문음사, 2015, 31쪽.
25) 금장태, 같은 책, 14쪽.

선비는 벼슬길에 나가든 산림에 은거하든 상관없이 항상 자신을 선비로서 다듬어야 한다. 선비는 물질적 욕심을 버리고 정당한 도리를 실현하고자 노력해야 하는 인물이기 때문에 가을의 물처럼 기질이 투명하게 맑아야 한다. 선비는 가난함을 편안하게 여기고, 道를 찾는 데서 즐거워하는 안빈낙도(安貧樂道)를 생활의 신조로 삼아야 하고, 기상을 맑게 다듬어 세속적 욕심을 멀리 떨쳐 내서 자신의 책임과 도리를 다할 수 있는 인격이라야 한다. 이런 의미에서 선비는 청빈(淸貧)을 생활 속에 실천하는 수도자의 모습을 지키는 인격이다. 이와 관련하여 퇴계 이황은 『성학십도』에서 삶의 구성하는 일상사 모두가 인격적 존재로 나아가는 기반이며 터전이라는 것을 지적하였다.

> 도(道)는 삶의 일상 속에서 유행하여 어디를 가건 없는 곳이 없다. 그러므로 어느 한 자리라도 이가 없는 곳이 없으니 어느 곳에선들 공부를 그만둘 수 있겠는가. 도(道)는 잠시라도 어쩌다 정지하는 일이 없다. 그러므로 한순간도 이가 없는 때가 없으니 어느 때인들 공부를 하지 않을 수 있겠는가.[26]

또한 선비는 벼슬하려는 뜻을 버리고 산림 속에 은거하여 '처사'(處士)로서 살아가더라도 유교의 道를 강론하여 밝히고 수호하며 실천하는 임무를 지닌다. 이러한 사실은 어느 곳에 사는가와 상관없이 늘 세계와 사회에 대한 막중한 책임을 자각하고 살아가는 선비의 모습을 보여준다. 그렇기에 선비는 향촌에 머물러 있어도, 그의 모든 말과 행위는 바로 서민 대중의 생활 속에서 도덕적 모범이 된다. 또한 그들이 손님을 대접하고 사람들과 웃으며 얘기하는 가운데서도 겸허하고 온화한 풍모와 사양하며 예절바른 말과 행위를 지키면, 대중들이 이를 본받아 행하면서 아름다운 풍속을 이루게 된다. 그러므로 선비는 초야에 물러나 있어도 한 지방의 풍속을 교화

---

26) 『退溪集』, 卷7, 「進聖學十圖劄幷圖」

하는 역할을 담당하는 주체인 것이다.[27]

시간의 소중함, 당일의 중요성에 대한 인식은 선비의 몸가짐과 마음가짐을 통해 확인할 수가 있다. 안과 밖이 한결같은 인간 존재를 말하는 것은 선비에 대한 최선의 규정이다. 선비의 덕성은 그 거처를 통해 알 수 있는 바, 그것은 삶의 일상, 그 사소함이 오히려 큰 힘을 갖는다는 뜻이기도 하다.

> 어제는 이미 지나갔고 내일은 아직 오지 않았으니, 무엇인가를 하려면 당일(當日)이 있을 뿐이다. 하루가 모여 열흘이 되고, 달이 되고, 계절이 되고, 해가 된다. 사람도 날로 수양을 해 나가면 선한 사람이 될 수도 있고 성인의 경지에 도달할 수도 있다. 아, 지금 그대가 힘쓰려는 그 공부는 오직 당일에 달린 것이다. 그러니 내일은 말하지 말라. 힘쓰지 않는 날은 아직 생겨나지 않은 날과 같으니 이는 바로 공일(空日)이다. 그대는 모쪼록 눈앞에 환히 빛나는 하루를 공일로 만들지 말고 당일로 만들라.(『탄만집』, 記, 「當日軒記」)[28]

그리고 인격적 주체로서 선비는 자신이 어디에 있건 상관없이 항상 그 사회의 가치기준을 확인하고 제시하며 이를 실현하는 것을 임무로 삼았다. 선비의 임무가 이렇게 중대하니 선비로서 자신을 지키기 위해서는 비상한 노력을 기울이지 않으면 안 된다. 공자는 제자들에게 "부모 앞에 나아가서는 효도하고 물러나서는 형제간에 우애하며, 말을 삼가며 믿음 있게 하고, 널리 대중을 사랑하며 어진 이를 친근하게 하라. 이렇게 실천하고서도 힘이 남거든 글을 배워라"(『논어』, 「學而」) 라고 충고하였다. 이러한 충고는 선비로서 글을 배우기에 앞서 가정에서는 효도와 우애를 실천하고 사회에서는 말과 행동을 신중히 하며 대중을 사랑하고 어진 이를 가까이

---

27) 이런 선비의 좋은 예로, 안동 선비 김융을 들 수 있다. 김융은 18세 때 도산서원에서 이황의 문하에 들어가 성리학을 공부했고, 산중에 두릉정사를 지어 날마다 독서하고 궁리하는 일에 힘썼던 인물이다. 이종호, 『안동선비는 어떻게 살았을까』, 신원, 2004. 109쪽.
28) 박균섭, 『선비정신연구』, 문음사, 2015. 27쪽.

이 하여 본받을 것을 실천의 과제로 제시한 것이다.[29] 따라서 선비는 가족과 사회에서 행하는 실천을 통해 그 덕성이 몸에 충분히 배어들게 한 기초 위에서 글을 배워 세상의 이치에 대한 인식을 넓힌다고 할 수 있다.

마지막으로 선비는 그 사회의 가치기준을 정립하고 수호하는 역할을 담당한다. 조선시대 선비는 도학(道學) 이념을 기반으로 사회를 정의롭고 올바른 방향으로 이끌어 가는 지도자로서의 역할을 수행하였다. 선비는 이처럼 한 시대의 사회를 정의롭게 이끄는 일이 혼자만의 힘으로는 불가능하다는 것을 잘 인식하고 있다. 그런 측면에서 사림(士林)은 서로 절차탁마하는 연마의 과정을 통해 공동의 가치기준을 확인하고 이를 실천하는 선비공동체이다.

선 비의 마음공부

유교 전통에서는 인간에게 주어져있는 하늘의 명령을 성품(性)이라고 한다. 바로 이 하늘로부터 부여된 성품을 기준으로 삼아 따르는 것을『중용』에서는 도리(道)라 하였다. 유교의 모든 가르침은 바로 이 '도리'를 닦아 가는 것이다. 선비로서 학문한다는 것은 이 도리를 닦아서 성품을 따르는 것이요, 성품을 따라서 천명(天命)을 받드는 일이다. 이러한 학문은 결코 지식을 수집하고 논리를 수립하는 것 같이 사유에 기반을 둔 지적활동에 그치지 않는다. 오히려 선비의 참된 학문은 마음의 주체를 정립하고, 이 마음 속에서 기준이 되는 성품과 근원이 되는 하늘을 통찰하는 새로운 차원의 학문이다. 맹자가 학문한다는 것을 "흐트러지는 마음을 찾아 들이는 것일

---

29) 박균섭, 같은 책, 28쪽.

뿐"(求放心)이라고 강조하였던 것도, 선비의 학문이 자신의 주체로서 마음을 다스리는 공부를 기본과제로 삼고 있음을 밝혀 주는 것이다. 그만큼 선비에게서 마음공부는 중요한 덕목이라 할 수 있다.

맹자는 "마음을 온전히 발휘하여 성품을 알고, 성품을 통해 하늘을 알 수 있다"고 하여, 근원으로 소급하는 인식의 심화과정을 제시하였다. 이와 더불어 "마음을 간직하고 성품을 배양하는 일은 하늘을 섬기는 방법이다"라고 하여, 마음을 간직하고 성품을 배양하는(存心養性), 존양(存養)의 수양공부가 인간 존재의 근원인 하늘을 받들어 섬기는 신앙적 세계를 내포하는 것임을 밝혀주고 있다. 이처럼 선비의 학문이 지식에 매몰되지 않고 수양으로 나아가야 이유는 바로 인간 존재의 근원인 하늘을 잊지 않기 위해서였다.[30]

성리학에서는 성품과 감정을 마음의 본체와 작용(體用)으로 설명하기도 하고, 마음이 성품과 감정을 통섭하고 있다(心統性情)고 밝히기도 한다. 한마디로 인간의 주체인 마음은 그 근원에 있는 성품을 통해 하늘과 연결되어 있으며, 감정을 통해 우리의 현실세계와 맞닿아 있다는 것이다. 마음을 간직하고 본성을 배양하는 존양(存養) 공부는 인간 속에 주어져 있는 근원적이고 보편적인 가치인 덕(德)을 실현하는 것이기도 하다. '덕'은 본래 밝아 '명덕'(明德)이라 하며, 사람이 하늘로부터 얻은 것으로, 비었으나 신령하고 어둡지 않으며, 모든 이치를 갖추고 모든 일에 대응하는 것이라 한다. 이 '덕'은 누구나 가지고 있는 것이지만, 사람의 기질과 인욕 때문에 얽매이고 은폐되어 어두워지는 일이 있는데, 그 본체는 언제나 밝은 것이므로 인간의 수양공부는 이 덕의 밝음을 다시 본래대로 회복시켜 주는 것이다.(『대학장구』, 「經1章」) 선비가 수양공부를 통해 마음속에 덕을 쌓아 가면 마침내 덕은 밖으로 넘쳐흐르게 되어, 마치 "아름다움이 마음속에 깃들여 있어서

---

30) 금장태, 같은 책, 26쪽.

온 몸에 퍼져 나오고 모든 일에 나타나는 것이니, 덕업이 지극히 성대하여 더 보탤 수 없다"(『맹자집주』「盡心下」)는 설명처럼 도덕과 사업에서 안팎으로 그 아름다움이 충만하게 되는 경지에 이르게 된다.[31]

이 마음을 지키는 방법이 바로 '경'(敬)이므로 유교 전통에서 선비의 수양공부는 '敬'공부로 집약될 수 있다. 선비의 '敬'공부는 마음을 고요하게 지키는 것을 중시하지만, 그렇다고 항상 고요하기를 요구하지는 않는다. 불교의 참선(參禪)이 고요함만을 극대화한다면, 유교의 '敬'(敬)공부는 마음이 일상의 현실 속에서 활동할 때와 자신의 마음속에 깊이 침잠하여 고요히 지켜갈 때를 양면적으로 추구한다고 말할 수 있다. 따라서 선비의 '敬'공부는 마음이 활동할 때 '성찰'(省察)하는 일과 마음이 고요할 때 '존양'(存養)하는 일을 동시에 실현하도록 요구한다. 곧 성찰은 인간이 신체적 욕망의 유혹을 끊고 참된 인간을 형성하는 데 마땅한 도리를 확인하는 태도이며, 마음의 모든 활동에서 천리를 기준으로 지키고 인욕에 흐르는 것을 억제하는 과정이기도 하다. 행동 속의 자기를 바로잡는 방법인 '省察'과 근원적 자기를 발견하고 확립하는 방법인 '存養'은 사실상 참된 인간이 되는 방법으로서 결코 없어서는 안 될 두 가지 기본조건인 것이다.[32]

사람의 마음에는 신체적 기질과 이기적 욕망을 따라서 발생하는 인심(人心)과 하늘의 명령을 받은 성품의 정대함에 근원하는 도심(道心)이 있다. 인심은 욕망에 따라 쉽게 악으로 빠져들어 위태롭기 그지없고, 도심은 하늘의 명령을 깨닫지 못하면 언제든지 숨어버리고 마니 희미하기 짝이 없다. 이러한 마음의 두 양상에서 도심을 확고하게 붙잡고 인심을 도심의 명령에 따르도록 절제하는 것이 바로 마음을 다스리는 '敬'공부의 기본요령이다. 결국 '敬'의 수양공부는 자신의 마음속에서 천리를 확인하고 드러내며 주도하게 하는 것이요, 사사로운 욕망을 견제하여 인간의 마음이 언제

---

31) 금장태, 같은 책, 27쪽.
32) 금장태, 같은 책, 28쪽.

나 하늘의 이치라는 기준을 지키고 하늘의 명령에 의해 지배받도록 하는 것이다. 그만큼 도심을 확보하고 하늘의 이치를 인식하는 '敬'공부는 수도자의 길이요, 선비의 수양공부는 수도자로서의 삶을 의미한다.[33]

넓리 배우고 자세히 묻고 신중히 생각하고 분명히 판별하고 독실하게 실행하라. 배우지 않는 경우는 있을지언정 배울 바에야 능숙해지지 않으면 그만두지 않는다. 묻지 않는 경우는 있을지언정 물을 바에는 알게 되지 않으면 그만두지 않는다. 생각하지 않을 경우가 있을지언정 생각할 바에는 얻게 되지 않으면 그만두지 않는다. 판별하지 않는 경우가 있을지언정 판별할 바에는 분명치 않으면 그만두지 않는다. 행하지 않는 경우가 있을지언정 행할 바에는 독실하지 않으면 그만두지 않는다. 남이 한 번에 능하거든 자기는 백 번을 하고, 남이 열 번에 능하거든 자기는 천 번을 하라.[34]

선비가 이러한 '敬'공부를 통해 추구하는 이상은 인격의 완성이요, 유교에서는 인격의 완성을 실현한 인간을 '대인'(大人) 또는 '성인'(聖人)으로 일컫는다. 『주역』(乾卦)에서 대인이란 하늘/땅과 더불어 덕을 함께 하며, 해/달과 더불어 밝음을 같이 하며, 자연의 운행과 더불어 질서를 함께 하고, 귀신과 더불어 길흉을 같이 하며, 하늘에 앞서 가면 하늘도 어기지 않고, 하늘을 뒤따르면 하늘의 때를 받든다고 밝히고 있다. 이러한 관점에 따르면, 그 동안 세계의 모든 존재는 나 자신과 구별되어 대상으로 존재하여 왔으나, 이제 '대인', 곧 '성인'의 인격을 실현하게 되면, 세계의 모든 존재는 나를 중심으로 일치하여 마침내는 내가 우주와 일체를 이루게 되며, 그 중심에 내가 존재하는 새로운 차원의 세계가 열리게 된다. 따라서 모든 분별의 다양성과 이질성을 극복하고 하나의 통일된 세계를 실현하는 수양의 이상은 인간의 마음을 다스리는 '敬'공부를 통해 실현되는 것이다. 선비가 '敬'의 수양공

---

33) 금장태. 같은 책, 29쪽.
34) 성백효 역주, 『현토완역 대학·중용집주』, 전통문화연구회, 1994. 94쪽.

부를 통해 추구하는 인격적 이상인 '성인'의 세계는 바로 마음을 간직하고 성품을 배양하여 이룰 수 있는 조화와 통일의 세계라고 할 수 있다.[35]

선 비 유형의 하나로서 안동선비의 규범의식과 풍류의식

여기에서는 선비로서의 자긍심과 삶을 철저하게 살아온 안동지역 선비들에게로 초점을 맞추고자 한다. 특히 그들이 지녔던 선비로서의 규범의식과 풍류의식이 어떻게 상호관련성이 있는지를 중심으로 살펴보고자 한다. 유교는 자아의 정의적 측면을 규범화하는데 그치지 않고 세계, 자연의 내용도 규범화하였다. 그래서 규범화된 자연, 규범화된 인사와 마주하게한다. 이러한 유교적 규범의식은 멀리 孔孟의 시대에 싹을 틔워 중간에 朱子의 새로운 해석을 거쳐 보다 세밀한 논리구조를 갖추었고, 가까이는 안동의 이황을 만남으로써 天人合一의 미의식으로 수렴되었다고 할 수 있다. 이황이 이상으로 생각한 천인합일의 문예적 경계는 자연과 인사가 만나 조화를 향하여 운동해 가는 일련의 과정 자체이다. 문학은 그 만남의 과정을 드러내는 하나의 형식이다. 천인합일의 미의식은 차디찬 이성의 칼날을 숨기고 있다. 이황은 아무런 사욕을 갖지 않고 스스로 깨닫는 경지에 도달한 사람만이 천인합일이 뿜어내는 아름다운 향기를 향유할 수 있다고 보았다.

한 점 구름 끼 없는 드높은 가을하늘처럼 혹은 한 점 티끌 없이 투명하게 제 빛을 드러내는 맑은 샘물처럼 자아의 마음자리가 맑고 밝아야 자연의 경물을 온전하게 받아들여 내 것으로 만들 수 있다. 이황에게 있어 '구

---

35) 금장태, 같은 책, 30쪽.

름'이나 '티끌'은 인욕(人慾)을 상징한다. 인욕은 집착을 낳고 집착은 거짓
을 만들어낸다. 그렇다면 자연 경물의 진정성은 어떻게 획득할 수 있는가?
이황은 인욕으로부터의 도피가 아니라 적극적인 해방만이 이를 가능하게
한다고 보았다. 이황이 제시한 천인합일의 미적 경계는 이처럼 매우 고답
적이고 지극히 이상적이다. 이황은 자신이 설정한 이상 실현이라는 꿈을
꾸면서 '거경'(居敬)하고 '궁리'(窮理)하는 생활에서 모든 위안을 찾았다. 달리
표현하면, 이황에게서 '거경'과 '궁리'는 자연과 인사의 합일을 모색하는
지난한 고행의 과정이었다.[36] 이러한 삶의 자세는 선비가 갖추어야 하는
규범의식의 토대가 되었다.

한편 '풍류'(風流)는 속되지 않으면서 우아하고 멋스러운 정취라고 말할
수 있다. 일찍이 최치원(857~   )은 〈난랑비서〉(鸞郎碑序)에서 통일신라에 실
재한 '현묘한 道'를 '풍류'라 하고, 풍류의 기원이 '선사'(仙史)에 상세히 갖
추어져 있으며, 그 사상내용은 유·불·도 3교의 종지를 포함하고 있다고
밝힌바 있다. '선사'란 아마도 신라 화랑도의 역사를 기록한 『화랑세기』와
같은 유형의 책으로 보인다. 『삼국사기』는 화랑의 주요활동을 도덕과 의
리로 서로 절차탁마하며, 노래와 음악으로 서로 기뻐하고, 산수를 노닐며
즐기되 아무리 멀더라도 이르지 않음이 없는 것이라고 기록하고 있다. 이
런 측면에서 우리의 조상들이 생각했던 풍류는 이러한 화랑의 문화에서
유추되었을 것이다. 말하자면 인격, 덕성에 기초한 놀이행위 일반을 풍류
로 보았던 것이다.

그렇다면 규범의식과 풍류의식은 어떤 관계가 있을까? 그것은 아마도
'긴장과 이완의 관계'로 볼 수 있을 것이다.[37] 처사형 선비에게 있어 '규
범'은 생활 속의 긴장이요, '풍류'는 이완이었다. 이황은 주자가 사용한 바
있는 '오의적정'(娛意敵情), 즉 생각을 즐겁게 하고 마음을 유쾌하게 하는 풍

---

36) 이종호, 『안동선비는 어떻게 살았을까』, 신원, 2004, 26쪽.
37) 이종호, 같은 책, 33쪽.

류를 선호하였다. 그것은 독서하고 궁리하는 학문적 긴장상태에서 오는 피로의 해소과정으로서의 성격이 짙다고 할 수 있다. 그러니까 조장도 하지 않고(勿助) 잊지도 않는(勿忘) 가운데서 이루어지는 풍류의 경계이다. 이는 적당한 긴장감을 수반하면서 항상 내적 집중력을 유지해 내는 절도 있는 풍류의식이다. 이황이 「도산십이곡」에서 사용한 '왕래풍류'(往來風流)라는 표현은 그 옛날 화랑들이 유람을 통해 산수자연을 완상하던 미학적 행위에 해당된다고 할 수 있다.[38]

이황은 두 가지 측면에서 주자를 이해해야한다고 생각하였다. 하나는 주자가 구축해 놓은 '학문'이고, 다른 하나는 학자의 삶을 살아간 주자라는 '인간'이다. 우리가 추구하는 인문학 자체가 인간학의 범주를 넘어서 성립할 수 없듯이, 이황도 주자학을 학문 일변으로만 접근해 가는데 반대하였다. 그런 점에서 학문의 세계를 빠져나와 일상의 공간에 놓여있을 때, 주자는 무엇을 했을까? 다시 말하면 道를 체현한 인간, 유도자(有道者)는 일상에서 어떠한 모습으로 우리에게 나타나는 것일까? 반복되는 유도자의 유연한 기상은 다름 아닌 주자의 '풍류'이다. 결국 이황은 '학문'과 '풍류'를 이원화하지 않고 같은 차원에서 이해하고 수용함으로써 온전한 인간이해에 도달할 수 있다고 본 것이다.

그런데 이황의 풍류는 화랑의 풍류와는 달리, 철저하게 성리학적 규범의 지배가 우세하다고 할 수 있다. 거시적 관점에서 보면 독서, 궁리하는 일이나, 시가(詩歌)를 창작하고 글씨를 쓰며 거문고를 타는 일, 혹은 산수를 유람하는 놀이 등은 모두 풍류의 실천 항목들이었다. 그러면서도 이황은 마음이 주재할 수 없다면, 아무리 시를 짓고 글자를 쓰며 산수에 놀며 즐긴다 해도 이를 정주학(程朱學)에서는 경계로 삼는다고 했다. 이것은 대상을 향한 마음의 주재성에 대한 강조이며, 마음을 끄는 사물에 정신을 팔려 본

---

38) 이종호, 같은 책, 33쪽.

래 가던 길을 벗어나 버리는 오류에 빠지는, 이른바 완물상지(玩物喪志)에 대한 경계였다.[39] 이처럼 산행을 통해 얻는 미감을 시가창작으로 형상화하는 일이 이황 풍류의 중심적인 활동이었다. 이황의 풍류는 모두 가슴을 열고 정신을 맑게 하여 성정을 기르는 한 가지 일로써 수행되는 것이어서, 한가하게 경치를 구경하고 숲과 냇물에 마음을 팔아버리는 것과는 비할 바가 아니었다.

그런데 이황에 앞서 안동 예안의 강호문학을 선도했던 인물이 바로 농암(聾巖) 이현보(1467~1555)였다. 그러면 안동에서 강호시가가 발흥할 수 있었던 배경은 무엇일까? 첫째는 피세와 은둔에 유리한 자연 지리적 조건이고, 둘째는 강호시가의 성격을 규정하는데 있어 중요한 요소인 '처사지향'과 '자연 친화'의 형성이며, 셋째는 국문시가 창작의 사상적 토대인 성리학적 분위기의 성숙이다.[40]

이현보의 풍류는 강호(江湖)와 계산(鷄山)을 배경으로 이루어졌다. 강호풍류가 흐르는 물과 같이 매우 동적(動的)이라면 계산풍류는 움직이지 않는 산의 성질을 닮아 비교적 정적(靜的)이라고 할 수 있다. 이현보의 주된 놀이 무대는 강호였다. 이는 퇴계의 계산풍류와 구별된다. 이현보의 풍류방식은 방랑하면서 흥이 날 때마다 문득 가서 놀면서 돌아오기를 잊는 흥(興)적 계기가 우세한 낙이망반형(樂而忘返型)이다.[41]

이현보는 노년의 귀거래(歸去來)를 통해 「효빈가」, 「농암가」, 「생일가」, 「어부가」 등의 국문시가를 창작하였다. 이현보가 안동 강호시가의 새로운 국면을 열었다면 이를 계승 발전시킨 이가 이황이다. 이현보가 국문시가를 향토의 유풍과 관행을 수용하는 차원에서 이해하였다면, 이황은 보다 차분한 관찰을 통해 시조 짓기의 정당성을 논리화하였다. 이황의 국문시가

---

39) 이종호, 같은 책, 35쪽.
40) 이종호, 같은 책, 42쪽.
41) 이종호, 같은 책, 36쪽.

에 대한 인식은 후대의 선비들, 특히 안동의 순수 처사들에게 그대로 수용되어, 국문시가 창작을 당연지사로 여기게 만들었다. 이현보의 국문시가 향유방식은 크게 두 가지로 구별된다. 하나는 효(孝)의 실천과 관련해 형성된 가문의 유풍에서 유래한 국문시가 창작이고, 다른 하나는 천인합일의 미학적 정서를 추구하는 처사풍류의 한 형태로서의 국문시가 창작이다. 전자가 가문을 중심으로 계승되었다면, 후자는 이황과 그 외 안동지역 처사들에 의해 수용 발전되었다.[42]

그런데 이황의 풍류는 이현보의 풍류와는 달랐다고 한다. 그러면 이황의 풍류가 갖는 독특한 점은 무엇인가? 이현보에게서 보였던 풍악을 동반한 주연(酒宴)이나 선유(船遊)가 이황에게 오면 좀처럼 나타나지 않는다. 이황은 경건한 마음의 유지를 중요하게 생각하였기에 절주(節酒)에 특히 힘쓴 선비였다고 할 수 있다. 그런 점에서 이황은 인격미와 자연미의 일치, 즉 '천인합일'을 지향하였던 것이다. 그는 산수자연의 아름다움을 청량함과 고상함으로 파악하였다. 인격미의 이상을 고상하고 청결함(高潔)에 두었기 때문이다.[43]

이황은 자연은 천하의 공변된 물건이지만 아름다움의 감수는 감상자의 몫이며, 자연의 감상은 관념적으로 가능한 것이 아니라 실제로 자연에 나아가서 몸으로 느껴야 한다고 하였다. 그렇다면 자연에 접근하는 방법은 무엇일까? 산을 거니는 '유산'(遊山)이다. 산행을 하고 나면 자연미 감수가 다 끝나는 것인가? 다음 단계가 남아 있다. 산수 유람을 통해 미감을 널리 공유할 수 있게 하여 산수에 대한 일반인들의 미감을 동시에 제고시키는 일이다. 그러면 자연미를 공유할 수 있는 방법은 무엇이겠는가? 그것은 바로 유기(遊記)와 유록(遊錄)의 창작이다. 유기와 유록은 산수 유람의 현장에서 흥분과 감동을 불러일으켰던 자연미, 본지풍광이 문자로 묻어나는 심미체험의 방식이다. 유기와 유록의 창작을 강조하는 이황의 권유가 있고 나서

---

42) 이종호, 같은 책, 43쪽.
43) 이종호, 같은 책, 36쪽.

야 문자로 묻어난 자연미, 권리풍광(卷裏風光)을 편안히 누워서 즐기는 와유(臥遊) 문화가 선비들의 주요한 풍류활동으로 자리 잡아 나아갔던 것이다.[44]

지금까지 살펴본 안동지역 선비들과 처사층의 풍류(문예) 활동은 고민하는 향촌 지식인의 내면 풍경이라고도 할 수 있을 것이다. 특히 안동 처사층의 문예활동은 재도론(載道論)과 천인합일로 요약되는 문학관과 미의식을 바탕으로 실천된 것임은 틀림없는 사실이다. 그럼에도 불구하고 안동의 처사형 선비들은 '지역적 고립감'을 탈피하지 못한 상태에 있었다. 당대에 활동한 중앙문단의 유수한 작가들과 거의 교우를 갖지 않았다는 사실이 이를 반증한다. 아마도 재야 선비로서 자존의식을 문예보다 도학적 수양에서 찾아내어, 그러한 우월감을 바탕으로 중앙문인들과의 차별성을 부각시키려고 했던 것으로 판단된다. 다음으로 안동 처사층의 문예인식은 '지방성'이라는 한계를 가지고 있는 것이 사실이다. 그럼에도 불구하고, 안동의 산천이 개별성을 갖고 있듯이, 선비층의 문예도 자기만의 얼굴을 가지고 있었다.

여기서 소중한 유산은 문예를 통해 자아의 정서를 순화하고 내재미를 가꾸며, 선비로서의 교양과 품위를 지켜나가 남에게 읽혀지기보다는 자아의 성정에 충실하고자 한 처사들의 고귀한 선비정신이다. 문예는 선비정신의 우회적 표출방식이었다. 안동 선비정신의 한 가운데는 항상 '자연'이 놓여 있다. 처사의 선비정신이 출사한 선비들의 그것과 다른 까닭은 무엇일까? 자연 친화의 기회를 벼슬하는 선비들은 누릴 수 없었던 것이다. 그런 점에서 안동 선비들은 자연과 대화하는 기술이 탁월했던 선비들이었다고 할 수 있다. 문예와 인격의 합일, 인간과 자연의 합일을 굳게 믿고 지켜 나간 안동 선비들의 용기야말로 생태학적 삶과 학문을 지향하는 오늘 우리 시대가 새롭게 음미해야할 대목이다.

---

44) 이종호, 같은 책, 37쪽.

인 문정신의 재발견과 인간다움에 대한 교육 강화

이 글의 첫 부분에서 우리는 누스바움의 목소리에 귀 기울인 바 있다. 민주주의를 살리기 위해서라도, 대학에서의 인문 교양 예술교육의 강화와 필요성에 대해 그녀는 목청을 높이고 있었다. 필자는 누스바움이 대안으로 제시하는 '인간 계발' 중심의 교육모델에 대해서 약간 보완 설명을 덧붙이면서 논의를 마무리하고자 한다. 인간 계발 중심의 교육모델이 어떻게 '이익 창출' 중심의 교육과 '훌륭한 시민 양성' 중심의 교육 이 두 가지의 요구에 대해 충돌하지 않으면서도 부합될 수 있을까? 그러기 위해서 어떤 측면이 전략적으로 전제되어야 하는 것일까?

지금까지 우리는 서양에서의 후마니타스 전통에 입각한 인문학과 인문정신의 의미를 colere(쟁기질하다, 갈아엎다) 개념을 통해 밝혀보았다. 그 과정에서 인문학이 곧 문화(과)학이라는 사실과 건강한 민주주의를 위해서는 대학 교육에서 인문학 교육의 필요성과 인문정신이 강조되어야 한다는 점을 확인할 수 있었다. 자본주의의 이익 일변도의 사회 분위기 속에서도 인문정신은 여전히 유효하며, 그 속에서 또한 사람답게 사는 길이 무엇인지에 대한 해답을 찾을 수도 있었다. 나아가 문화인이란 칸트 식으로 말해서 자신의 반사회성을 사회성으로 회복한 사람을 뜻하며, 이는 단박에 이루어지는 것이 아니라 지속적인 도덕교육을 통해 가능하다는 사실도 확인할 수 있었다. 그런 맥락에서 자신의 마음의 밭을 잘 가꾼 문화인이 되는 길은 '무한한 과업'이라고 말한 칸트의 음성에서, 자연스럽게 우리 선비의 마음공부의 방식을 연관 지을 수 있었다. 한마디로 서양에서의 문화인, 교양인의 길과 우리 선비의 길, 선비의 마음공부의 길에는 많은 부분에서 공통점이 있다는 사실을 확인할 수 있었다.

선비의 공부는 삶의 일상을 기반으로 하되 그 과정은 평생 동안 지속되는 것이었다. 선비는 삶의 공간 전체를 무대로 하면서 삶의 시간 전반을 통해 도학(道學)을 추구하고 몸과 마음의 공부에 임하는 존재였다. 이는 선비의 앎과 삶이 사적영역과 공적영역으로 분리되기 어렵다는 관념의 표상이기도 하다. 대체로 선비들의 삶은 부자, 군신, 부부의 관계 및 범주 안에서 작동하는 삶이었고, 그 삶의 궤적을 그리면서 앎을 실천하는 존재였다. 선비들은 평생 동안 자신을 채찍질하며 心身을 단련하고 학문에 매진하였다. 선비의 일생은 선비의 일상이 누적된 결과물이다. 선비의 앎과 삶에 관한 재조명이 오늘날 '지식인'이 처한 앎과 삶의 현실을 해석하고 대안을 모색하는 과정에서 어떤 성찰의 의미를 주기에 충분할 것이다. 선비의 앎과 삶에 반영된 인간 존재와 공동체 문제를 위한 설명방식은 지식인의 사명과 책임을 거론하는 부분에서 특별히 설득력을 갖는다고 할 수 있을 것이다.

그리고 유교의 학문방법이 지닌 가장 두드러진 특징은 마음을 다스린다고 하여 마음의 근원만을 천착하는 것이 아니라, 가장 일상적이고 가까운 현실에서부터 먼 데로 나아가는 것으로 방법을 삼는 것이다. 따라서 선비가 인격(人格)을 완성시켜 가는 길은 가깝고 일상적인 현실을 벗어나서 찾는 것이 아니다. 일상생활 속에서 말하고 행동하는 가운데서 자신의 인격을 닦아가는(修身) 일에서 출발하여, 가까이는 가정을 바로잡는(齊家) 일로 넓혀 가고, 나아가 나라를 다스리며(治國), 천하를 평화롭게 하는(平天下) 일에 이르기까지 점진적으로 확장시켜 가기를 추구하는 것이다. 또한 가까이 어버이를 사랑하는(親親) 데서 시작하여, 이웃을 사랑하는(仁民) 데로 넓혀 가고, 나아가 만물을 사랑하는(愛物) 데 이르기까지, 자신을 확장시켜 가는 것이 학문과 수양의 올바른 방향으로 제시되고 있다. 그 만큼 선비가 자신을 다듬어가는 일은 안으로 마음을 다스리고 밖으로 거동을 반듯하게 하여 안팎이 서로 돕게 하는 것이다. 동시에 선비는 자신의 인격을 다듬어서 바깥으로 가까운 데서부터 먼 곳으로 확장시켜 감으로써, 마침내는 만물과 일체를 이루어 조화와 통일된 세계를 추구한다.

　필자는 이상에서 살펴본 선비정신이 오늘 우리시대 한국의 대학 인문 교양 교육의 핵심 가치로서 여전히 유효하며, 더욱 강화될 필요가 있다고 생각한다. 더불어 서양의 문화 개념과 접목하여 다양한 형태의 교양 교과 과정에 응용하여 개발될 수 있다고 본다. 또한 자본주의의 물질 만능 중심의 세계관과 사회풍토에서 우리를 되돌아볼 수 있게 하고, 삶의 의미와 인간성 회복을 위한 교육 프로그램에 좋은 단초를 제공한다고 생각한다. 그런 점에서 우리의 '선비정신'이나 서양의 '문화인' 개념은 내가 누구인지, 나아가 인간이란 어떤 존재인지를 밝혀 주는 자아인식(self-knowledge)과 직결된 핵심가치라고 할 수 있을 것이다.

인간은 왜 상징적
동물일까?*

* 이 글은 2015년 12월 18일(금) 한국외대 철학문화연구소/지식콘텐츠학부 학술발표회(외대 애경홀114호)
  에서 발표한 것을 수정 보완한 것임.

시 작하는 말

이 장에서 우리가 다룰 주제는 상징과 지식이다. 인간의 자기이해나 인간의 지식의 성격을 논의할 때, 상징(象徵, symbol)은 대단히 중요한 요소가 된다. 그래서 많은 철학자들과 예술가들은 상징에 대한 연구에 집중했으며, 그런 경향은 많은 분과 학문 영역에서 오늘날에까지 이어지고 있다. 여기서 우리는 상징과 지식의 관계를 문화철학자 카시러(Ernst Cassirer 1874-1945)의 시선을 좇아 하나씩 살펴보고자 한다.

카시러는 인간을 정의하기 위해서는 '인간이란 무엇인가?' 라는 물음을 던져야 하고 그것에 대답함으로써 가능하다고 말한다. 이 물음은 이미 고대 그리스 철학이전부터 제기되어 온 물음이면서 오늘날 현대 철학에까지 면면이 이어져 온 것이기도 하다. 여기에서는 서양 철학에서의 인간의 자기인식의 문제가 어떤 식으로 변화되어 왔으며, 그와 같은 논의들을 통해서 카시러가 무엇을 말하려고 하는지, 왜 카시러는 인간을 '이성적 동물'이 아닌, '상징적 동물'로 정의하고 있는지, 그리고 상징과 자기인식, 나아가 지식의 관계를 살펴보고자 한다.

인 간의 '자기인식'의 변모 과정

카시러는 『인간이란 무엇인가』 An Essay on Man (1945)의 첫 문장에서 인간의 철학적 탐구의 최고 목표는 '자기인식'(self-knowledge)에 있다고 말한다.[1]

---

[1] Ernst Cassirer, *An Essay on Man: An Introduction to a Philosophy of Human Culture*, New Haven Yale University Press, 1944. 1쪽. (번역서로는 『인간이란 무엇인가』(최명관 역), 서광사, 1988. 15쪽.) 이후 원본은 *EoM*으로, 번역서는 (인간)으로 표기함.

그리고 이 목표는 모든 사상이 가지고 있는 아르키메데스의 점, 즉 고정불변의 중심이라고 한다. 가장 회의적인 사상가들조차도 자기인식의 가능성과 필요성을 부인하지는 않았다는 것이다. 카시러는 철학사에서 나타나는 자기인식의 문제를 인간의 자기이해의 과정으로, '인간이란 무엇인가?'라는 물음에 답하려는 인류의 끊임없는 노력으로서 파악하였다. 그래서 그는 이러한 자기인식의 문제가 철학사에서 어떠한 형태로 변화되어왔는가를 살펴봄으로써, 그에 따른 인간관의 변모 과정을 이해하려고 하였다.

먼저, 고대 그리스 철학에서의 자기인식의 문제를 살펴보자. 플라톤주의와 아리스토텔레스주의는 서로 대립하는 두 개의 사상 조류를 이루어왔다. 플라톤에 의하면 우리가 경험하는 이 현실 세계는 그림자에 지나지 않고 불변하고 영원한 이데아의 세계만이 참으로 존재하는 세계이다. 이데아란 사물들의 원형이다. 그리고 감각은 우리에게 사물의 그림자를 보여줄 따름이므로 순수한 생각, 즉 상기에 의해서만 이데아를 볼 수 있고 진리를 인식할 수 있다. 이것과는 반대로 아리스토텔레스는 인간의 모든 지식이 감각, 특히 시각에서 시작된다고 보며, 또한 이상적 세계와 경험적 세계가 연결되어 있다고 보았다. 플라톤에 있어서 감각 생활과 예지의 생활은 넓고 건널 수 없는 심연에 의하여 갈라져 있다. 그에게서 인식과 진리는 초월적인 질서, 즉 순수하고 영원한 관념들의 영역에 속한다. 아리스토텔레스 역시 과학적 인식이 지각만을 통해서는 가능하지 않다는 데 대해 확신을 가지고 있다. 그러나 아리스토텔레스가 이상적 세계와 경험적 세계 사이의 플라톤적인 단절을 부인할 때 그는 생물학자로서 말하는 것이었다. 그는 이상적 세계, 즉 인식의 세계를 '생명(삶 life)'의 측면에서 설명하려고 했던 것이다. 아리스토텔레스에 따르면, 이 두 영역에서 우리가 발견하는 것은 똑같은 끊임없는 연속이다. 인간의 지식에서와 마찬가지로 자연에서도 보다 낮은 형태에서 보다 높은 형태가 발전해 나온다. 감각 지각, 기억, 경험, 상상, 이성은 모두 하나의 공통되는 유대에 의하여 함께 연결되어 있다. 이것들은 그저 하나의 동일한 근본적 활동의 여러 가지 다른 단계, 다른 표현에 지나지 않는 것이다. 그런데 만일 우리가 이러한 생물학적인 견해를 채택하게 된다면, 우리는 인간 인식의 최초의 단계들은 무엇보다도 특히 외부 세계를 다루는 것이었다고 생각해야 한다. 말하자면, 인간은 그 모든 직접적 요구와 실제적 관심에 있어서 그의 물질적 환경에 의존하고 있는 것이 된다. 인간은 그를 둘러싸고 있는 세계의 조건들에 끊임없이 자기 자신을 적응시키지 않고서는 살아갈 수가 없다. 인간의 지적, 문화적 생활을 향해서 내딛는 첫걸음은 직접적으로 주어진 환경에 대한 일종의 정신적 조정을 내포하는 행동이라고 할 수 있다.[2]

카시러는 소크라테스의 철학은 인간학적이었다고 말한다. 소크라테스의 중심 문제는 "인간이란 무엇인가?"에 있었다. 그런데 그는 이 물음에 대하여 직접적인 대답을 하지 않았다. 그는 반어(反語) 내지 대화를 통하여 이 물음에 접근한다. 물질적 대상들에 관해서는 그 객관적 속성들을 가지고 그 성질을 기술할 수 있으나, 인간에 대해서는 그렇게 할 수가 없었기 때문이다. 카시러는 소크라테스 철학의 독특성을 어떤 새로운 객관적 내용에서가 아니라, 사고의 새로운 활동과 기능에서 찾고 있다. 말하자면, 이제까지 지적인 독백으로 여겨져 온 철학은, 소크라테스적 반어법으로 인해, 비로소 대화로 변모하게 되었다는 것이다. 오직 대화적 사고 혹은 변증법적 사고에 의해서만 우리가 인간의 본성에 관한 지식으로 나아갈 수 있게 되었다는 점을 카시러는 강조한다. 소크라테스에게서 인간은 합리적인 질문을 받았을 때 합리적인 대답을 할 줄 아는 존재"로 정의된다. 간단히 말해서, 인간은 이성적 동물인 셈이다. 인간은 항상 '자기 음미' 내지 '자기비판'을 하면서 사는 동물이요, 따라서 책임을 지는 존재, 즉 도덕

---

2) 여기에서 사실은 '문화'(culture) 개념이 생겨 나오게 된다. 그리고 '문화' 개념 속에 들어 있는 '교양', '성숙'이라는 의미에서 '자유' 개념과도 연결될 수 가 있다.

적 주체이기도 하다.³⁾ 카시러는 진리란 본래 변증법적 사고의 소산이라고 생각한다. 때문에 진리는 서로 묻고 대답하는 주체들이 끊임없이 협동하지 않고서는 얻어질 수가 없다. 그래서 카시러는 진리는 경험적 대상과 같은 그 어떤 것이 아니라, 사회적 행동의 산물로 이해해야 한다고 주장한다.

다음으로 중세 철학에서의 자기인식의 문제를 살펴보자. 로마의 황제 요 철학자인 마르쿠스 아우렐리우스(Marcus Aurelius Antoninus, 121~180)는 소크라테스의 정신을 따라 사색한 인물이다. 카시러에 따르면, 소크라테스와 아우렐리우스는 인간의 참된 성질이나 본질을 찾으려면 무엇보다도 먼저 인간 존재로부터 모든 외적 및 우연적 특성을 제거하지 않으면 안 된다는 확신을 공통으로 가지고 있었다. 그들은 외부로부터 인간에게 주어지거나 일어나는 것은 인간의 본질을 이루는 것이 아니라고 간주한다. 인간의 본질은 바깥 환경에 의거하지 않고, 자기가 자기 자신에게 주는 가치에만 의존한다는 것이다. 오직 중요한 것은 영혼의 경향, 즉 영혼의 내적 태도이다. 인간 자신의 핵심은 '이성'인데, 이 이성이 확고하게 서 있어서 판단하고 우리로 하여금 행동하게 하면 우리는 올바른 행위를 할 수가 있다. 이성은 인간의 자족적 능력이다. 다시 말해서, 우리가 이성적으로 생각하고 행동하기만 하면, 올바른 행위나 행복한 생활을 위하여 신의 도움 같은 것이 필요치 않다는 말이다. 아우렐리우스의 스토아 철학에서도 '자기 음미'는 인간의 근본적인 의무로 생각되고 있다고 카시러는 생각한다. 스토아 철학에 있어서는 자기 자신의 다이몬, 즉 자기 자신의 깊은 자아와 조화롭게 사는 사람은 또한 우주와 더불어 조화롭게 산다고 본다. 그 이유는 우주의 질서와 인격의 질서가 하나의 공통되는 근본 원리의 나타남이기 때문이다. 중요한 것은 이 두 질서에 있어서 지도적 지위에 있는 것은 우주가 아니라 바로 '자아'라는 사실이다.⁴⁾

---

3) *EoM*, 6쪽. (인간, 22쪽.)
4) *EoM*, 7쪽. (인간, 24쪽.)

카시러에 따르면, 스토아 철학에서는 우리가 이 질서를 파악할 수 있는 것은 우리들의 감각 세계에서가 아니라, 오직 우리의 '판단력'에 의해서 가능하다. 말하자면, 판단은 인간에게 있어 중심적인 힘이요, 진리와 도덕이 한 가지로 거기서 나오는 근원이다. 왜냐하면 그것이야말로 인간이 그 속에서 자기 자신에게 전적으로 의지하는 유일한 것이기 때문이다. 카시러는 스토아 철학의 인간관의 최대의 장점은 인간과 자연의 조화, 자연으로부터의 인간의 도덕적 독립의 감정 둘 다를 '인간'에게 준다는 사실이라고 파악한다. 스토아 철학자의 마음속에서 이 두 가지 주장은 서로 충돌하지 않으며 오히려 서로 밀접한 관계를 가지고 있다. 인간은 자기 자신이 우주와 더불어 완전한 균형 속에 있음을 발견하며, 또 이 균형이 외부의 어떤 힘에 의해서도 혼란케 되어서는 안 된다는 것을 알고 있다. 이것이 바로 스토아학파의 이상인 '안정부동', 즉 '아타락시아'(*ἀταραξία*)의 이원적 성격이다.[5]

한편 아우구스티누스(Augustine, 354~430) 『고백록』(*Confessions*)에 보면, 그리스도가 태어나기 전의 모든 철학은 하나의 근본적인 과오를 저지를 수밖에 없었고, 또 모두 하나의 동일한 이단에 물들어 있었다. 이성의 힘은 인간의 최고의 힘으로 찬미되었다. 그러나 인간이 특별한 신적 계시로 계몽될 때까지 전혀 알지 못하였던 것은 이성 자체가 이 세상에서 가장 의심스럽고 모호한 것들 가운데 하나라는 사실이다. 이성은 우리에게 환한 데로 나아가는 길, 즉 진리와 지혜의 길을 보여주지 않는다. 아우구스티누스에게 있어서 이성은 하나의 단순하고 독특한 성질을 가지고 있는 것이 아니라, 오히려 이중의 그리고 분열된 성질을 가지고 있다.[6] 인간은 하나님의 형상으로 창조되었으며, 그 처음 상태에 있어서, 즉 그가 하나님의 손에서 막 나왔을 때 그는 하나님의 원형과 똑같았다. 그러나 이 모든 것은 아담

---

5) *EoM*, 8쪽. (인간, 26쪽.)
6) *EoM*, 8~10쪽. (인간, 27~28쪽.)

의 타락으로 말미암아 잃어버렸다. 이 때 이후로 이성이 처음에 가지고 있었던 모든 힘은 희미하게 되었다. 그리고 이성은 절대로 단독으로는 자체의 능력을 가지고서 본래로 돌아갈 수가 없게 되었다. 이성은 자기 자신을 재건할 수 없으며, 그 자신의 노력에 의하여 전의 순수한 본질에로 더 이상 돌아갈 수가 없다. 만일 그 일이 가능하다면 그것은 오직 초자연적인 도움에 의해서, 신적 은혜의 힘에 의해서만 가능하다. 이러한 것이 아우구스티누스에 의해서 이해된, 그리고 중세 사상의 모든 위대한 체계 속에 유지된 하나의 새로운 인간학이었다고 카시러는 파악하고 있다.

또한 토마스 아퀴나스(Thomas Aquinas, 1225-1274)는 인간 이성에 대하여 아우구스티누스가 인정한 것보다도 훨씬 높은 능력을 인정하고 있으나, 그는 이성이 하나님의 은혜에 의하여 인도되고 빛을 받게 되지 않는 한, 이 능력들을 바로 사용할 수 없다는 데 대하여 확신을 가지고 있었다. 카시러는 지금까지의 논의를 통해서 그리스 철학이 받들던 모든 가치가 완전히 전도되었음을 보고 있다. 한때 인간 최고의 특권으로 보였던 것이 이제는 인간에 대한 위험이자 유혹이 되었다. 인간의 자랑인 것처럼 보였던 것이 이제는 그의 가장 깊은 부끄러움이 되었다. 인간에게서 자기의 내적 원리, 자기 자신 속에 있는 다이몬에게 복종하고 이를 존경해야 한다는 스토아학파의 교훈은 이제 위험천만한 우상 숭배로 생각되기에 이르렀다는 것이다.

다음으로 근세 철학에서의 자기인식의 문제를 살펴보자. 파스칼(Pascal, 1623-1662)은 합리주의적인 사고방식이 지배적으로 되어 가던 17세기에 오히려 인간의 신비적 성격을 긍정하고 종교를 옹호하였다.[7] 파스칼에 따르면, 인간에 대한 모든 정의는 그것들이 인간에 대한 우리의 경험을 기초로 하며, 또 이 경험에 의하여 확립되지 않는 한, 한낱 공허한 사변에 지나지 않게 된다. 그렇기 때문에 인간의 생활과 그 행동을 이해하는 것 이외에

---

7) *EoM*, 13-14쪽. (인간, 33-34쪽.)

달리 인간을 아는 방도는 없는 것이다. 파스칼은 인간의 본성은 모순으로 가득 차 있다고 말한다. 인간은 단순한 혹은 자기 동일적 존재를 가지고 있지 않다. 인간은 존재와 비존재의 이상한 혼합물이다. 인간의 위치는 정반대되는 이 두 극 사이에 있다. 따라서 인간성의 비밀로 나아가는 길은 오직 하나밖에 없는데, 그 길은 바로 종교라고 한다. 파스칼에 따르면 종교는 우리에게 '이중의 인간', 즉 타락이전의 인간과 타락이후의 인간이 있음을 보여준다. 인간은 가장 높은 목표를 향해서 나아갈 운명을 짊어진 자였으나, 그 지위를 잃게 되었다. 타락으로 말미암아 인간은 힘을 잃어버렸으며, 그의 이성과 의지는 그릇된 길로 빠져 들어가게 되었다.

그리고 몽테뉴(M. Montaigne, 1533~1592)는 개인들만 아니라 개인들이 살고 있는 나라도 우주 전체에 비하면 붓으로 찍은 가장 작은 점 같은 것에 지나지 않는다고 말함으로써 회의론으로 나아가게 되었다. 몽테뉴의 회의론은 코페르니쿠스의 태양 중심설을 기초로 하는 것이었는데, 코페르니쿠스의 체계는 16세기와 17세기의 새로운 인간관의 출발점이 되었다.[8] 이 시기에는 인간의 과학적 정신에 의하여, 다시금 인간의 이성의 힘에 의하여, 우주의 신비와 인간의 신비를 파헤치려는 노력이 전개되었다. 카시러는 근대의 모든 형이상학의 길을 연 최초의 인물은 브루노(Giordano Bruno 1548~1600)라고 말한다. 브루노 철학의 특색이 되는 것은 '무한' 개념에 있고, 그에게서 그 말의 의미가 바뀌고 있음을 카시러는 지적한다. 그리스 고전 사상에 있어서 무한은 하나의 부정적인 개념이었다. 무한한 것은 끝이 없는 것이거나 불확정한 것이다. 그것은 한계를 가지고 있지 않으며, 또 형태도 가지고 있지 않다. 플라톤에게 있어서 '무한'은 인간의 이성으로써는 알 수 없는 부정적인 것이었으나, 브루노에게 있어서는 그것이 현실의 헤아릴 수 없고 그침 없는 풍요함과 인간의 예지의 한정 없는 힘을 의미하였

---

8) *EoM*, 14쪽. (인간, 35쪽.)

다. 브루노에 의하면, 코페르니쿠스의 학설은 인간의 자기 해방에로 나아가는 최초의 그리고 결정적인 일보였다. 그 결과 인간은 이제 물리적 우주의 좁은 벽 틈에 갇혀 사는 수인(囚人)이 아니라 공중을 횡단할 수 있으며, 또 그릇된 형이상학과 우주론이 세워온 천체들 간의 공상적 경계들을 모두 깨트려버릴 수 있게 되었다. 즉 인간의 이성은 그 무한한 힘에 의하여 무한한 우주의 신비를 알 수 있었다.[9]

17세기에 새로운 우주관과 인간관이 확립되는 데에는 갈릴레이, 데카르트, 라이프니츠, 스피노자 등의 공동 노력 덕분이라고 카시러는 파악한다. 갈릴레이의 경우, 인간이 알고 있는 수학적 진리의 확실성은 하나님에 의한 그 진리 인식의 확실성에 못지않다. 데카르트는 모든 것을 의심하는 데서 출발하였으나 결국 무한하고 완전한 존재인 하나님에게서 인간 인식의 확실성의 근거를 찾았다. 라이프니츠는 미·적분학의 규칙들에 의하여 물리적 우주의 신비를 파헤칠 수 있다고 생각하였는데, 이 규칙들은 이성의 일반적 법칙들의 특별한 경우에 지나지 않는다. 스피노자는 인간의 감정과 정서의 세계, 도덕의 세계까지도 수학적으로 해명하려고 하였다. 요컨대, 17세기의 위대한 사상가들은 수학적 이성에 의하여 우주와 인간의 문제를 해결하려고 하였던 것이다. 그렇기 때문에, 파스칼 같은 예외가 있었음에도 불구하고 17세기는 합리주의의 시대라 할 수 있다고 카시러는 말한다.[10]

마지막으로 현대 철학에서 자기인식의 문제를 살펴보자. 19세기에는 생물학적 사상이 수학 사상보다 우위를 차지하고, 종래의 인간관을 뒤집어엎은 듯싶은 혁신이 일어난다. 다윈(Darwin, 1809~1882)의 진화론은 창조론을 믿어오던 사람들에게는 청천벽력과도 같은 것이었다. 진화론은 경험적 사실들을 수집하여 관찰하고 그 관찰 위에서 인간에 관한 과학적 이론

---

9) Ernst Cassirer, *Individuum und Kosmos in der Philosophie der Renaissance*(Leipzig, 1927), 197쪽.
10) *EoM*, 15~16쪽. (인간, 37~38쪽.)

을 내어놓는다고 자부하였다. 그러나 경험적 사실들을 그저 수집하는 것만으로는 과학이 되지 못한다. 거기에는 해석이 따른다. 그런 면에서 진화론의 해석도 결국 형이상학적임을 면할 수 없었다. 그런데 진화론적 사상은 이미 아리스토텔레스에게도 있었다. 그러나 아리스토텔레스의 그것은 형상적 의미의 진화론이었고, 다윈의 진화론은 물질적 의미의 그것이었다. 즉 아리스토텔레스의 그것은 모든 생명체가 인간을 목적으로 삼고 진보한다고 보는 목적론적인 것이었는데 반해, 다윈은 아리스토텔레스가 '우연한 것'으로 본 질료(質料), 즉 물질을 가지고서 생명 현상을 설명하였다. 오랜 세월에 걸쳐 모든 생물의 생명에서 생기는 우연한 변화들이 생명의 가장 낮은 단계들로부터 가장 높고 가장 복잡한 인간에게로의 진화를 가능케 한다. 다윈은 생물의 굉장히 많은 형태의 차이가 '단순한 가변성'에서 생겼으며, 유익한 변화는 쌓아 올리고 불리한 것이 배제되는 '도태(淘汰)'가 생물 세계의 최고의 힘이라고 말하고 있다.[11]

이상과 같이 카시러는 고대 그리스 철학으로부터 19세기의 진화론에 이르기까지의 인간의 자기인식과 관련한 인간관의 변천 과정을 살펴보았다. 현대에 들어와서도 인간의 사상과 의지의 메커니즘 전체를 움직이게 하는 숨은 추진력을 발견하기 위한 노력들은 계속되었다. 니체는 '힘에의 의지'가, 프로이트는 '성적 본능'이, 마르크스는 '경제적 본능'이 인간의 모든 행동의 근본 동기라고 주장하였다. 이렇듯, 인간에 대한 현대의 이론은 그 지적 중심을 상실해 버렸고, 그 대신 사상의 완전한 무정부 상태에 직면하게 되었다고 카시러는 지적한다. 카시러의 다음의 말은 인간의 자기인식 문제와 관련하여 오늘날 우리가 어떤 태도를 취해야 할지에 대한 좋은 메시지이다.

---

11) *EoM*, 18-19쪽. (인간, 40-41쪽.)

"현대 철학은 이상야릇한 상황 속에 있다. 예전의 그 어느 시대도 인간성에 관한 우리 지식의 자료적인 면에서 이토록 좋은 처지에 있지는 못했다. 심리학, 민족학, 인간학 및 역사학은 놀랄 만큼 풍부한 그리고 끊임없이 증가하는 사실들을 쌓아 놓았다. 관찰과 실험을 위한 우리들의 기술적 기구는 크게 개량되었고, 우리의 분석들은 더욱더 날카롭고 투철하게 되었다. 그럼에도 불구하고 우리는 아직도 이 재료를 구사하고 조직하는 방법을 발견하지 못하고 있는 것으로 보인다. 우리들 자신의 풍족함에 비길 때 과거는 빈약하게 보일지 모른다. 그러나 우리의 사실들에 있어서의 풍부함이 반드시 사상의 풍부함은 아니다. 우리가 이 미궁에서 빠져 나오게 하는 아리아드네(Ariadne)의 실을 찾는 일에 성공하지 못하는 한, 우리는 인간 문화의 일반 성격에 대한 참된 통찰을 가질 수 없다. 또 개념상의 통일이 없어 보이는 자료들, 즉 서로 아무 연락도 없이 흩어져 있는 자료들의 한 가운데서 길을 잃은 자가 될 것이다."[12]

현대에는 자연과학과 인문과학이 세분화되어 크게 발달하였고, 그에 따라 과학자들과 사상가들은 각기 자기의 전문 분야의 입장에서 인간을 바라보게 되었다. 그 결과 오늘날에는 인간관의 초점이 사라지게 되었다. 이러한 상황은 인간의 '윤리적 생활'과 '문화적 생활'에 커다란 위기를 가져다주었다. 그래서 카시러는 현대까지 진행된 인간의 자기인식에 관한 논의는 심각한 위기에 직면하게 되었다고 단정한다. 그래서 카시러는 풍부한 자료들과 개량된 기술들을 통해서 이제 인간 문화의 일반적 성격을 규명하려고 시도하였던 것이다. 카시러의 이러한 일련의 계획에서 가장 중요한 것은 그 중심적인 관점이다. 말하자면, 문화의 성격을 규명하기 위한 하나의 잣대를 카시러는 제시하고 있다. 그는 문화를 만들어낸 인간, 그 인간을 다시 규정함으로써, 문화에 대한 새로운 이해를 하려고 하는 것이다. 인간에 대한 새로운 규정, 그것은 바로 인간이 더 이상 '이성적 동물'이 아니라, '상징적 동물'이라는 것이다. '상징적 동물'이라는 새로운 인간

---

12) *EoM*, 22쪽. (인간, 45–46쪽.)

정의를 토대로 카시러는 인간의 자기인식, 자기이해, 나아가 인간이 만들어 놓은 정신활동의 총체인 문화이해를 시도하고 있는 것이다.

'상 징적 존재'로서 인간과 '상징적 지식'

'이성적 동물'에서 '상징적 동물'로

카시러는 자신의 문화철학을 전개함에 있어서, 먼저 그 밑바탕이 되는 인간관을 정리하고 있다. 말하자면, 지금까지 인정되어 오던 인간에 대한 정의, 즉 '인간은 이성적 동물이다'라는 고전적인 정의를 새롭게 수정하고 있다. 왜냐하면 '이성'이라는 관점은 앞에서 살펴본 바와 같이 인간의 자기인식의 문제를 해결해 주기보다는 오히려 혼란과 위기, 사상의 무정부 상태를 초래하게 되었다고 카시러는 판단했기 때문이다. 그래서 이제 그는 '상징'이라는 틀을 통해서 자기 인식의 문제, 더 나아가 '인간이란 무엇인가?'라는 문제에 대답하려는 것이다. 그렇다면 카시러가 '상징적 동물'로서의 인간을 말할 때 사용하고 있는 '상징'이라는 개념은 어디에서 나온 것인가? 카시러는 생물학자 윅스퀼(Jakob von Uexküll 1864-1944)의 견해를 받아들이고 있다. 윅스퀼은 매우 독창적인 생물학적 세계의 도식을 전개시킨 인물인데, 그는 객관적이고 행동주의적인 방법에 따라 비교 해부학의 사실들을 가지고 생명에 대한 견해를 펼쳤던 학자이다. 윅스퀼은 해부학적 구조에 따라 모든 생명체에는 메르크네츠(Merknetz)와 비르크네츠(Wirknetz), 즉 '인지계통'과 '작용계통'이 있다는 주장을 하였고, 이 두 계통의 협동과 평형이 없으면 유기체는 살아남을 수 없게 된다고 말하였다.[13] 이 두 계통은

---

13) J. von Uexküll, *Theoretische Biologie*, 제2판 (Berlin, 1938); *Umwelt und Innenwelt der Tiere* (1909), 제2판 (Berlin, 1921.) EoM, 24쪽. (인간, 48쪽.)

사실상 동물들에게 있어서 기능 고리 역할을 하는 것이다.

그렇다면 이제 "인간 역시 이 도식에 해당될 수 있는가?"라는 것이 우리의 관심사다. 카시러는 인간 세계도 기본적으로는 인지계통과 작용계통으로 이루어져 있지만, 인간 세계에서만 나타나는 하나의 새로운 특징이 있다고 주장한다. 그것은 바로 '상징계통'이라는 제3의 연결물이다. 이것을 통해서 인간은 다른 동물보다 더 넓은 세계에서 살아갈 수 있고, '새로운 차원' 속에서 살 수 있게 되었다는 것이다. 생물들에게서 나타나는 반작용과 인간에게서 나타나는 반응 사이에는 분명한 차이가 있다고 카시러는 말한다. 생물의 반작용의 경우에는 외부로부터의 자극에 대해서 직접적이고 즉각적인 응답이 주어지는데 비해, 인간의 반응의 경우에는 느리고 복잡한 사고 과정에 의해 응답이 지체된다고 한다. 인간의 반응의 이러한 특성으로 인해서, 인간은 상징계통을 통해 비로소 한갓 물리적인 우주에만 머물러 사는 것이 아니라, 상징적인 우주에서도 살 수 있게 되었다. 언어, 예술, 종교, 역사, 과학은 이러한 상징적 우주를 이루고 있는 것들로서, 이것들은 상징의 그물을 짜고 있는 가지각색의 실이자, 인간 경험의 엉클어진 거미줄이라고 카시러는 말한다.[14]

인간은 언어적 형식, 예술적 심상, 신화적 상징, 종교적 의식에 깊게 둘러싸여 있기 때문에 이러한 인위적인 매개물의 개입에 의하지 않고서는 아무 것도 볼 수 없고 또 알 수 없다고 카시러는 말한다. 인간의 이러한 형편은 이론의 영역과 실천의 영역에서도 마찬가지라고 한다. 실천의 영역에서도, 인간은 딱딱한 사실들의 영역에 살지 않으며, 혹은 그의 직접적인 요구와 욕망을 따라 살지도 않는다. 오히려 상상적 감정들 한 가운데에서, 희망과 공포 속에서, 환상과 환멸 속에서, 공상과 꿈속에서 살아간다는 것이다.

---

14) *EoM*, 24쪽. (인간, 49쪽.)

바로 그런 의미에서 카시러는 **인간의 지식은 본성상 '상징적 지식'**(sym-bolic knowledge)이라고 말한다. [15] 이 상징적 지식이 인간의 인식의 힘과 그 한계를 특징짓는다고 한다. 그리고 상징적 사고에 있어서는 현실적인 것과 가능적인 것, 실제로 있는 사물과 이상적인 사물 사이에 날카로운 구별을 짓는 것이 불가피한 일이다. '상징'은 물리적 세계의 일부로서의 현실적 실존을 갖고 있지 않다. 그것은 '의미(意味, meaning)'를 가지고 있다. 원시인의 사고에 있어서는 아직 존재와 의미의 두 영역 사이를 구별 짓는 것이 매우 어렵다. 거기에서는 이 두 영역이 끊임없이 혼동되고 있으며, 상징은 마치 마력 혹은 물리적인 힘이 부여되어 있는 것처럼 생각되고 있다. 그러나 인간 문화가 좀 더 진보하면 사물과 상징 사이의 차이가 분명히 느껴지는데, 이것은 현실과 가능 사이의 구별이 또한 더욱더 뚜렷하게 된다는 것을 의미한다. 카시러에 있어서 인간의 자연적 타성을 극복하고 그에게 새로운 능력, 그의 인간 우주를 끊임없이 재형성하는 능력을 부여하는 것은 바로 이러한 '상징적 사고'이다.

한편 카시러는 '이성적 동물'이라는 인간에 대한 정의가 아직도 그 힘을 잃지 않고 있고, '합리성' 개념이 인간 활동의 고유한 모습으로 전해오고 있다는 사실도 인정한다. 그렇지만 예를 들어, 언어의 경우, 그것은 가끔씩 이성이나 이성의 원천과 동일시되어 왔음을 카시러는 지적한다. 그런데 이러한 정의가 전 분야에 걸쳐서 고루 들어맞는 것은 아니라고 그는 말한다. 왜냐하면, 개념적 언어와 더불어 정서적 언어가 있고, 논리적 혹은 과학적 언어와 더불어 시적 상상의 언어가 있기 때문이다.

이러한 사실들로부터, 카시러는 본래 언어란 사고나 사상을 표현하는 것이 아니라, 감정과 감동을 표현하는 것이라고 주장한다. 이 주장은 '이성'이라는 말이 인간의 문화생활의 여러 형태들을 그 모든 풍부함과 다양

---

15) *EoM*, 57쪽. (인간, 95쪽.)

성에 있어서 전체적으로 이해하는 데는 매우 부적당하다는 의미이기도 하다. 카시러가 볼 때 인간 문화의 여러 형태들은 '상징적 형태'로 되어 있다. 그렇기 때문에 카시러는 인간을 '이성적 동물'로 정의하는 대신, **'상징적 동물'**(animal symbolicum)로 새롭게 정의하고, 그것에 근거해서 인간의 문화 현상들을 이해하고 있는 것이다. 이상과 같은 카시러의 인간에 대한 새로운 정의는, 신화, 예술, 언어, 역사, 과학에 대한 논의의 근간이 되고 있다.

문화를 통한 '인간' 정의(定義)

인간에 대한 관심은 고대로부터 지금까지 계속되어 온 문제이다. 소크라테스는 '너 자신을 알라' 라는 델포이의 신의 명령을 따라 자기검토와 자기인식에 정진하였다. 그는 개인적 인간을 문제 삼았다. 그런데 플라톤은 이러한 소크라테스의 인간 탐구 방법의 한계를 깨달았다. 개인의 생활과 경험만을 살피는 일로는 인간이 무엇인지를 알 수가 없다. 그래서 플라톤은 인간이 무엇인지 알기 위해서는 인간의 사회생활과 정치생활을 연구해야 한다고 생각하였다. 인간의 본성은 개인의 경험 속에는 작은 글씨로 씌어 있으나, '국가' 생활 속에는 굵은 글씨로 씌어 있다는 것이다.[16]

카시러는 이러한 플라톤의 사상에 대하여 정치 생활이나 국가만이 인간의 공공적 생존 형태가 아니고, 오히려 '문화'를 통해서 인간이 정의되어야 한다고 주장한다. 국가는 인류의 개화에 있어서 후기의 산물이다. 카시러에 따르면, 인간은 국가를 가지기 이전에 자기들의 감정, 욕망, 사상을 표현하고 조직화하려는 여러 시도들, 즉 '문화'를 가지고 있었다. 이 문화는 신화, 종교, 언어, 예술, 역사, 과학 속에 간직되어 있다. 물론 여러 문화의 발전은 국가의 발전과 밀접하게 얽혀 있다. 그러나 그것들은 그 스스로의 목적과 가치를 지니고 있다. 카시러는 국가보다도 더 오랜 생명을 지

---

16) *EoM*, 63쪽. (인간, 108쪽.)

니고 있고 인간의 생명력을 나타내고 있는 여러 가지 '문화의 본성'을 찾아 거기에서 인간의 본성을 파악해야 한다고 생각하고 있는 것이다.

카시러는 '인간이란 무엇인가?' 라는 문제와 관련하여, 심리학적, 생물학적, 역사학적 방법을 간단히 고찰한 후, 이것들 외에 '상징형식의 철학'을 내놓았다. 이 방법은 이전의 모든 방법들을 폐기하는 것이 아니라 그것들을 보충하여 완전하게 하려는 것이다. '상징 형식의 철학'은 만일 인간의 본성 혹은 본질에 관한 그 어떤 정의가 있다면, 이 정의는 오직 '기능적인 것'으로서 이해될 수 있고, '실체적 것'으로서 이해될 수는 없다는 가정에서 출발한다.[17] 여기서 '기능적'이라는 말은 '관계', '작용', '행위'의 측면에서 이해되고 규정되어야 한다는 의미이다.

> "우리는 인간을 그의 형이상학적 본질을 구성하는 그 어떤 '내재적 원리'에 의해서 정의할 수 없고, 또 '경험적 관찰'로써 찾아낼 수 있는 그 어떤 선천적 능력이나 본능에 의해서도 정의할 수 없다. 인간의 두드러진 특색, 그의 독특한 성질은 그의 형이상학적 혹은 자연적 성질이 아니라, 그가 행하는 바 그의 일이다. '인간성'의 범위를 정의하고 한정하는 것은 이 일이며, 인간 활동들의 체계. 언어, 신화, 종교, 예술, 과학 역사는 이 범위의 성분들이요, 그 갖가지 부분들이다. 그러므로 '인간에 관한 철학'은 이 인간 활동들의 하나하나의 근본 구조를 우리로 하여금 들여다보게 하는, 그리고 그와 동시에 우리로 하여금 이 활동들을 하나의 유기적 전체로서 이해하게 할 수 있는 철학이어야 한다."[18]

언어, 예술, 신화, 종교는 고립되어 있거나 제멋대로 만들어진 것이 아니다. 그것들은 하나의 '공통적인 유대'에 의하여 결합되어 있다. 그것은 바로 상징 개념이다. 그러나 이 결합은 스콜라 철학의 사상에서 생각되고 기술된 바와 같은 실체적 결합이 아니라, 기능적 결합이다. 그러므로 인간

---

17) *EoM*, 68쪽. (인간, 114쪽.)
18) *EoM*, 68쪽. (인간, 114쪽.)

이 무엇인지를 알려면, 인간의 여러 활동들 하나하나의 근본적 구조를 이해하는 동시에 이 모든 활동들을 하나의 '유기적 전체'로서 이해해야만 한다고 카시러는 말한다. 따라서 인간에 관한 철학은 언어, 신화, 종교, 예술 등의 온갖 형태 상징들 배후 깊숙이 파고 들어가 그 근본 기능을 밝히는 동시에 그 모든 기능의 공통되는 근원을 찾지 않으면 안 된다고 카시러는 주장한다. 이것은 또한 카시러 자신의 '상징형식의 철학'의 과제이기도 하다.

카시러는 우리가 인간 문화의 개별적 형식들을 분석하는 것만으로는 만족할 수 없고, 그 모든 형식을 전체적으로 이해해야 한다고 말한다. 그런데 인간 문화의 각 형식들은 언뜻 보면, 통일되어 있지도 않고 조화를 이루고 있지도 않아 보인다. 가령, 종교와 과학은 서로 모순되기도 하고, 또 역사적으로 자주 충돌하여 왔음을 알 수 있다. 그리하여 인간 문화의 통일과 조화란, 사건들의 현실적 진행에 의하여 줄곧 좌절되고 마는 하나의 '경건한 희구'에 지나지 않아 보인다.[19]

의심할 것 없이 인간 문화는 서로 다른 선을 따라 전진하며, 또 서로 다른 목적들을 추구하는 갖가지 활동으로 나뉠 수 있다. 만일 우리가 이 활동들의 결과들, 예컨대 신화의 창작들, 종교적 의식, 예술 작품, 과학적 학설을 고찰하는 것으로써 스스로 만족한다면, 이 결과들을 하나의 공통분모로 환원하는 것은 불가능하게 될 것이다. 그렇지만 카시러는 철학적 종합이 의도하는 것은 이와는 다르다고 말한다. 카시러에 따르면, 철학적 종합에서 우리가 추구하는 것은 결과들의 통일이 아니라, '행동의 통일'이며, 소산들의 통일이 아니라, '창조적 과정'의 통일이다.[20] '인간성'이라는 말에 무슨 의미가 있다면, 그것은 그 갖가지 형식들 가운데 존재하는 차이들과 대립들에도 불구하고, 이 형식들은 모두 하나의 공통되는 목적을 향

---

19) *EoM*, 70쪽. (인간, 117쪽.)
20) *EoM*, 70쪽. (인간, 118쪽.)

하여 움직이고 있다는 점이다. 결국에 가서 이 모든 것이 합일되고 조화를 이루는 하나의 두드러진 모습, 하나의 보편적 성격이 반드시 발견되고야 만다.

따라서 신화, 예술, 종교, 언어, 심지어 과학까지도 이제 하나의 공통되는 뿌리에서 뻗어 나온 여러 지엽으로 생각되는 바, 철학의 임무는 이 뿌리를 뚜렷이 볼 수 있고 이해할 수 있도록 해야 한다. 카시러는 이제 자신 있게 말한다. 그 뿌리는 다름 아닌 '인간의 상징적 기능'이라고. 이제 철학적 종합은 이러한 기능의 통일, 인간 정신의 창조적 기능의 통일을 밝혀내는 일을 담당해야 한다는 것이 카시러의 생각이다. 이러한 그의 생각은 앞으로 진행될 다양한 상징 형식들, 즉 신화, 예술, 언어, 역사, 과학에 대한 논의에서 구체화될 것이다.

상 징적 형식, 상징적 지식을 통한 인간 이해[21]

우리는 카시러가 인간을 '이성적 동물'이 아닌 '상징적 동물'로 정의 내리고 있음을 살펴보았다. 인간은 늘 언어적 형식, 예술적 심상, 신화적 상징, 종교적 의식에 깊게 둘러싸여 있기 때문에 이러한 매개물의 개입을 통해서 세계를 인식하게 된다. 신화, 예술, 언어, 역사, 과학은 인간에게서 상징적 우주를 이루고 있는 갖가지 요소들이다. 이제 우리가 궁금하게 생각하는 점은 도대체 상징과 상징적 기능, 상징형식은 어떻게 연결되어 있는가? 하는 점이다.

---

21) 이 부분과 관련된 논의는 신응철, 『카시러의 문화철학』, 한울출판사, 2000. 『카시러 사회철학과 역사철학』, 철학과현실사, 2004. 그리고 카시러 『언어와 신화』(신응철 역), 지식을 만드는 지식, 2015를 참조 바람.

앞에서 우리는 이미 카시러가 인간을 상징적 동물로 정의하면서, 인간의 상징은 물리적 세계가 아니라 '의미'의 세계를 지칭한다는 사실을 살펴 본 적이 있다. 여기에서는 그 말이 뜻하는 바를 다시 한 번 언급하고자 한다.

카시러에 따르면, 상징이란 첫째로 정신적 의미가 함축된 일체의 감각적 현상들을 말한다. 둘째로 관계적 사고를 근거로 하는 상징은 그것이 의미하는 대상의 총체적 경험 내용을 재현한다는 성격을 가지고 있다.[22] 그리고 카시러의 문화철학의 논의에서 '상징적 기능'이라 함은, 세계를 향한 우리들의 객관화 관점이나 의미실현 방향들의 차이에 의해서 의식의 상징적 기능이 '표현적 기능', '직관적 기능', '개념적 기능'으로 구분되는데, 그것에 따라 각기 다른 의미 세계들로, 다시 말해 신화, 언어, 과학, 등의 세계가 우리 앞에 나타나게 된다.[23] 이 상징적 기능은 상징이론에 대한 카시러의 견해를 살펴보면 더욱 쉽게 이해될 수 있다. 상징 개념을 중심으로 형성된 카시러의 상징이론은 세 가지로 요약될 수 있다.[24] 첫째, 인간의 세계 이해는 우리가 만들어 낸 상징을 통해 간접적으로 이루어진다. 둘째, 모든 상징은 우리 의식의 선험적 능력인 상징적 기능과 그 형식인 상징적 형식에 의해 만들어진다. 여기서 상징적 기능이라 함은 우리의 의식에 주어진 경험 내용을 조직화하고, 의미화 하는 구성적 종합 행위를 말한다. 그리고 상징적 형식은 상징적 기능에 의해 만들어진 결과물들, 예컨대 신화, 예술, 언어, 과학 등등을 말한다. 셋째, 모든 상징은 인간의 단순한 의사소통의 매개체가 아니라 인식행위의 산물이고, 세계 이해를 향한 인간의 관점을 형성한다.

---

22) Ernst Cassirer, *Philosophie der Symbolischen Formen*, Reprint, vol.I: *Die Sprache*, 1923, vol.2: *Das mythtische Denken*, 1925, vol.3: Die Phänomenologie der Erkenntnis, 1929, Reprint, Darmstadt: Wissenschatliche Buchgesellschaft, 1964, in vol.3: 109쪽, 33쪽.

23) Verene, Donald Phillip,(ed), *Symbol, Myth, and Culture: Essays and Lectures of Ernst Cassirer*, 1935–1945, New Haven: Yale Univ. Press, 1979, 187쪽.

24) Schilpp, Paul Arthur(Edited),, *The Philosophy of Ernst Cassirer*, Open Court Publishing Company La Salle, Illinois, 1973, 75–119쪽.

그리고 카시러의 '상징적 형식'이라는 개념은 1921년 바르부르크 연구소의 강연회에서 「정신과학의 구조에서 상징적 형식 개념」에서 처음으로 사용되고 있다. 그 논문에서 카시러는 "모든 정신의 에네르기(Energie des Geistes)는 '상징형식' 하에서 이해되어져야 하며, 정신적 의미 내용은 상징형식을 통해서 구체적인 감각적 기호와 연결되어진다."라고 말한다.[25] 카시러는 독일 관념론에서의 언어에 대해 언급하면서, 그 부분에서 '정신의 에네르기'에 관해 말한다. 우선 '정신'이라는 말은 헤겔주의에서 가져온 것이며, '에네르기'라는 말은 독일의 언어학자인 훔볼트에게서 가져왔다.

훔볼트는 '형식적인 규칙들의 체계'로서의 언어와 '살아있는 형성적인 힘'으로서의 언어를 구분하면서, 전자를 'ergon' 후자를 'energia'라고 했다.[26] 이 구분은 이후의 소쉬르의 'langue'와 'parole'이라는 표현, 촘스키의 'competence'와 'performance'라는 용어와 유사한 것이다. 카시러가 상징형식을 '정신의 에네르기'와 관련시킬 때, 그것은 훔볼트의 진행과정으로서의 언어 개념을 떠올리고 있는 것이다. 카시러의 상징형식이라는 개념은 자연 언어에 국한되는 것이 아니라, 모든 형태의 기호들을 지칭하는 것이다. 따라서 정신의 에네르기란 의미를 찾거나 의미를 부여하는 모든 해석 행위를 의미한다.

그렇다면 카시러에게서 '구체적인 감각적 기호'는 어떻게 이루어져 있는가? 카시러는 경험되어질 수 있는 것이라면 그것은 어떤 것이든지 기호일 수 있다고 말한다. 이렇게 말한다고 해서, 곧장 상징형식이 무한정 존재한다는 의미는 결코 아니다. 구체적 감각 기호들이 '의미 내용'을 담고 있을 때에만 상징형식이 된다는 뜻이다. 이러한 측면에서 볼 때, 카시러가 말하는 의미내용을 담고 있는 상징형식이란 인간의 언어, 예술, 역사, 과

---

25) Ernst Cassirer, *Wesen und Wirkung des Symbolbegriffs*, 1956, Reprint. Darmstadt: Wissenschaftliche Buchgesellschaft, 1969. 175쪽.

26) Wilhelm von Humboldt, *Linguistic Variability and Intellectual Development*, Miami Linguistics Series no. 9, trans. George C. Guck and Frithoj A. Raven(Coral Gables: University of Miami Press, 1971), 21쪽.

학 등 인간의 문화현상들이 된다.

카시러의 상징 개념에 기초한 '상징적 인간관'은 그의 문화철학 전체를 꿰뚫고 있는 핵심 관점으로서, 신화, 예술, 언어, 역사, 과학에 대한 논의 속에서 시종일관 나타나고 있다. 카시러는 현대인이 이룩해 놓은 이성 중심의 사고, 합리성 중심의 과학적 사고가 인간에게 어느 정도의 삶의 질적인 변화와 풍요를 가져다 준 사실은 인정하지만, 그에 반해 현대인이 상실해 버리고 망각하고 있는 여러 근원적인 측면을 이러한 관점을 통해 지적하고 있다. 다시 말해 카시러는 현대인들의 사고 속에서 평가절하 되고 있는 신화적 사고, 예술적 직관, 상징, 상상력 등을 통해서 보다 다양하고 폭넓은 인간 이해를 시도하고 있는 것이다.

제3장

한국의 미(美)를 어떻게 정의할 수 있을까?*

* 이 글은 「우현(又玄)과 이경(怡耕)의 한국미(韓國美) 인식」,『한국문학과 예술』(숭실대 한국문예연구소), 18집, 2016.03, 189-221쪽에 수록되어 있음.

들어가는 말

　최근 우리 학계에서는 서양의 사상이나 이론을 맹목적으로 받아들이거나 추종하는 것에 대한 자각과 반성이 계속해서 일어나고 있다. 한국적 상황이나 지형에서 서구의 이론을 걸러내어 우리의 체형에 맞게 주체적으로 논의해야 된다는 인식의 반영이다. 이와 같은 맥락에서 필자는 예술(藝術)의 영역에서 한국미(韓國美)의 인식을 가장 주체적인 방식으로 논의한 연구자에 대해 관심을 갖게 되었다. 한국미에 대한 인식을 서양인의 눈이 아닌 동양인의 눈, 더 구체적으로, 우리 한국인의 시각에서 담아내려고 시도한 최초의 인물은 바로 인천 태생의 우현(又玄) 고유섭(高裕燮 1905~1944)이다. 인천의 역사 문화적 숨결을 간직한 채, 39년이라는 짧은 생을 불꽃처럼 살았던 고유섭은 한국미를 담아낼 수 있는 담론을 만들어내고야 말았다. 일제강점기라는 암울한 시대에 인천에서 출생하여 인천의 문화운동을 주도하면서 활동했던 고유섭은 '무기교의 기교', '무계획의 계획', '구수한 큰 맛' 등의 수식어를 통해 한국미를 비로소 체계적으로 담아내는데 성공하였다. 우리는 고유섭의 그와 같은 미(美) 인식을 한마디로 〈질박(質朴)의 미학〉이라 이름 붙인다.

　한국미에 대한 고유한 인식을 고유섭의 질박의 미학에서 그 시발점을 찾을 수 있다면, 최근 들어 한국 예술철학 및 미학 계에서는 그 종착점으로 이경(怡耕) 조요한(趙要翰 1926~2002)의 이름을 한결같이 언급하고 있다. 조요한은 분단의 아픔과 근대화의 경험을 토대로 한국미의 인식을 수용사의 관점을 넘어 더욱 학적 체계의 단계로까지 고양시켜 놓았다는 평가를 받고 있다. 조요한의 한국미의 인식을 간명하게 말하자면 〈고졸(古拙)의 미학〉이라 부를 수 있다. 이런 그의 미 인식의 방식은 물론 고유섭의 생각을 터

삼아 진척된 것이라 할 수 있다.

　이상과 같은 한국미의 인식 방식에 대한 상황을 토대로, 필자는 이 장에서 한국미를 주체적으로 인식하고자 한 고유섭의 논의를 확인해 보고, 이를 토대로 고유섭의 한국미 인식의 방식이 어떤 방식으로 한국 미학사에 영향을 미치게 되었는지를 규명하고자 한다. 그리고 이 부분에서 조요한의 美 인식의 특징을 고유섭의 그것과 상호 비교함으로써 한국미 인식의 계보를 확인하고자 한다. 끝으로 고유섭과 조요한이 한국 미학사에 기여한 바를 근대미술의 담론이라는 관점, 우리 미학의 정체성의 관점, 미적 가치의 관점에서 논의하면서 마무리하고자 한다.

　이러한 논의를 담고 있는 본 연구는 한국미에 대한 인식, 한국예술철학의 정체성, 한국미학사 계보에서 대단히 중요한 논의를 제공해줄 것으로 판단된다. 또한 이 연구는 문화예술의 시대를 살아가는 오늘 우리들에게 우리의 자리 찾기의 하나의 전형(典型)이 될 것으로 예상된다.

우 현(又玄)의 위상, 한국미술사 및 미학 연구에서

　먼저 한국미술사 및 미학연구에 있어서 고유섭의 위상에 대해서 알아보자. 크게 세 가지 관점에서 살펴볼 수 있을 것이다.

　첫째, 고유섭의 방대한 미술사 연구의 궁극적 목표는 한국미술사의 수립에 있었다. 이를 성취하기 위해서 고유섭은 미술사 연구의 방법론을 강구하였다. 고유섭이 이루어 놓은 연구 성과들을 요약하면, 양식사적 방법과 정신사적 방법 그리고 사회경제사적 방법을 미술사 연구에 접목시켰다고 할 수 있다.[1]

---

1) 목수현, 「우현 고유섭의 미술사관」, 『한국 근대 미학과 우현 미학의 현재성』, 인하대출판부, 2006. 26쪽.

제3장 한국의 미(美)를 어떻게 정의할 수 있을까? •• 59

둘째, 고유섭은 한국인의 미적가치의 지향성과 현상적인 특색을 밝혀내고 있다는 점을 들 수 있다. 한국인이 추구한 독특한 미적 가치이념이 무엇이었는지를 밝히고, 우리 고유의 미적 세계관 또는 미적 가치관의 정신적 원리나 형이상학적 이념을 발견했다고 할 수 있다. 예컨대 '무기교의 기교', '무계획의 계획', '민예적인 것', '비정제성', '적조미', '적요한 유머', '어른 같은 아이', '비균제성', '무관심성', '구수한 큰 맛' 등의 특색을 열거하면서, 한국미술의 전통적 성격이라 할 만한 성격적 특색을 규정하고 있다.[2]

셋째, 고유섭은 서구미학을 최초로 수용했다는 점, 그리고 이를 통해서 한국미학의 토대를 개척했다는 점을 들 수 있다. 그는 특히 당시 독일 미학의 흐름, 즉 빈켈만과 뵐플린, 에카르트, 힐데브란트 등의 미학이론에 정통했고, 그 보다 앞선 시대의 칸트와 헤겔의 미학에도 정통했으며, 이러한 서구미학 사상을 토대로 한국의 탑파 연구에 형식론, 정신사 등의 준칙을 구체적으로 적용시켰다. 그 결과 한국의 목조탑을 개관하면서 삼국시대의 탑이 동적, 생동적이고 순수한 성격이라면, 통일기에는 정적이고 수식적이 되었다고 그 양식적 특징을 지적하고, 그 이후 풍수적, 미신적으로 변천되었다고 정신적인 특징을 첨가하였다. 이렇게 함으로써 양식이 미술사의 모든 요소를 가름하는 절대적 준거, 기준이 되지 않을 수 있음을 지적한 부분은 양식론 일반의 문법에 중요한 법칙을 첨가한 것이라 할 수 있다.[3]

이와 비슷한 맥락에서 고유섭의 미학의 성격과 관련하여 권영필은 네 가지로 그 특성을 요약한 바가 있다. 첫째, 근대적 의미의 한국미학의 기초를 이룩하였다. 그의 이러한 정초작업은 일차적으로는 서구식의 정통 미학 교육에 의해 가능했던 것으로 본다. 그러나 이러한 지식은 방법론적

---

2) 김임수, 「고유섭과 한국미술의 미학」 위의 책, 40-42쪽.
3) 권영필, 「한국미술의 미의식」 위의 책, 251-261쪽.

문제일 뿐, 본질적으로는 그의 해박한 동양학 지식과 탁월한 직관력이 바탕이 된 것으로 여겨진다. 둘째, 그의 한국미학에 대한 이론은 그 당시 학문의 세계 조류와 동일 위상에 있다. 독일 미학을 비롯한, 에카르트나 야나기 등 한국에서 활동한 외국학자의 이론과 비교해 볼 때, 고유섭의 '질박의 미학'은 독창적 확대임을 알게 된다. 셋째, 한국인의 미의식, 미의 본질 등 미학적 과제를 추상적인 것이 아닌 구체적인 미술품을 대상으로 추출해 내었다. 그 결과 미학과 미술사를 연결하는 상호의존관계를 확립하였다. 마지막으로 그의 미학적 관점은 한국미술 연구의 지평을 확대시켰다. 예컨대 그의 『한국탑파의 연구』는 20세기 전반기 미학사조인 양식사, 정신사, 사회사적 측면 등의 관점에서 조명하여 성과를 거둔 것으로 평가할 수 있다.[4]

우 현(又玄)의 한국미 인식의 형성 및 그 특징

우현(又玄) 미학의 발원지 인천(仁川)

한국 미술사 혹은 한국 미학사에 관한 논의에서 고유섭이 차지하는 확고한 위상을 확인하는 일은 미술사 연구의 흐름을 개관해 보면 금방 알아차릴 수가 있다. 1910년대 이후 '미술'이라는 근대적 개념이 정착되어 가면서 조선의 미술문화에 대한 담론들이 전개되면서 1920년대가 되면 조선의 미적 특질이나 조선의 미술품에 관한 글들이 발표되었다. 예컨대 "조선 미술 사상의 동기는 단군 시대에 개인이 통상 생활태도를 脫하여 理想 상의 감

---

4) 권영필(2006), 같은 글, 위의 책, 261–262쪽.

격을 發"한 것이라고 본 안확의 논의[5]는 조선 미술 담론의 전개에 있어서 시발점이 된다. 또한 1922년부터 1923년까지 『개벽』에 연재된 박종홍의 글 「조선미술의 사적 고찰」은 통시적인 조선미술사 서술로서, 고유섭을 비롯한 당시 젊은 연구자들에게 큰 영향을 주었다. 하지만 이들의 조선미술론을 근대적 학문으로서의 미술사라고 보기는 어렵다. 거기에는 고유섭의 연구에서 보이는 체계적 방법론과 실증성이 결여되어 있었기 때문이다.[6]

고유섭에 이르러 비로소 본격적인 미술사가 시작되었다고 보는 것은, 前시대의 담론 생산자들과는 달리 그가 제대로 된 공부를 했다는 사실에 기초한다. 1925년에 경성제대 철학과에 입학하여 미학미술사를 전공했으며, 이후 1933년부터 개성 부립박물관장으로 활동했다는 사실은 고유섭을 단순한 인상비평가가 아닌 정통 미술사학자로서 평가하는 중요한 요소이다. 이것은 그의 연구가 '대학'과 '박물관'이라는, 근대 지식권력의 두 축에 기반하여 이루어졌음을 의미한다. 따라서 고유섭이 서 있던 지평을 고찰하는 것은 궁극적으로 근대적 지식담론의 한복판을 탐사하는 일이 된다.[7]

그러면 고유섭은 어떤 인물이었을까? 1905년 2월 2일 인천시 용동에서 아버지 고주연, 어머니 평강 채씨 사이에서 맏아들로 태어났다. 그의 아명은 응산(應山), 호는 우현(又玄) 혹은 급월당(汲月堂)이다. 우현은 열 살 되던 해인 1914년에 인천공립보통학교(현 창영초등학교)에 입학하여 열네 살이 되던 해인 1918년에 졸업하였다. 고유섭은 보통학교에 입학하기 전에 취헌(醉軒) 김병훈이 운영한 서당 〈의성사숙(意誠私塾)〉에서 한학의 기초를 닦았다. 취헌은 강직 청렴한 성품을 지닌 선비로 한문경전은 물론 詩, 書, 畵, 雅樂에 두루 능통한 스승으로 이름이 높았다. 훗날 고유섭의 교양과 문체, 그리고 단아한 서체는 상당 부분 이 의성사숙에서 취헌으로부터 익힌 것이라고

5) 안확, 「조선의 미술」, 『학지광』5호, 1915.
6) 윤세진, 「미술은 어떻게 역사가 되었는가─고유섭과 근대적 미술담론─」, 『한국 근대 미학과 우현 미학의 현재성』, 인하대출판부, 2006. 444쪽.
7) 윤세진(2006), 같은 글, 444쪽.

추측해 볼 수 있다. 〈의성사숙〉에서 공부한 전통 문예 전반에 대한 지식과 교양 역시 당시 보통학교나 중학교의 교과과정에서는 습득하기 힘든 것으로, 이것은 고유섭의 글쓰기와 전공 선택에 큰 영향을 주었을 것으로 예측된다.[8]

고유섭이 보통학교를 졸업한 1918년에서 경성의 보성고보에 입학한 1920년까지의 2년간은 비어있다. 이 기간 동안의 행적에 대해서는 시인 배인철의 형 배인복 옹이 기억하고 있는 3·1운동 때 고유섭의 모습이 유일한 것이다. 인천의 만세 시위는 3월 6일 인천공립보통학교 학생들의 동맹휴학, 3월 9일 만국공원 시위, 3월 24일의 부평 시위, 3월 27일부터 시작된 상가철시 투쟁과, 문학동 시위 등으로 5월까지 8회에 걸쳐 연인원 9000명이 만세시위운동에 참가하였다. 이 때 고유섭이 주동적으로 시위운동을 벌였다는 것은 그의 민족적 의식이 이미 뚜렷해 졌다는 것을 말해주고 있는 대목이다.[9]

1920년 보성고보 시절의 고유섭은 축현역에서 서울역까지 기차통학을 하는 문학청년이었다. 당시 인천의 기차통학생들은 친목도모와 운동을 명분으로 내세운 민족운동을 전개하고 있었으니 〈한용단〉이 그것이다. 한용단은 1919년에 조직되었으나 3·1만세시위운동으로 중요임원이 구속됨으로써 소강상태로 있다가 1920년부터 다시 활동을 강화하기 시작했던 것이다. 고유섭이 〈한용단〉의 문예부에서 진보적 문인이었던 고일, 정노풍, 진종혁 등과 함께 문화운동을 펼치고 있었던 때가 바로 그 해이다. 그러니까 1920년초 고유섭은 〈한용단〉에서 문학작품을 탐독하고 시와 수필을 습작하고 또 발표하면서, 인천문화운동의 한 페이지를 여는 데 일역을 하고 있었던 것이다. 보성고보를 졸업할 무렵인 1925년 고유섭은 인천문화운동의

---

8) 우현의 생애에 관한 부분은 김영애, 「미술사가 고유섭에 대한 고찰」, 동국대석사논문, 1989. 참조바람. 이 글에서 필자의 논의는 김창수의 논의에 터하고 있음을 밝혀둔다. 김창수, 「우현 고유섭과 인천문화」, 『한국 근대 미학과 우현 미학의 현재성』, 인하대출판부, 2006(a), 231~234쪽.
9) 김창수(2006a), 같은 글, 235쪽.

남상인 〈경인기차통학생 친목회〉의 중심인물(감독 겸 서무)이 되어 단체를 이끌어 나갔다.[10] 보성고 졸업 후, 경성제대 문과에 합격하였고, 그 곳에서 조선 문예의 연구와 장려를 목적으로 조직된 〈문우회〉에 가입하여 활동하기도 하였다. 이후 1933년에 경성제대 미학연구실 조수로 부임하면서 본격적인 미술사 연구를 시작하게 되었다. 또한 1933년 개성의 부립박물관장으로 부임하여 1944년 세상을 떠날 때까지 10여년을 조선의 미의식, 불교미술과 향토예술, 미술사 등의 영역에 걸쳐 왕성한 연구를 하기에 이른다.[11]

우현(又玄)의 미의식 토대로서 독일 미학과 불교적 색채

고유섭이 필생의 목표로 삼은 조선미술사 서술은 전인미답의 분야였다. 자료의 부족과 방법론의 문제, 인접학문의 미비 등의 큰 어려움이 있었기 때문이다. 하지만 한국에 있어서 근대적 의미의 미학연구가 고유섭에서 시작되었다는 점은 부인할 수 없는 사실이다. 고유섭의 미학은 서구 미학을 최초로 수용했다는 점, 그리고 이를 토대로 한국미학의 바탕을 일구어 놓았다는 점 때문에 오늘날까지도 그를 주목하고 칭송하는 것이다. 한국미의 '본질'이라든가 한국인의 '미의식' 등의 논의를 할 때, 고유섭에 신세를 지지 않을 이가 없을 정도로 그의 연구는 선구적 의미를 띠고 있다고 해야 할 것이다. 그럼에도 불구하고 그에 대한 체계적이며 집중적인 연구는 활성화되어 있는 편은 아니라고 할 수 있다.[12]

---

10) '한용단'과 '경인기차통학생 친목회'에 대한 상세한 자료는, 김창수, 「일제강점기 인천의 문화운동-1920년대를 중심으로-」, 『한국 근대 미학과 우현 미학의 현재성』, 인하대출판부, 2006(b). 334-336쪽 참조바람.

11) 김창수(2006a), 같은 글, 238-239쪽 참조 인용.

12) 고유섭에 대한 체계적인 연구가 근래에 들어 몇몇 학자들을 중심으로 이루어진 것은 다행한 일이 아닐 수 없다. 그 대표적인 경우를 검토해 보면 다음과 같다. 김임수, 「고유섭 연구」, 홍익대 박사학위논문, 1990. 김영애, 『미술사가 고유섭에 대한 고찰』, 동국대 석사학위논문, 1989. 목수현, 『한국 고미술 연구에 나타난 고유섭의 예술관 고찰』, 서울대 석사학위논문, 1991. 조요한, 『예술철학』, 미술문화, 2003. 제10장, 제16장. 권영필, 「한국 미학 연구의 문제와 방향」, 『미학·예술학 연구』 21, 2005. 권영필 외, 『한국의 미를 다시 읽는다』, 돌베게, 2005.

필자가 우현 미의식 형성의 배경을 독일 미학과 불교적 색채에서 찾고 있는 이유는 그의 학문의 성취 과정 때문이다. 고유섭은 경성제국대학 시절 서구미학, 특히 독일 미학을 어렵지 않게 접했던 것으로 파악된다. 경성제국대학 졸업논문으로 19세기 후반의 독일 미학자 콘라드 피들러(Conrad Fiedler 1841-1985)를 다룬 것이나, 1930년에 「미학의 사적 개관」을 집필한 사실이 이를 뒷받침해 준다. 또 다른 직접적인 원인은 스승인 우에노 나호데루(上野直昭) 교수와의 친분을 생각해 볼 수 있다. 경성제국대학 시절 그를 지도했던 우에노 나호데루는 독일에서 미학과 미술사를 연구했을 뿐 아니라 귀국하자마자 이를 자신의 경성제대의 강의에 활용하였다. 이런 점을 감안해 본다면, 고유섭은 그 당시 독일 미학의 이론을 간접적으로나마 그대로 받아들일 기회를 얻었을 것이 분명해 보인다.[13] 이 부분과 관련하여 권영필은 흥미로운 해석을 내놓기도 하였다. 그러니까 '무기교', '무계획'에서 촉발된 고유섭의 '질박의 미학'은 우에노 나호데루와는 무관하다는 것이다. 권영필은 그 근거로 우에노 나호데루의 저서들을 일별해 본 결과 고유섭의 관점과의 연결점을 찾기 어렵다고 말한다. 다만, 오에노 나호데루의 강의가 미술사를 미학의 관점으로부터 해석하려는 입장으로 나아갔다는 점을 고려해 보면, 이러한 방법론이 고유섭에게 영향을 미쳤을 것이라고 예상하였다.[14]

그렇다면 이제 고유섭의 한국미에 대한 초기 개념들의 많은 부분이 독일 미학에서 영향 받았다면 구체적으로 어떤 측면에서 그러한가? 먼저 1927년에 발표한 「고대미술 연구에서 우리는 무엇을 얻을 것인가」에서 고유섭은 삼국시대의 미술을 '상징주의'로, 통일신라시대의 미술을 '고전주의'로, 고려시대의 미술을 '낭만주의'로 정의하고 있다. 이러한 설명의 틀은 헤겔에

---

13) 권영필, 「한국미술의 미의식-우현의 미학을 중심으로-」, 『한국 근대 미학과 우현 미학의 현재성』, 인하대출판부, 2006, 254-255쪽 참조 인용함.
14) 권영필(2006), 같은 글, 255쪽.

있어서 예술정신의 역사적 발전단계의 유형과 비슷한 부분이다.[15]

다음으로 빈켈만(Johann J. Winckelmann 1717-1768)의 소위 '고귀한 단순'(또는 소박 Einfalt)과 '조용한 위대'라는 명구를 고유섭과 연관시켜 볼 수 있다. 그리고 미술의 특징을 정의한 빈켈만의 이론은 20세기에 들어와 뵐플린(Heinrich Wölfflin 1864-1945) 등의 양식론의 대두와 함께 다시금 독일 미학에서 논의되었던 것인데, 여기서 '단순' 개념이 고유섭에 의해 원용된 것이 아니었는지 생각해볼 수 있는 대목이다.[16]

그리고 고유섭과 동시대인이었으며, 조선의 미의 특징에 관심이 많았던 독일의 안드레아스 에카르트(Andreas Eckardt 1884-1971)와의 관련성도 짚어볼 필요가 있다. 에카르트는 『한국미술사』를 1929년에 저술하였다. 이 때는 고유섭이 아직 대학을 졸업하기 전이었는데, 이로부터 몇 년 후 『學難』(1935)이라는 글 속에서 고유섭은 에카르트에 대해 언급한 대목을 볼 수가 있다. 그런데 에카르트가 한국미술의 특징을 지적하면서 그 중에 가장 중요한 본질로서 내세운 요소는 '소박성'(Schlichtheit)이었다. 이 부분에서 고유섭과 에카르트와의 관계를 입증할만한 명백한 자료는 없지만, 고유섭의 이론이 당시 국내외의 세계적인 정신사조와 동일위상에 있었음은 짐작할 수가 있다.[17] 그런 맥락에서 고유섭의 이론은 일본에서는 야나기 무네요시(柳宗悅)의 그것과 비교해볼 만하다. 야나기 무네요시가 1942년에 쓴 『工藝文化』에 보면, 공예의 본질로서 '단순성'에 대한 정의가 나타난다. "수수함의 아름다움도 필경은 단순성을 특징으로 하는 것이 아닌가. 단순이란 한낱 단조롭다는 의미는 아니다. 부질없는 요소를 모조리 생략하고 반드시 필요한 요소만으로 구성된 결정을 의미한다. 단순은 단일이 아니라

---

15) 헤겔 미학의 체계에 의하면 건축은 상징예술이며, 조각은 고전예술, 회화·음악·시는 낭만예술의 범주에 속한다. 또 이러한 예술들은 형식과 내용의 충만도에 따라 상징예술, 고전예술, 낭만예술로 발전하며, 그 각각의 예로 피라밋, 그리스 신전, 고딕성당들을 들 수 있다(백기수, 『미학개설』, 서울대출판부, 1972, 256-259쪽). 권영필(2006), 같은 글, 259쪽 재인용.

16) 이러한 관점은 권영필의 입장에 터 하고 있다. 권영필(2006), 같은 글, 256쪽.

17) 권영필(2006), 같은 글, 256쪽.

포괄이다."[18] 이러한 야나기 무네요시의 '단순' 개념이 구체적으로 한국미술을 두고 한 말은 아니라 하더라도, 고유섭과 비슷한 시기에 나타난 동류 개념임에는 틀림이 없다.[19]

　이렇듯 독일 미학에 대한 이해를 바탕으로 고유섭은 자신의 대표작이라 할 수 있는 『한국탑파의 연구』[20]를 체계적으로 집필할 수 있었던 것으로 보인다. 1936년부터 1941년까지 여러 해에 걸쳐서 집필한 이 탑파 연구는 형식론, 정신사 등 서구미학의 제반 준칙을 한국미술에 구체적으로 적용시킨 최초의 연구로 평가할 수 있다.[21] 또한 한국 탑의 전형이라고 볼 수 있는 석탑에 대해서도 그 발생 원인에 대해 외적 조건으로서는 재료의 경제성, 기술의 난이도, 공납의 속도, 보존의 영구성 등을 들고, 내적 조건으로서는 교리 상으로 크기에 재료에 제한을 받지 않고, 조형 상으로는 기념비적 성격을 갖고 있다는 점 등을 제시하고 있다.[22] 이처럼 새로운 양식 발생의 조건들을 검토하면서 조형적 관점에만 치우친 것이 아니라, 사회적 여건까지를 고려한 다각적인 분석을 시도한 것은 이 저작의 성과를 더욱 높여주는 것으로 판단된다. 또한 이 책에서 주목되는 부분은 양식이 미술사의 모든 요소를 가름하는 절대적 준거, 기준이 되지 않을 수 있다는 지적이다. 작품의 예술적 가치의 우열과 그의 시대적 순위와는 상관관계가 없다든가,[23] 양식사적 순위는 시간적으로 겹치는 층위적 성격을 갖는다[24]는 등의 고유섭의 견해는 양식론 일반의 문법에 중요한 기본법칙을 첨가해 준 셈이다.[25]

18)　야나기 무네요시, 『공예문화』, 민병산 역, 신구문화사, 1976, 202쪽.
19)　권영필(2006), 같은 글, 257쪽.
20)　고유섭, 『한국탑파의 연구』, 을유문화사, 1947.
21)　권영필(2006), 같은 글, 260쪽.
22)　고유섭(1947), 같은 책, 30–31쪽.
23)　고유섭(1947), 같은 책, 43쪽.
24)　고유섭(1947), 같은 책, 90쪽.
25)　권영필(2006), 같은 글, 261쪽.

우현(又玄)의 미학의 특징, 질박(質朴)의 미학

고유섭의 미학은 한국미의 본질을 추구한 데서 출발한다. 1940년에 쓴 「고대인의 미의식」에서 금관 등에 보이는 비필연적인 나열에서 '민다성'(敏多性)이라는 미적 개념을 끌어내고, 신라의 상형토우 가운데 고태 형식의 상형을 '기억의 재생'과 '가구(架構)의 환상적 흥취'를 결합시킨 형태로 보았다. 이처럼 고유섭은 공예품을 통하여 한국적 조형의 본질이 무엇인지를 추구하였고, 그 결과 공예품의 기능외적 요소가 두드러지는 특성에 대해 주목하였다. 특히 토우의 일반 형태와 구별되는 이형 토우를 '설명적', '환상적'으로 규정지은 것은 방법론적인 면에서 한국미의 본질에 접근하는 중요한 계기를 마련해 주었다.[26]

1940년과 1941년, 장년기(36세)에 접어든 고유섭은 「조선미술문화의 몇 날 성격」, 「조선 고대미술의 특색과 그 전승 문제」를 각각 발표함으로써 그때까지의 자신의 학문적 입장을 정리한다. 그리하여 미술에 나타난 한국미의 특질을 통사적으로 '무기교의 기교', '무계획의 계획'으로 풀어 놓았다. 기교와 계획은 생활과 분리되기 이전의 상태, 즉 생활 자체의 본연적 양식화 작용에서 나온다고 보는 입장으로서, 결국 여기에서 한국미의 특질을 '민예적인 것'으로 귀결 짓고 있다. 그리하여 민예적인 성격 속에서 다시금 담소(淡素)와 질박(質朴), 조소성(粗疏性)을 찾아내고 있다.[27]

여기서 우리는 이상과 같은 고유섭의 미학이론에 대해 우호적이지 않은 입장도 있음을 확인해 둘 필요가 있다. 고유섭의 미학이론을 비판하는 대체적인 입장들은 그의 학문방법론과 관련되어 있다. 말하자면, 한국미학 연구에 있어서 체계와 방법론의 도입은 근대 학문의 일반적인 특징일 뿐이며, 그런 점에서 고유섭의 연구가 갖는 의의는 그러한 근대성의 핵심

---

26) 권영필(2006), 같은 글, 254쪽.
27) 권영필(2006), 같은 글, 254쪽.

을 가장 잘 보여주었다는 것이다. 그런데 문제는 바로 그 지점에서 파생한다. 서구의 미학-미술사 체계가 보편으로 가능할 수 있었던 지식담론의 배치와 보편적인 미의 본질 규정 하에서 조선미술을 구별 짓는 방식, 혹은 조선의 미술을 역사화 하는 방식이 문제였다. 예컨대 고유섭이 신라의 미술을 정점으로 삼고, 고려의 미술에서 조선의 미술까지를 쇠퇴기로 언급할 때, 그의 '체계'는 일원적인 역사관과 분리될 수 없다. 또한 그가 '비교미술 방법론'에 의해 삼국시대의 미술을 상징주의로, 신라의 미술을 고전주의로, 고려의 미술을 낭만주의로 정의할 때, 그의 방법론은 서구를 보편으로 삼고 그 보편성 하에서 차이를 사고하는 '동일성의 논리'를 벗어나기 어렵다는 지적이 그것이다.[28]

그래서 고유섭의 연구에 나타난 체계와 방법론을 평가할 때, 일본이 능동적으로 끌어안았던 서양의 합리적 과학은 그 자체로 긍정되고, 이를 의심 없이 내면화한 고유섭의 연구는 근대적 가치를 구현한 것으로 긍정되었다. 이와 같이 고유섭을 평가하는 인식의 근저에는 '합리적인 것=보편적인 것'이라는 공식이 깔려 있으며, 이것은 서구적 가치를 의심 없이 내면화한 근대적 사유의 연장이다. 이는 식민지라는 상황을 고려할 때 불가피하게 빠지게 되는 민족주의적인 함정을 피하면서 보편적인 가치를 옹호하는 것 같지만, 그 보편성이 결국 서구의 오만한 권력의 산물임을 생각한다면, 그러한 긍정적 평가야말로 재고해볼 문제라는 것이다.[29]

어떤 점에서 보면, 권영필의 지적처럼, 고유섭은 일본과 유럽, 한국과 유럽을 잇는 문화구조의 중심에, 그러니까 일본과 한국과 서구를 세 꼭짓점으로 하는 삼각형의 무게 중심에 있었다고 할 수 있다.[30] 하지만 그러한 균형 감각이야말로 고유섭의 연구에 내포된 불균형을 암시한다. 즉 서구

---

28) 윤세진, 「근대 너머에서 근대를 사유하기-고유섭 연구에 대한 몇 가지 문제제기-」, 『한국 근대 미학과 우현 미학의 현재성』, 인하대출판부, 2006. 123쪽.
29) 윤세진(2006), 같은 글. 124쪽.
30) 권영필, 『미적 상상력과 미술사학』, 문예출판사, 2000. 27쪽.

의 논리를 흡수하여 역으로 그것을 자신의 것으로 내면화했던 일본 제국주의의 지식담론 속에서, 그들에 의해 이미 타자화 된 인식에 의해 조선의 정체성을 밝힌다는 것 자체가 이 균형감각의 허구성을 말해 준다는 것이다.[31]

이 경(怡耕)의 한국미 인식의 형성 및 그 특징

이경(怡耕) 미학의 배경, 실존적 물음과 기독교 신앙[32]

조요한은 1926년 3월 6일 함경북도 경성군 어랑면 용강동에서 당시 함흥 종두사(種痘使)였던 조정국의 장손으로 태어났다. 조부 조정국은 한국 의학사에도 이름을 남기고 있는 당대 종두의(醫)로, 이를 테면 당시로서는 첨단 의학자인 셈이었다. 그는 부임지 경성(鏡城)에서 서울인 한성(漢城)을 왕래하며 개화에 동참했고 기독교인이 되었다. 경성에 장로교회를 설립할 만큼 그의 신앙은 진지했고 신식학교로 소문난 함일(咸一)학교 설립에 관계할 정도로 민족개화의 신념을 지닌 인물이었다. 부친 조기환은 함일학교 출신으로 동아일보 함경북도 지국장이었다. 조기환은 아내 윤귀숙과의 사이에 4남 1녀를 두었는데 조요한은 장남이었다.

조요한은 부령보통학교에 들어가 부령심상소학교로 이름 바뀐 그 학교를 졸업하고, 13세에 경성공립중학교에 입학한다. 이때 부친은 모세의 출애굽 얘기와 〈로마서〉12장 1절과 2절[33]이 적힌 자필편지가 끼워진 성경과

---

31) 윤세진, 「미술은 어떻게 역사가 되었는가-고유섭과 근대적 미술담론-」, 『한국 근대 미학과 우현 미학의 현재성』, 인하대출판부, 2006. 445쪽.
32) 조요한의 출생과 성장 및 지적 편람에 대한 부분은, 이경 조요한 선생 유고집(하), 『아름다운 것은 어렵다』, (숭실대출판부, 2005.)에 게재되어 있는 강유일의 글, "해직교수가 민주총장 됐다"의 수록 내용을 발췌 요약하였음을 밝혀둔다.
33) "너희는 이 세대를 본받지 말고, 오직 마음을 새롭게 함으로 변화를 받아 하나님의 선하시고 기뻐하시고 온전하신 뜻이 무엇인지 분별하도록 하라" 로마서, 12:1-2.

찬송을 이별 선물로 주었다고 한다. 경성공립중학교에서 조요한은 잊지 못하는 스승, 시인 김기림(金起林 1908- ?)을 만난다. 조요한에게서 김기림은 일제 말엽의 망국의 불행 속에서도 소망을 지닌 채 주목할 수 있는 향기로운 대상이었다. 18세에 이 학교를 졸업하고, 19세에 그는 또 한사람의 탐미주의자이며 스승인 수화(樹話) 김환기(金煥基 1913-1974) 화백과 만난다. 조요한은 김환기 화백의 부부에게서 큰 사랑과 후원을 받았고, 이후 일생동안 스승과 제자의 관계를 맺어왔다. 그러고 보면 18세에 詩로 그림을 그려내는 모더니스트 김기림을 만나 영혼의 떨림을 경험하였고, 19세에 그림으로 시를 쓰는 화가 김환기를 만나 그의 철학적 생애가 필연적으로 미학을 통과해 예술철학에 이를 수밖에 없는 즐거운 운명을 예고 받고 있었던 것이다.

20세 때 조요한은 서울대 문리대 예과부에 입학한다. 이때 김환기는 조요한에게 학부 선택에서 미학전공을 권장했고, 미학을 전공하여 훗날 고유섭을 모델 삼아 한국미술의 이론을 정리할 것을 권유받는다. 당시 조요한은 고유섭의『조선 탑파의 연구』를 보고, 그 저서 속에 인용된 수많은 한서(漢書)에 압도당해 겁을 먹었다고 훗날 술회하기도 하였다.[34] 조요한은 당시 김기림, 김환기를 거쳐 또 한 사람의 스승 노평구(盧平久, 1912-2003)를 만난다. 노평구는 당시『성서연구』지를 창간했고, 성서연구와 단테의『신곡』독회를 이끌어나갔는데, 조요한은 여기에 적극적으로 참여하였다. 대학 시절 조요한에게 철학이 생애의 운명이 되도록 해 준이는 박종홍(朴鐘鴻, 1903-1976) 교수의 강의였다. 그렇게 하여 그는 초기에는 야스퍼스의(K. Jaspers, 1883-1969) 철학에 탐닉하다가, 전쟁이라는 야만적인 한계상황을 치르면서 키에르케고르(S. Kierkegaard, 1813-1855)의 실존철학에 매료되었다. 그 결과 대학 졸업논문으로 〈키에르케고르의 실존〉을 제출한다. 그가 특별

---

34) 조요한 선생의 고유섭의 한국미에 대한 언급 부분과 고유섭에 대한 강의는 필자가 대학원 시절(1992-2000) 여러 학기동안 선생의 미학강의를 통해 직접 경험한 것이기도 하다.

히 키에르케고르에 주목한 이유는 다음에 있다. "키에르케고르는 언제나 두 개의 테마를 주목한다. 하나는 예수 그리스도이며, 다른 하나는 소크라테스이다. 예수와 소크라테스, 헤브라이즘과 헬레니즘……"[35]

조요한은 서울대 대학원 철학과에서 〈초기 희랍철학에 미친 동방의 영향〉으로 석사학위를 받고, 1964년 독일 함부르크대학과 킬대학으로 유학길에 오른다. 그가 함부르크대학을 선택한 것은 『아리스토텔레스의 자연학』의 저자인 빌란트(W. Wieland) 교수를 만나기 위해서였다. 조요한은 노악(H. Noack) 교수에게서 〈미학사〉를, 욀러(K. Oehler) 교수에게서 〈아리스토텔레스의 범주론〉 강의를 들었고, 이후 킬대학에서 『아리스토텔레스』의 저자인 브뢰커(W. Broeker) 교수의 지도를 받았다. 독일에서 경험한 이러한 지적 편력을 통해 그는 1975년 숭실대학교에서 〈아리스토텔레스 철학에 대한 해석상의 문제〉로 철학박사학위를 받았다.

조요한은 서울대 문리대와 대학원에서 철학을 전공한 뒤, 1955년 숭실대 철학과에 부임하여 1993년 퇴임까지 40년 가까운 세월동안 철학자로서 오로지 학문연구와 후학 양성에 진력하였다. 조요한은 황무지나 다름없던 서양고대철학과 예술철학 분야에서 탁월한 연구업적을 쌓았으며, 그 공적으로 1985년 학자로서 최고의 영예라 할 수 있는 대한민국 학술원 정회원에 피선되고, 한국철학회(1987-1989)와 철학연구회(1978-1980) 회장을 역임하면서 이 땅의 철학문화 발전에 크게 공헌하였다. 또한 조요한은 『아리스토텔레스의 철학』(1988)으로 서우철학상(1990)을 수상했고, 현대 한국의 명저 100권에 선정된 『예술철학』(1973, 개정판 2003)은 이 분야의 고전적 노작이 되었고, 1999년에는 최후의 노작인 『한국미의 조명』을 출간하여 이것으로 한국미술저작상을 수상하였다.

조요한은 철학함에 있어서 줄곧 '세계성' 내지 '보편성'이라는 한 축과

---

35) 조요한, 『아름다운 것은 어렵다』, 숭실대출판부, 2005. 442쪽.

문화적, 시대적 '특수성' 내지 '상대성'이라는 다른 한 축을 유념하면서, 양극단을 자신의 철학 속에 용해시키려고 끊임없이 노력하였다. 조요한의 이러한 면모는 그의 예술철학에 두드러지게 나타나 있다. 조요한의 궁극적 목표는 한국예술을 철학적으로 정초하는 일 그리고 동양미술사와 한국미술사의 미학적 토대를 구축하는 일이었다. 그래서 조요한은 한국예술과 관련하여 **고졸미**'(古拙美)를 강조하였으며, 한국미의 바탕을 한국인의 몸과 마음에 배어 있는 **무교적**(巫敎的) **흐름**에서 찾고 있다. 한민족의 무교적 체질이 한국예술에 그대로 반영되어 있다는 것이며, 한국예술의 '비균제성'이나 '자연 순응성'도 따지고 보면 한민족의 무교적 체질에서 비롯되었다는 것이다.[36]

이경(怡耕)의 한국미 분석

조요한은 자신의 대표적인 저서인 『예술철학』(2003)을 통해서 〈한국조형미의 성격〉과 〈민족예술을 위한 미학적 정초〉 그리고 〈한국의 전통미와 정통의식〉에 대해 논의한다. 조요한은 특히 한국 조형미를 논의함에 있어서 방법론이 중요하다는 사실을 잘 알고 있었다. 그래서 그는 텐느(Hippolyte A. Taine, 1828~1893)의 방법론을 차용한다. 예술품은 고립적으로 이해되어서는 안 되고, 작품이 제작되는 전체와의 관련 속에서 추구되어야 한다는 것이 텐느의 입장이다. 그래서 그는 예술품의 이해를 위한 세 가지 기본적인 요인을 들고 있는데, 말하자면, 환경의 측면, 종족의 측면, 시대의 측면이 그것이다.[37] 조요한은 세 가지 요인에 의한 예술품의 전체적 파악이라는 텐느의 방법론에 따라 우리의 경우, 첫째 환경설과 관련하여 '한국의 자연과 그 미'를 다루고, 종족의 측면에서는 '한국인의 이상과 그 미'를 다루고, 시대의 측면과 관련해서는 '한국미의 역사'를 검토한다. 여기에서는

---

36) 조요한, 『관심과 통찰』, 숭실대출판부, 2004. 10쪽.

37) 텐느의 방법론에 대한 상세한 논의는 조요한, 『예술철학』, 미술문화, 2003. 202쪽 참조 바람.

한국미의 특징과 미의식을 중심으로 환경과 종족의 관점에 집중하여 논의하고자 한다.

한국의 자연(自然)과 美의 관계

조요한은 자연환경의 차이가 조형미를 표현하는 데 있어서도 차이를 가져온다고 말하는 텐느의 방법론을 한국미에 적용시켜서 논의하고 있다. 스완(Peter Swann)은 『중국, 한국, 일본의 미술』(1963)에서 한국의 풍토에서 오는 영향을 다음과 같이 말하고 있다. "한국은 중국, 일본과는 달리 서구적인 감동주의를 받아들인 것 같다. 한국이 18세기에 획득한 독자성을 다른 두 나라와 분리시켜 지나치게 강조하는 것은 잘못이지만, 분명히 조선회화는 중국이나 일본의 작품과는 다르다. 정선의 〈금강산도〉와 김홍도의 〈자정(紫頂)〉에는 중국의 화풍과는 다른 하나의 의식적인 과정이 있다. 그 외에도 이인문의 〈강산무진도〉 같은 그림은 독자적인 청아한 마음을 잘 나타내고 있다. 한국인은 심지어 중국인보다도 환상적인 풍경을 더 잘 구사한다."[38] 남구의 그리스인들은 선을 주조로 삼아 중요한 특색만을 표현하는 경향과도 같이 한국인은 조형미 구성에 있어 사실을 떠나 '의식적 과장'과 '환상적 표현'을 즐겼다고 말할 수 있다.

한편 맥쿤(Evelyn McCune)여사는 그의 『한국 미술』(1962)에서 한국미의 특징은 첫째, 한국인이 살고 있는 세계에 대한 깊은 감정을 나타내는 보수성과, 둘째 자연에 대한 사랑으로 집약될 수 있다고 말한다. 그러니까 한국은 중국보다 시간의 변화가 느려서 옛 방식이 새 형식으로 대치되지 않고 있다. 또 국토에 대한 애착은 한국인의 생활의 기본적인 모습으로 여겨진다는 것이다. 첫째의 보수성과 둘째의 자연에 대한 사랑으로 표현되는데, 한국인은 모든 일을 집 밖에서 행한다. 농민들은 '마당'에서 모든 일을 행하고, 귀족들은 '정자'에서 행하는 것이 그 보편적 모습이다. 음악과 무용

---

38) Peter Swann, *Art of China, Korea, and Japan*, Thames and Hudson, 1963. 235-236쪽.

이 다 집 밖에서 행해지는데, 그것은 아시아의 다른 민족보다 더욱 특징적인 것이라고 그녀는 말한다.[39]

그리고 '자연과 역사는 언제나 예술의 산모'라고 보는 야나기 무네요시(柳宗悅)는 그의 『조선과 그 예술』에서 "반도라는 것이 드디어 이 나라의 운명의 방향을 결정했다"고 전제하고, 극동을 이루고 있는 세 나라가 어떻게 다른 역사와 예술을 나타냈는가를 기술했다. 즉 중국은 대륙이어서 대지에 평안을 누리고, 의지가 강경한 데 비해, 섬나라인 일본은 대지에 즐거움을 느끼고 인정은 안락하다. 이에 비해 조선은 땅에서 평안을 얻지 못하고 그 마음이 고요하다. 조형미의 표현에서 강경함은 형(形)을 택하고 안락함은 색(色)을 구하나 고요함은 선(線)을 취했다고 하면서, 중국의 예술이 의지의 예술이고, 일본의 예술이 정취의 예술이었으나, 그 사이에 홀로 **비애(悲哀)의 운명**을 지니지 않으면 안 되었던 것이 조선의 예술이었다고 결론 내렸다.[40] 비애와 고통이 숙명적인 것이 될 때, 거기에서 생기는 조형미가 선의 예술이 된다고 하는 야나기 무네요시는 그 예증을 다음과 같이 들고 있다. 즉 토함산 석굴 속의 십일면관음과 네 명의 여보살과 십대제자의 모습들이 흐르는 몇 줄의 선이라고 하고, 비할 데 없는 저 봉덕사의 범종에 조각된 비천도의 천녀는 옷과 구름의 파도를 헤치고 흐르는 것같이 떠 있지 않은가? 라고 반문하고 있다.[41]

한국 조형미의 특질을 체계적으로 다루기 시작한 일본인 야나기의 기술은 당시의 한국 지성인들에게 큰 반향을 주었던 것이 사실이나, 점차로 그의 이론에 대한 반론이 대두되었다. 조요한은 여기에서 **고유섭의 등장**을 매우 의미 있게 다루고 있다. 조요한에 따르면, 고유섭은 다른 각도로 한국미를 규정하여 '**구수한 맛**' 또는 '**무계획의 계획**'이라고 하면서 착실

---

39) Evelyn McCune, *The Arts of Korea: Illustrated History*, 20~21쪽. 조요한, 「예술철학」, 206쪽 재인용.
40) 조요한, 「예술철학」, 207쪽.
41) 조요한, 「예술철학」, 207쪽.

한 학문적 고찰로 한국미를 정리해갔다. 즉 고유섭은 야나기가 예증으로 삼은 〈사신도〉는 한 대(漢代) 화상석(畵像石)에서 흔히 보는 조형들이고 그것이 공상적인 것이기 때문에 예술적 유현미를 살리기 위한 형식이라고 보았고, 또 석굴암의 군상들이 당에서 전래된 형식이라기보다는 현저히 인도풍의 영향임을 인용하면서, 그것의 전체 예술적 효과가 조각적이기보다는 **회화적 수법**이 강하다[42]는 것을 강조했다.[43]

다른 한편 조요한은 윤희순의 등장에도 주목한다. 윤희순은 자신의『조선미술사연구』에서 한국 조형미의 반도적 풍토양식을 중시하면서도 그것이 선만의 미가 아니라 선, 형, 색의 유기적인 조화임을 밝히려 했다는 것이다. 즉 "반도의 양(量)은 언제든지 형이나 질을 위한 통일 있는 조화로서의 양이다. 양만을 내세우거나 색만 치우치려 하지 않고 선, 형, 질의 유기적인 조화라 하겠다"[44]고 기술했다.

조요한은 조형미의 반도적 성격을 비애(悲哀)라고 단정해서는 안 된다고 말한다. 왜냐하면 반도인 그리스나 이탈리아의 미를 슬픔의 미라고 규정한 사람이 없었을 뿐만 아니라 반도적인 양식에 대한 윤희순의 '**유기적 조화**'라는 규정이 오히려 그리스와 이탈리아 미술에도 통용될 수 있다는 것이다. 윤희순은 "석굴암과 다보탑이 '다양성의 통일'의 미의 전형으로서 금강산의 정취를 연상케 한다"[45]고 말했고, 고유섭은 빈켈만이 그리스 미술의 특성으로 지적했던 '**고귀한 단순과 고요한 위대**'라는 표현을 석굴암의 조형미에 붙여보았다.[46]

그래서 환경과 관련하여 한국미의 특징을 말하였던 외국 학자들의 관점, 즉 '선에 의한 비애의 미'라고 하는 규정은 특정한 몇몇 작품에 국한한

---

42) 고유섭, 「조선고적에 빛나는 미술」(1934),『한국미술문화사논총』, 통문관, 1966.

43) 조요한,『예술철학』, 209쪽.

44) 윤희순,『조선미술사연구』(1946), 30쪽. 조요한,『예술철학』, 209쪽 재인용.

45) 윤희순,『조선미술사연구』(1946), 26쪽. 조요한,『예술철학』, 210쪽 재인용.

46) 고유섭,『한국미술문화사논총』, 통문관, 1966.

다면 몰라도 모든 시대와 모든 분야의 한국 조형미에 적용시키기에는 많은 난점이 있다는 것이 조요한의 생각이다. 예컨대 선의 미를 현저히 나타내고 있다는 고려자기의 경우, 그것은 슬픔의 표현이기보다는 지평선 가까이 보이는 한국의 연둣빛 하늘을 본 딴 것으로 고려 전기의 평화로운 정서의 상징으로 보아야 한다고 조요한은 말한다. 결국 고려자기는 형태와 색과 문양이 조형예술에 있어서 한반도의 풍토적인 성격이 다양성의 통일, 즉 정제된 형, 청초한 색, 유려한 선의 '유기적 통일'에 있었다고 말하고 있는 것이다.[47]

한국인의 이상(理想)과 미의식

텐느에 의하면, 그리스 예술의 배경이 되는 그리스의 인간관은 건강하고 아름다운 육체에 건전한 정신이 깃들어있다고 생각하여 미와 덕과 사람들이 행복이라고 생각하는 것을 동일계열에 놓았다는 것이다. 조요한은 텐느의 이런 생각을 가져와 현실을 중시하고 자연을 사랑하고 또 형식을 귀중히 여기는 점에서 고대 그리스인과 고대 한국인의 이상(理想)이 같다고 말한다. 예컨대 신라인은 영혼과 육체의 일치를 생각하여 일종의 정신공동체인 '약자(若者)두레'의 원장으로 미모의 여성을 택하여 원화(源花)라 했고, 후에 남성 단장을 택함에 있어서도 육체미를 갖춘 자를 화랑(花郞)이라고 했다. 이것은 아름다운 육체에 아름다운 정신이 깃든다는 전체미의 관념에 의한 것이다. 신라인의 육체미 존중의 예는 '도화랑'이나 '수로부인' 그리고 '처용랑'의 설화에서 읽을 수 있고, 또 '모죽지랑가'나 '찬기파랑가' 등의 향가에서 신라인의 **영육일체의 관념**을 엿볼 수가 있다는 것이다.[48]

또한 신라인의 이러한 영육일체의 생각은 그들의 불상 조각에서도 찾아볼 수 있다고 조요한은 말한다. 석굴암의 석가여래의 좌상은 딱 벌어진

---

47) 조요한, 『예술철학』, 214쪽.
48) 조요한, 『예술철학』, 215쪽.

위엄 있는 어깨, 곰도 멀찌감치 서서 원망하다가 웃고 간다는 자비로운 얼굴, 법의가 얇게 신체에 밀착하여 육체의 기복이 그대로 나타나 있는 자태 등이 당대(唐代) 굽타 양식의 인도 조각의 영향을 받은 것인데, 인도 조각은 다시 그리스 조각의 간접적인 영향을 받은 것이다. 그리스 조각이 수억만 떨어진 한국의 조각에 영향을 주기까지는 그만한 조건, 즉 두 민족의 인간상에 공통점이 있었다고 조요한은 말한다.

조요한에 따르면, 한국 불상의 최대의 걸작은 미륵반가상들인데, 그것은 한국 조형미의 독자적인 감각을 드러내주고 있다. 고유섭은 이 반가상에 대해 "세완(細腕)과 동체(胴體)가 완곡히 연접되는 흉견부에서 조선적인 미각을 느낀다."[49]고 표현했다. 또한 김용준은 "이 불상을 볼 때 누가 이것을 조각이라고 하겠는가, 따뜻한 정과 영원한 아름다움을 느끼지 않겠는가. 더구나 상반신의 간소한 표현에서 시작하여 하체의 옷 주름은 소박한 복잡성을 나타내고, 다시 아담한 왼편 발끝으로는 발가락과 꽃잎들이 요란하게 춤을 춘다."[50]고 기술했다. 또한 고유섭은 한국 불상에는 '어른 같은 아이'가 많다고 평하면서, 한국인의 "질박(質朴), 둔후(鈍厚), 순진(純眞)이 형태의 피조라는 것을 통하여 '적요한 유머'에 이르러 '어른 같은 아이'의 성격을 나타낸다."[51]고 말했다. 소박성은 그에게 있어서 '구수한 맛'인데, 구수하다는 말은 "얄상 궂고 천박하고 경거망동하는 교혜(巧慧)로움이 아닌 것"[52]을 뜻한다.

조요한은 도교와 불교에 뿌리를 두었던 한국의 조형미는 자연을 모태로 하여 자연에서 미를 발견하는 것을 이상으로 삼았다고 말한다. 그러면서 조요한은 김인후의 시를 제시한다.

49) 고유섭, 『한국미술문화사논총』, 통문관, 1966, 158쪽.
50) 김용준, 『조선미술대요』, 1946, 72쪽, 조요한, 『예술철학』, 216쪽, 재인용.
51) 고유섭, 『朝鮮美術史 及 美術論考』, 통문관, 1963, 7쪽.
52) 고유섭, 『조선미술문화사논총』, 통문관, 1966.

청산(靑山)도 절로 절로 녹수(綠水)도 절로 절로

산(山) 절로 절로 수(水) 절로 절로 산수간(山水間)에 나도 절로

그 중에 절로 절로 자란 몸이

늙기도 절로 절로 하리라   -김인후 作-

    조요한에 따르면, 인위를 거부하는 것이 한국미의 정신이다. 한국의 예술가는 비가 내리는 것 같이, 달이 비치는 것같이 작품을 무리 없이 제작했다. 있는 그대로의 나무를 사랑하고, 그것으로 집을 세우는 것이 우리 **소박미**의 한 단면이다. 경주의 안압지에서 보는 것같이 한국의 정원은 풀 한포기 돌 하나에 인공을 가하되 천연으로 된 것같이 만들어야 한다. 얼핏 보면 조잡하다고 할 정도로 세부 장식에 신경을 쓰지 않고, 자연과의 조화 통일에 높은 가치를 두었다. 창덕궁 안의 낙선재와 후원에 있는 연경당이 바로 소박미의 표시라는 것이다.[53]

    다음으로 조요한은 조선백자를 언급하면서 한국인의 고담하고 청초한 맛을 들여다 볼 수 있다고 말한다. 그러면서 조선백자의 특징을 기술했던 최순우를 언급한다.

    의젓하기도 하고 어리숭하기도 하면서 있는 대로의 양심을 털어놓은 것, 선의와 치기와 소박한 천정의 아름다움, 그리고 못생기게 둥글고 솔직하고 정다운, 또 따뜻하고도 희기만한 빛, 여기에는 흰 옷 입은 한국 백성들의 핏줄이 면면이 이어져 있다. 말하자면, 방순(芳醇)한 진국 약주 맛일 수도 있고, 털털한 막걸리 맛일 수도 있는 것, 이것이 조선 자기의 세계이며, 조선 항아리의 예술이다.[54]

---

53) 조요한, 『예술철학』, 218쪽.

54) 최순우, 「우리의 미술」(1963), 『한국미 산책』, 최순우 전집 제5원, 학고제, 1992. 조요한, 『예술철학』, 219쪽. 재인용.

마지막으로 조요한은 한국미의 특징을 '**해학미**'(諧謔美)에서 찾고 있다. 중국예술이 번잡하고 권위를 나타내고, 일본예술이 아기자기한 짜임새에 의한 기교를 자랑하는 데 비해 한국미의 특징은 해학적인 데 있다는 것이다. 조요한은 유가의 안빈낙도(安貧樂道), 불가의 제행무상(諸行無常), 도가의 진세(塵世)에서의 초탈로 말미암아 한국의 예술가는 현실을 '**적요한 유머**'로 굴절시켰다고 말하면서, 우탁(禹倬)의 시조를 예로 든다.

> 한 손에 막대 잡고, 또 한 손에 가시 쥐고
> 늙는 길 가시로 막고, 오는 백발 막대로 치려더니
> 백발이 제 몬저 알고 지럼길로 오더라[55]   −우탁 作−

그 밖에도 조요한은 해학미의 예로서 조선후기 회화에 나타난 속기(俗氣) 없는 한국적인 해학의식을 느낄 수 있다고 말한다. 변상벽의 〈묘작도〉, 김홍도의 〈씨름〉, 신윤복의 〈기생원〉, 강희안의 〈고사관수도(高士觀水圖)〉 등을 대표적인 작품으로 언급한다. 조요한은 한국미에서 나타나는 해학미란 대상과의 거리를 유지하면서 지성에 의해 조용한 여운을 남기는 것이라 말한다. 한국인은 뽐내지 않으면서 언제나 같은 율동으로 지성을 활동시킨 백성이었기에 그 같은 높은 수준의 웃음을 던질 수 있었다. 그리스와 비슷한 풍토 때문에 영육일치의 사상과 더불어 현세적인 인간미를 표현한 한국인의 기질이 유불선의 영향으로 조형예술에 있어 소박미를 나타내었는데, 그것이 다시 의식적인 창의 면에서 해학미를 갖고 나타나게 되었다는 것이다.[56]

이경(怡耕) 미의식의 특징, 고졸(古拙)의 미학

이제 한국미의 특징을 제시하는 조요한만의 독특한 관점을 살펴보자.

---

55) 조요한, 『예술철학』, 222쪽.
56) 조요한, 『예술철학』, 223−225쪽.

조요한은 아름다움에 대한 서양인과 동양인의 자세의 차이를 가설(假說)개념과 직관(直觀)개념으로 구분한다. 성서의 〈요한복음〉 첫머리와 노자의 『도덕경』의 첫머리를 언급한다. 〈요한복음〉의 첫 부분은, "태초에 말씀이 계셨습니다. 말씀은 하나님과 함께 계셨습니다. 말씀은 곧 하나님이었습니다.『도덕경』의 첫 부분은, "말할 수 있는 도는 상도(常道)가 아니요, 부를 수 있는 이름은 상명(常名)이 아니다. 이름이 없을 때에는 천지의 시원이요, 이름이 있을 때에는 만물의 모체이다." 여기에서 알 수 있는 것은, 동양인이 생각한 원질은 확정할 수 없는, 말로 표현할 수 없는 직관적인 것인데 반하여, 서양인의 시원은 확정할 수 있는, 기술할 수 있는 가설적 존재임을 알 수가 있다.

이러한 맥락에서, 서양미학은 '형식미학'의 길을 택했고, 동양미학은 '내용미학'의 길을 밟아왔다고 조요한은 말한다. 이 점을 달리 적용하면, 서양인은 '분석지'(分析知)를 추구하고, 동양인은 '직관지'(直觀知)를 희구하였다. 전자는 '차별'을 말하고, 후자는 '무차별'을 말한다. 이 양자는 불교의 식(識)과 반야(般若)의 차이이다. 서양미학이 '유심성'(有心性)이라면 동양미학은 '무심성'(無心性)이다.[57] 그래서 동양미학은 아름다움이란 무엇인가? 라는 문제에서도 미 개념 자체를 부정하게 된다. 동양미학은 아름다움이란 무엇인가? 라는 우리들의 판단 자체를 파괴한다. 미추(美醜)가 대립된 이원적인 차원에서 미추의 분별이 없는 차원, 즉 벌써 미라는 말의 존재가 무의미하게 된 차원을 동양미학은 그 이상(理想)으로 한다. 문제는 같은 동양이라도 중국, 일본, 한국의 아름다움이 같지 않다는 사실이다. 한국은 초기부터 유불선의 삼교의 영향 밑에서 그 이상적인 미를 추구해 왔다. 이런 연장선상에서 한국의 조형미도 형성되었다고 할 수 있다.

조요한에 따르면, 인위를 거부하는 것이 한국미의 정신인데, 서양 미학

---

57) 조요한, 『관심과 통찰』, 480쪽.

용어로 말한다면 '의지결여성'(Willenlosigkeit)이 한국의 **고졸**(古拙) 내지 소박의 정신이다.[58] 쉴러(F. Schiller, 1759~1805)는 자연을 대하는 태도에 두 가지가 있다고 말하고, 하나는 자연적으로 느끼는 시인이요, 다른 하나는 자연적인 것을 느끼는 시인이라고 한다. 전자는 자연을 소유하지만, 후자는 자연을 왜곡한다. 그리스 시인은 자연적으로 읊었던 소박의 시인이었지만, 유럽의 근대 시인은 자연을 인간의 이상에 맞추어 읊었던 감상(感傷)의 시인이라고 한다. 소박미를 추구했던 시인들은 모든 경험을 모멸시킨 어린아이의 순결과도 같다. 어린아이의 단순성은 우매하다고 조소받을지 몰라도, 그것은 즐거운 조소와 존경과 애수가 뒤범벅이 된 감정이다.[59] 바로 이것이 고졸미의 본질이다.[60]

나 오는 말

먼저 근대적 미술담론의 관점에서 살펴보면, 한국미술을 통해 나타난 다양한 미적 가치와 특질을 규명함에 있어서 고유섭은 '모순 속의 조화'의 측면을 규명해 내었다. 예컨대 한국미술의 형식미적 특질을 비정제성이나 비균제성과 같은 파형 형식 가운데 찾는 고유섭의 시각은 두 개의 모순된 성격이 동시에 성립되어 있는 한국미술이 전통적인 특색이며, 이러한 측면이 한국미술의 근원에 자리 잡고 있음을 고유섭은 규명해 내었다. 고유섭의 이러한 입장에 대해 조요한은 도교와 불교에 뿌리를 두었던 한국의 조형미는 자연을 모태로 하여 자연에서 미를 발견하는 것을 이상(理想)

---

58) 조요한, 『관심과 통찰』, 489쪽.
59) F. Schiller, *Über naive und sentimentalische Dichtung*(Stuttgart, 1975), 34쪽. 조요한, 『관심과 통찰』, 490쪽. 재인용.
60) 조요한, 『관심과 통찰』, 490쪽.

으로 삼았다고 밝힘으로써 한국인의 미의식의 근원적 토대를 덧붙여 놓았다. 김임수에 따르면, 이와 같은 모순의 결합은 미적 관조나 그 표현에 있어서 자연의 생성적 신비와 주관적 미적의도가 자연스러움으로서의 미적 형성을 통해 하나가 되는 가운데 성립되는 필연적 귀결이며, 사실상 그 결합은 서로 모순되는 신념간의 무리한 조화를 통해서라기보다는, 자연과 예술의 원리적 합일성을 찾는 가운데 소재와 형식, 의도와 표현, 대상과 주체와의 불가분의 체념적 결합에 있어서 욕구와 좌절, 집념과 체념, 포기와 위로와의 순리와 화해를 통한 미적 체험 구조의 변증법적 양상이라고 말하고 있다.[61]

다음으로 한국미학의 정체성의 관점에서 보면, 고유섭은 한국미술에서 '무기교의 기교', '구수한 큰 맛'으로 특징지은 민속예술의 가능성을 제시하였다. 우리의 미술이 감상을 위해 제작된 것이라기보다는 생활 속에서 우러나온 것이기에 기교면에서 우수한 것은 아니지만, 누구에게나 친밀하게 다가오는 소박성을 지닐 수 있었다는 것이다. 조요한은 이러한 특성을 일컬어 자연주의라고 말한다. 우리의 자연주의가 서양의 자연주의와 다른 것은, 서양의 자연주의가 대체로 자연과 인간의 화합을 노래하지만 자아와 타자의 구별을 의식한 반면, 우리의 자연주의는 나와 너의 구별이 없이 인간과 자연의 합일에서 오는 기쁨을 노래하거나 그 합일을 기원한다는 점에서 그러하다.

마지막으로 한국미학의 미적가치의 관점에서 보면, 고유섭은 미술에 나타난 한국미의 특질을 '무기교의 기교', '무계획의 계획'으로 규정하였다. 기교와 계획은 생활과 분리되기 이전의 상태, 즉 생활 자체의 본연적 양식화 작용에서 나온다고 보는 입장으로서, 결국 여기에서 한국미의 특질을 민예적인 것으로 귀결 짓고 있다. 그리하여 민예적인 성격 속에서 다시금

---

61) 김임수(2006), 같은 글, 51-52쪽.

담소(淡素)와 질박(質朴), 조소성(粗疏性)을 찾아내고 있다. 이러한 특징을 우리는 **질박미(質朴美)**라 할 수 있다. 조요한은 한국예술과 관련하여 **고졸미(古拙美)**를 강조하였으며, 한국미의 바탕을 한국인의 몸과 마음에 배어 있는 **무교적(巫敎的) 흐름**에서 찾고 있다. 한민족의 무교적 체질이 한국예술에 그대로 반영되어 있다는 것이며, 한국예술의 '비균제성'이나 '자연 순응성'도 따지고 보면 한민족의 무교적 체질에서 비롯되었다는 것이다.

한국미학사에 고유섭과 조요한의 공헌을 생각하면서 이제 미래를 내다볼 시점이다. 한국미학의 나아갈 방향성과 관련하여 조요한은 의미 있는 표현을 사용하고 있다. 무릇 문화란 상호 교류의 특성을 지니고 있기에 이러한 과정에서 고유한 전통적 입장을 고수하려는 입장과 전통에 사로잡히지 않고 외래의 새 문화를 겸허하게 수용하는 입장이 나타난다고 말한다. 이를 미술에 적용하면 젤롯주의와 헤롯주의가 된다. 조요한은 여기서 문제가 되는 것은, 우리가 젤롯주의를 택하느냐, 헤롯주의를 취하느냐에 있지 않다는 것이다. 전통미라는 것이 고정된 것이 아니고 시대의 옷을 입기 마련인데, 과거만을 절실하게 그리워하는 젤롯주의도, 새 것에만 관심을 모으는 헤롯주의도 예술에서는 금물이라는 것이다. 오랜 기간 다듬어 온 미의식인 전통미를 어떻게 우리가 오늘에 살려서 이어갈 수 있을 것인가 하는 것이 관건이다. 새로운 창조적 자세가 없으며 세계가 넓어진 오늘날 다른 사람들에게 공감을 주지 못할 것이다. 새로운 창조란 주체적 미 체험에 의한 자기고백을 말한다.[62]

---

62) 조요한, 『예술철학』, 346–347쪽.

제 **4** 장

예술작품의 세계를
어떻게 만날 수 있을까?*

* 이 글은 한국박물관 100년 기념 2008 한국박물관대회·한국문화교육학회 학술대회(주제 : 도슨트#해설사
2008년 5월 17일 국립중앙박물관 교육관 제2강의실)에서 「박물관·미술관 도슨트(Docent)와 해설 문화–
해석학적 관점에서 본 도슨트의 역할을 중심으로」 발표되었고, 이후 「해석학적 관점에서 본 도슨트의 위
상」, 『철학탐구』 24집(중앙대 철학연구소, 2008.11. 221–244쪽)에 수록되어 있음.

시 작하면서

현대 해석학의 논의에서 여전히 쟁점으로 남아 있는 부분을 꼽아보라면, 나는 '해석(자)의 위상'(status of interpretation) 문제를 들고 싶다. 해석의 위상 문제가 쟁점인 이유는 작품이나 텍스트의 해석 행위가 우리의 이해 행위에 도움이 되면서도 더러는 우리의 이해 행위를 방해하는 역할도 하고 있기 때문이다. 그러니까 해석자는 감상자들을 작품의 세계로 온전히 이끌어주는 '길라잡이' 역할을 하든가, 아니면 작품 세계의 일부분으로만 안내하는 '훼방꾼'의 역할을 감당하고 있는 셈이다.

그런데 이러한 논의가 해석학이라는 특수한 학문 분과 안에서만 벌어지는 학문적 논쟁에만 그치는 것이 아니라, 우리의 직접적인 삶의 현장에서도 그대로 맞부딪힐 때, 우리는 과연 어떤 입장을 취할 수 있을까? 만일 우리가 그 상황에서 취하게 되는 그 선택은 얼마나 정당성을 확보할 수 있을까? 필자는 해석(자)의 위상 문제를 최근 우리 사회에서 등장하고 있는 문화 영역의 관심사 중의 하나인 도슨트(Docent)에 적용하여 논의해 보고자 한다.

이 글은 박물관·미술관에서 도슨트의 지위를 '해석자'의 위치에서 읽어내고, 도슨트들이 수행하는 역할 가운데 특히 작품에 대한 해석/해설이 관람자인 관객들에게 어떤 영향을 주게 되는지에 관해 해석학의 지평에서 살펴보는 데 초점을 맞추고 있다. 필자가 박물관·미술관에서 차지하는 도슨트들의 다양한 역할 가운데 특별히 '해석자로서 도슨트'(Docent as interpreter)에 초점을 두는 이유는 이들의 행위가 거슬러 올라가면, 해석학의 주된 관심사 중의 하나인 해석 행위의 의미부여 방식과 관련된 상이한 입장을 접할 수 있는 구체적인 사례가 되기 때문이다.

그래서 이 글에서는 먼저 박물관·미술관 도슨트의 운영 실태와 직무 유형에 대해 살펴보고, 박물관·미술관에 소장된 예술품과 예술의 성격에 관해 논의하도록 한다. 이어서 도슨트와 예술작품 그리고 관객의 상관관계를 살펴본 다음, 해석자로서 도슨트와 해석의 대상으로서 예술작품에 대해 다루어 보고, 계속해서 안내자로서 도슨트와 체험의 대상으로서 예술작품에 대해 살펴보도록 한다. 마지막으로 예술과 비예술의 경계에 대해 생각해 보면서 논의를 맺고자 한다. 이러한 논의를 통해서 우리가 던질 수 있는 물음을 한마디로 표현해 본다면, "예술작품은 해석의 대상인가? 체험의 대상인가?" "작품에 대한 해석은 작품의 세계를 잘 드러내주는 해방의 차원인가? 훼방의 차원인가?" 이러한 물음을 통해서 필자는 해석학의 논의를 빌어 박물관·미술관의 도슨트의 바람직한 역할을 간접적으로 조명해 보고자 한다.

국 내 박물관·미술관의 도슨트의 운영과 직무 유형

박물관·미술관에서의 도슨트의 행위는 넓은 의미에서 볼 때 교육적 범주에 속한다. 이들 기관의 생명은 관람객과의 소통(疏通)에 있으며, 이의 최접점에 서 있는 사람이 바로 도슨트이다. 도슨트는 박물관·미술관의 전시물을 관람객에게 언어적으로 전달(傳達)하는 최후의 전달자이자 해석자이다. 박물관·미술관에서 도슨트는 해설(解說)과 해석(解釋), 체험(體驗)과 인식(認識) 등 다양한 교수법을 동원하고 있다. 그렇다면 다소 생소하게 들릴 수 있는 도슨트란 무엇이며, 그들에게는 어떤 역할이 주어져 있는 것일까?

도슨트(Docent)[1]라는 말은 라틴어 'docere'에서 파생된 것으로 '가르치다'

---

1) 이영주, 「삼성어린이박물관의 museum Educator 운영·사례」, 2008 한국박물관대회·한국문화교육학회 학술대회 논문집, 『도슨트#해설사』, 2008, 127쪽.

라는 뜻을 지니고 있다. 그래서 1987년 랜덤 영어사전에는 도슨트를 가리켜 "전시회의 설명을 하며, 박물관·미술관을 안내하면서 특별히 관람객을 인도할 수 있는 지식을 갖고 있는 사람"[2]으로 정의하고 있다. 도슨트는 1845년 영국에서 처음 생긴 뒤, 1907년 미국의 보스턴 미술관에 이어 세계 각국으로 확산된 제도이다. 보스턴 미술관에서는 교육하는 사람들과 삶의 질을 높이는 사람들을 위한 교사강연을 지도프로그램으로 사용했는데 그 프로그램은 훈련받은 도슨트들에 의해 제공되었다. 도슨트의 박물관 내 제도화는 일정한 교육을 받고 박물관·미술관에서 관람객을 안내하며 전시물에 대한 설명을 제공함으로서 이해를 돕도록 하는 데 목적이 있다.

'도슨트'라는 명칭(名稱)의 사용과 관련하여 국내의 상황을 잠시 살펴보면, 현재 국립중앙박물관에서는 도슨트를 '전시 해설자'로 부르고 있고, 국립현대미술관에서는 '전문 작품해설사' 혹은 '메디에이터'(mediator)로 부르고 있으며, 삼성어린이박물관에서는 '박물관 교사'(museum educator)로 부르고 있다. 해외의 여러 어린이박물관에서는 도슨트라는 말보다는 facilitator, educator, animator, museum teacher라는 명칭이 사용되고 있다. 국내에서는 삼성미술관 리움과 이화여대 자연사박물관에서 공식적으로 '도슨트'라는 명칭을 사용하고 있다.

그렇다면 도슨트에게는 어떤 자질과 역할이 요구되는 것일까? 어떤 학자는 도슨트의 역할은 박물관·미술관의 수집(收集), 연구(硏究), 보존(保存), 전시(展示), 전달(傳達)의 기능들 가운데, '전달' 부분에 있다고 말한다.[3] 도슨트는 박물관·미술관 관람객들에게 문화적 기억(記憶)과 유산(遺産)을 경험하고 배우며, 문화적이고 역사적인 해석 능력을 습득할 수 있도록 교육적 전문성을 보여줄 수 있어야 한다.[4] 왜냐하면 도슨트는 박물관·미술관 전시에

---

2) 류재만, 「어린이를 위한 전문 도슨트에 대한 연구」, 『미술교육논총』 제18권, 2005, 49~68쪽 참조.

3) Vieregg, H., *Museumswissenschaften*, Paderborn: W. Fink Verlag, 2006.

4) 박지연, 「박물관·미술관 도슨트의 직무분석」, 2008 한국박물관대회·한국문화교육학회 학술대회 논문집, 『도슨트#해설사』, 2008, 38쪽.

서 관람객과 가장 가까운 거리에서 관람객을 만나고 소통하는 중요한 역할을 수행하고 있기 때문이다. 따라서 이들은 박물관·미술관의 미션 및 전시와 소장품에 대한 이해는 물론이고 관람객의 특성을 파악하고 그들과 커뮤니케이션할 수 있는 기술까지 보유해야 한다. 그러니까 도슨트는 전시물에 대한 지식을 바탕으로 자신이 익힌 지식을 다른 사람들에게 알리는 것을 기쁨과 보람으로 여기고, 또한 자원 봉사하며 교사이자 해설자 역할을 수행하므로 일반적인 자원봉사자보다 높은 교육적·사회적 능력이 요구되고, 학습능력을 필요로 한다.[5]

국내에서는 최근에 도슨트가 문화 분야의 하나의 일자리로 떠오르고 있는 추세이다. 현재 문화부와 노동부의 협력 속에 국가적으로 박물관·미술관에 도슨트를 대규모로 파견하는 제도를 시행하고 있다. 예컨대 국립중앙박물관만 보더라도 2008년 4월 현재 284명의 도슨트들이 활동하고 있는 것으로 파악되었다.[6] 그렇다면 도슨트들은 현장에서 어떤 직무를 가장 많이 수행하고 있을까? 국립경주박물관, 국립중앙박물관, 국립현대미술관, 서울시립미술관, 서울역사박물관, 숙명여대박물관, 이와여자대학교 자연사박물관, 부산시립미술관, 삼성미술관 리움에서 활동 중인 도슨트들을 대상으로 한 설문조사[7] 결과, 국내의 도슨트들의 직무 유형은, ①해설, ②자료개발, ③안내, ④체험학습지도, ⑤일정관리, ⑥훈련 이상의 여섯 가지 영역으로 밝혀졌다. 이러한 여러 직무들 가운데 우리의 관심을 끄는 가장 중요한 것은 바로 '해설'의 영역이다. 해설의 영역은 도슨트의 직무 가운데 단연 1위를 차지하고 있을 만큼 대단히 중요한 부분이라 할 수 있다.

그런데 현재 국내의 관련 기관들 사이에서도 도슨트의 역할 및 자질과

---

5) 한국문화예술교육진흥원, 「박물관·미술관·미술관 교육 전문 인력 양성 및 지원방안 연구」, 2006. 65쪽.
6) 나유미, 「국립중앙박물관 자원봉사 현황」, 2008 한국박물관대회·한국문화교육학회 학술대회 논문집, 「도슨트#해설사」, 2008. 85쪽.
7) 이병준외, 「고령자 적합직종 발굴 및 훈련프로그램 개발(문화영역을 중심으로)」, 노동부·부산대 교육연구소, 2007. 100쪽. 박지연(2008). 같은 글. 43쪽.

관련하여 논란이 되고 있는 부분이 있다. 말하자면, 도슨트가 '해설'의 역할만 담당해야 하는지, 아니면 체험학습강사의 역할까지도 담당해야 하는지의 문제가 그것이다.[8] 이러한 상황에서 필자는 도슨트의 다양한 직무들 가운데, 해석학적 논의와 깊은 연관이 있는 '해설'의 측면, 다시 말해 작품의 해석 문제에 국한하여 여기에서 논의하고자 한다. 해석학의 전통에서 볼 때, 예술작품을 해석(解釋)의 대상으로 볼 것인지, 체험(體驗)의 대상으로 볼 것인지의 문제는 여전히 뜨거운 감자임에 틀림없다. 이제 박물관·미술관에 소장된 예술품으로 눈을 돌려보자.

박 물관·미술관의 예술품과 '발견(發見)'으로서의 예술

박물관·미술관에 소장된 것들을 편의상 자연물, 인공물, 예술품 등으로 세분화해서 말할 수도 있겠지만, 여기에서는 통상 예술품으로 간주하고자 한다. 그러면 이런 예술품을 통해서 우리는 무엇을 얻으려는 것일까? 그리고 무엇을 보고자 하는 것일까? 이 물음은 예술의 정의와도 깊은 관련이 있다.

미학사를 살펴보면, 아리스토텔레스(Aristoteles BC 384-322)의 '모방(模倣)으로서의 예술'이라는 정의[9] 이래, 예술을 어떻게 정의해야 하는지에 대한 논

---

8) 박지연, 「박물관·미술관 도슨트의 직무분석」, 2008 한국박물관대회·한국문화교육학회 학술대회 논문집, 『도슨트#해설사』, 2008. 38쪽.
9) 아리스토텔레스는 예술을 '자연의 모방'(Ars simia naturae)으로 보고, 예술의 기능은 모방(模倣)에 있다고 말한다. 아리스토텔레스에 따르면, 특히 예술은 외부 사물의 모방이다. '모방'(μίμησις)은 근본적인 본능이며, 다른 것에 환원시킬 수 없는 인간성의 한 사실이다. 모방은 인간에게 있어 어린 시절부터 선천적인 것이다. 인간이 하등 동물보다 나은 성질들 가운데 하나는 세상에서 모방을 가장 잘 하는 동물이라는 점이며, 처음에는 인간이 모방에 의하여 배우게 된다고 그는 말한다. 그래서 모방은 그칠 줄 모르는 즐거움의 원천이 된다. Aristotle, Poetics, 4. 1448b 5-17. In Aristotle on the Art of Poetry, ed. I .Bywater(Oxford, 109), 8-11쪽.

의는 시대와 미학자들에 따라 계속되어 왔다. 미학사 전체를 보면, 자연의 대상물을 잘 모방해 놓았거나, 아니면 아름다운 자연 대상물을 잘 모방해 놓은 것을 예술작품으로 인정하려는 경향이 있었다. 이를 우리는 예술사조에서 '모방예술'(imitative Art) 이론이라 부른다. 예술을 이와 같이 이해하려는 입장에서는 예술가 자신의 자발성(自發性), 창의성(創意性), 상상력(想像力) 등의 요소가 잘 드러나지 않게 된다. 그래서 이에 대한 반발로써 예술가 자신의 정서적(情緖的) 요소를 강조한 '성격예술'(characteristic Art) 이론[10]이 등장한다. 이 입장은 대상의 측면보다는 창작자의 측면, 즉 예술가 자신의 감성적 요소를 지나치게 강조하게 되었고, 그 결과 우리들의 발성이나 손짓, 몸짓까지도 모두 예술작품이 될 수 있다는 극단적인 경향을 보이기까지 하였다. 그런데 이 입장은 예술가의 정서적 요소를 강조한다고 해서 그것이 곧장 예술로 성립할 수는 없다는 사실을 우리에게 반증하기도 하였다. 예컨대 의미 있는 발성이 있는가 하면, 무의미한 발성도 있고, 특별한 목적을 지닌 제스처도 있지만 습관적인 언어행위에 기인한 제스처도 분명 있기 때문이다. 그래서 이 입장은 우리로 하여금 무엇이 예술이고, 무엇이 예술이 아닌지 그 경계지점을 혼란하게 만들어 버렸다.

어쨌거나, 모방이론이나 성격이론은 예술의 성격을 '재현(re-presentation)'에 두고 있다는 점에서는 공통적이다. 모방이론이 아름다운 자연 대상을 재현해 놓은 것이라면, 성격이론은 창작자의 정서적 상태를 재현해 놓은 것이라 볼 수 있기 때문이다. 이렇듯, 예술의 성격을 '재현'으로 보는 입장들은 미학사 전체에서 상당히 오랫동안 그 영향력을 행사해 왔다. 그렇지만 현대에 들어와서는 예술의 성격을 더 이상 '재현(再現)'으로 보지 않고, '발견(發見)'으로 보려는 경향이 압도적인 추세다.

---

10) 성격예술이론의 대표자로 루소를 꼽을 수 있으며, 그는 예술이론의 고전적 및 신고전적 전통을 모두 배척하였다. 루소에게서 예술이란 경험적 세계의 묘사나 재현이 아니라, 인간의 정서(情緖)와 정열(情熱)의 분출이다. Verene, Donald Phillip.(ed), *Symbol, Myth, and Culture: Essays and Lectures of Ernst Cassirer*, 1935-1945, New Haven: Yale University Press, 1979, 206쪽.

우리에게 대표적인 문화철학자로 잘 알려진 에른스트 카시러(E. Cassirer 1874-1945)에 따르면, 예술은 이미 주어져 있는 현실을 한갓 재생하거나 재현한 것이 아니다. 예술은 인간생활에 있어서 사물에 대한 객관적인 견해에 이르게 하는 여러 방법들 가운데 하나이다. 그렇기 때문에 예술은 더이상 모방이 아니라, '현실의 발견'이다.[11] 다시 말해서 인간은 예술을 통해서 자연을 발견하는 것이다. 예술가는 자신의 감정을 외부화하여 그것에 형체를 부여한다. 여기서 외부화란 진흙이나 청동 혹은 대리석과 같은 단순히 특수한 물질적 매체로써 볼 수 있게 하고 만질 수 있게 할 뿐만 아니라, 감각적 형상, 리듬, 색채, 선과 디자인 등으로써 볼 수 있게 하고, 만져볼 수 있게 함을 말한다. 그렇기 때문에 우리에게 감동을 주는 것은 예술작품 속의 형식들의 구조, 균형, 질서와 같은 것들이다. 바로 이런 요소들을 가리켜 카시러는 예술작품이 갖추어야 할 목적성(目的性)의 계기라고 말한다.[12] 이런 요소들을 통해서 우리는 새롭게 자연을 발견하게 되는 것이다. 카시러의 이런 견해는 예술과 비예술의 모호했던 경계를 다시금 명확하게 확인해 주는 역할을 하고 있다.

이제 우리들에게 남아 있는 것은 예술작품이다. 이것을 어떻게 해석하고 감상해야할 것인가는 전적으로 우리의 몫이다. 한국의 대표적인 1세대 예술철학자로 손꼽히는 조요한(1926-2002)은 『예술을 사랑하는 마음』(1996)에서 다음과 같이 말하고 있다. "예술의 아름다움은 예술작품의 대상적인 구조나 기교에 있지 않으며, 작품을 사이에 둔 두 사람의 마음, 즉 작가와 감상자의 미의식(美意識) 없이는 성립되지 않는다. 그렇기 때문에 대상으로서의 아름다움도 중요하지만, 작가와 감상자의 아름다움의 의식(意識)도 그에 못지않게 중요하다. 예술의 아름다움이 작품 향수를 통하여 퍼져나가

---

11) Ernst Cassirer, An Essay on Man: *An Introduction to a Philosophy of Human Culture*, New Haven: Yale University Press, 1944, 143쪽. 신응철, 『카시러의 문화철학』, 한울출판사, 2003, 171쪽.
12) Ernst Cassirer(1944), 같은 책, 154쪽.

사람의 마음에 메아리칠 때 예술은 그 몫을 다한다. 이것이 미학에 있어서 작품해석이다."[13]

우리가 예술작품을 통해서 새로운 세계를 발견한다고 할 때, 거기에는 간단치 않은 계기와 과정이 들어있다. 예술의 세 가지 중요한 요소인 예술가, 예술작품, 감상자의 관계를 고려할 때, 과연 예술작품의 무엇을 통해서 그와 같은 발견이 이루어지는가? 다시 말해 예술작품의 해석의 문제가 중심 주제로 떠오른다. 현대 해석학의 논의에서도 이 부분은 중심 주제 가운데 하나다. 작품의 해석에 있어서 그 기준이 무엇인가 하는 점이 핵심이다.

박 물관·미술관의 예술품과 그 해석

예술작품의 해석과 감상에 있어서 해석학의 논의는 결정적인 기여를 하였다. 해석학에서의 주된 관심사는 예술작품의 해석에 있어서 올바른 해석과 그릇된 해석을 가려줄 기준을 설정하는 데 있다. 다시 말해 타당한 (valid) 해석과 부당한(invalid) 해석을 가려주는 지침을 어디에서 찾느냐에 따라 입장들이 서로 나뉘게 된다.

해석학 이론의 전체 맥락에서 제일 먼저 등장한 입장은 저자(著者) 중심, 특히 저자의 의도(意圖)를 작품해석의 기준으로 보아야 한다는 입장[14]이다. 이 입장은 지금까지도 한국사회의 제도권 공교육(公敎育)의 현장에서 제일 각광 받고 있다. 예컨대 한 편의 시(詩)를 감상할 때, 시 해석의 정확한 기준은 감상자에게 있는 것이 아니라 시인의 의도에 달려있다. 그러니까 창작자가 어떤 의도에서 그 시를 창작하였는지를 제대로 파악하면 작품에 대

---

13) 조요한, 『예술을 사랑하는 마음』, 한길사, 1996, 128쪽.
14) 슐라이어마허(Schleiermacher 1768–1834)와 딜타이(Dilthey 1833–1911)의 관점이 여기에 해당된다.

한 정확한 이해가 가능하다는 논리이다. 그러나 작품이 작가의 손을 떠나는 순간부터 작품은 독자에 의해 얼마든지 새롭게 해석될 여지를 갖게 된다. 이런 측면을 여기에서는 설명해 줄 수가 없다.

그래서 새로운 입장이 등장하게 되었는데, 말하자면 작품 해석의 기준은 더 이상 작가의 의도에 있는 것이 아니라 예술작품(藝術作品) 자체에 있다고 보는 견해[15]이다. 이 입장은 작품이 다양하게 해석되고 이해될 수 있는 이유는 작품 자체가 하나의 세계, 즉 작품 자체의 존재세계(存在世界)를 가지고 있기 때문에 가능하다는 것이다. 이러한 작품의 세계는 늘 감상자들에게 말을 걸어온다는 것이다. 중요한 것은 감상자들이 작품의 세계 가운데로 들어가 작품의 존재와 만나기만 하면 된다. 따라서 이 입장에서는 더 이상 올바른 해석과 그릇된 해석이라는 관점을 중요하게 간주하기보다는 의미 있는(meaningful) 해석과 의미 없는(meaningless) 해석을 중요시한다. 그런데 이 입장에서는 의미 있는 해석과 그렇지 않은 해석을 구별해 주는 기준이 작품자체에 있는지, 감상자에게 있는지가 명확하게 해명되지 않는다.

이상과 같은 이유에서 또 다른 입장이 등장하였는데, 여기에서는 작품해석의 기준은 이제 전적으로 감상자(鑑賞者)에게 달려있다고 주장[16]한다. 이를 해석학 전통에서는 '수용이론' 혹은 '수용미학이론'으로 부르고 있다. 올바른 해석과 그릇된 해석이든, 의미 있는 해석과 의미 없는 해석이든 작품의 해석에 있어서 궁극적 기준(基準)은 감상자에게 달려있다는 주장이다. 이 입장은 작품해석의 다양성(多樣性)을 인정할 수 있고, 작품의 의미를 고정되어 있는 것으로 간주하기보다는 상황과 조건에 따라 항상 열려있는 것으로 간주하게 된다. 이런 해석의 입장이 극단화되면, 결국 예술과 비예술의 경계, 작가와 일반인의 구분, 진품과 위작의 구별이 모호해지고, 종국에는 예술이란 무엇인가? 라는 근원적인 물음을 되묻게 되는 상황이 발생하게 된다.

---

15) 하이데거(Heidegger 1889–1976)와 가다머(Gadamer 1900–2002)의 관점이 여기에 해당된다.
16) 야우스(Jauß 1921–)와 이저(Iser)의 관점이 여기에 해당된다.

'해 석자'로서 도슨트, 해석(解釋)의 대상이 된 예술품

예술가, 예술작품, 감상자의 상관관계를 논의하면서도 우리의 관심은 해석, 특히 예술작품의 해석에 모아진다. 예술작품을 해석의 대상이라고 간주하는 입장은 해석학적 보편주의의 견해이다.

해석학적 보편주의[17]의 기본 입장은 예술작품의 해석(解釋)을 통해서 이해(理解)가 가능하며, 이때의 이해는 감상자 모두가 공유할 수 있는 보편성을 확보할 수 있다는 주장이다.[18] 따라서 이들은 해석은 곧 이해라고 주장한다. 말하자면 작품에 대한 이해는 해석을 기반으로 하며, 해석 행위는 해석자(도슨트)의 선이해(先理解)를 바탕으로 이루어지기에, 이해와 해석은 떼래야 뗄 수 없는 관계에 있다고 파악한다. 그렇다면 예술작품의 해석은 누구에 의해 가능한가? 모든 이들이 예술작품의 해석자가 될 수 있는가? 이 문제와 관련하여 해석학적 보편주의자들은 볼 줄 아는 안목을 지닌 자들(도슨트)만이 작품을 해석할 수 있다고 말한다. 볼 줄 아는 안목은 어려서부터 특정 분야에서 전문적인 교육을 쌓은 이들, 소위 전문가들에 의해서만 이루어질 수 있다. 이들 전문가가 해석해 놓은 방식 그대로 따라하게 되면

---

17) 해석학적 보편주의, 특히 가다머의 해석학적 보편주의에 관한 연구 자료는 다음의 것들이 있다. ① 김창래, 「가다머의 철학적 해석학에서의 존재와 언어의 관계: "이해될 수 있는 존재는 언어"라는 문장에 관하여」, 『문화와 해석학』, 한국해석학회, 철학과현실사, 2000. 153~188쪽. ② 조지아 윈키, 『가다머: 해석학, 전통 그리고 이성』(이한우 역), 민음사, 1999. ③ 라차드. E. 팔머, 『해석학이란 무엇인가』(이한우 역), 문예출판사, 1991. 238~282쪽. ④ 한스 인아이헨, 『철학적 해석학』(문성화 역), 문예출판사, 1998. 190~212쪽. ⑤ O. F. 볼노오, 『인식의 해석학: 인식의 철학1』(백승균 역), 서광사, 1993. 165~169쪽. ⑥ 고위공, 『해석학과 문예학』, 나남출판사, 1989. 82~91쪽. ⑦ 신응철, 『해석학과 문예비평』, 예림기획, 2001. 85~112쪽.

18) 해석학적 보편주의의 주장을 명료화 하면, "모든 이해는 해석이다"(Alles Verstehen ist Auslegen)라는 명제로 표현할 수 있다. Gadamer, H.G., *Wahrheit und Methode; Grundzüge einer philosophischen Hermeneutik*, J.C.B. Mohr (Paul Siebeck) Tübingen, 1986. 392쪽. 영역본은 *Truth and Method*, Translated William Glen-Doepel, Sheed and Ward London, 1975. 350쪽.

감상자들도 작품에 대한 올바른 이해에 도달할 수 있다는 논리이다. 이와 같은 해석을 바탕으로 얻어지는 작품에 대한 이해 작용은 모든 이들에게 적용될 수 있는 공통 현상이라고 주장한다.

해석학적 보편주의의 관점에서 예술작품을 해석의 대상으로 간주하게 되면, 작품에 대한 해석과 이해 행위가 고정(固定)되어 있는 것이 아니라 항상 유동적(流動的)이게 된다. 왜냐하면 해석자(도슨트)의 선이해나, 상황, 조건, 관점에 따라 작품에 대한 해석이 달라 질 수 있기 때문이다. 이렇듯, 예술 작품의 해석의 다양성과 이해의 변화 가능성을 이 입장에서는 인정하고 있으며, 바로 이 점이 해석학적 보편주의의 특징[19] 이라고 말할 수 있다.

한편, 우리가 예술작품을 해석의 대상으로 간주할 때 생길 수 있는 가장

---

19) 필자는 이미 다른 지면을 통해서 해석학적 보편주의의 특징을 아래와 같이 여섯 가지로 요약하여 제시한 바 있다. 첫째, 해석학적 보편주의에는 이해의 교정 가능성(corrigibility)이 있다. 말하자면 우리가 이해하는 것, 진실 혹은 사실이라 파악하는 것이 종종 틀렸다는 것을 알 수 있고, 그리하여 다른 이해에 의해서 그것을 수정하고 대체할 수 있다는 것이다. 또한 새롭게 등장한 이해는 이전의 이해를 재해석함으로써 얻어지는 것이고, 따라서 그것 자체도 또한 뒤따를 해석에 의해 대체될 수 있다는 측면이다. 둘째, 해석학적 보편주의에서는 이해에 있어서 관점적인 다양성(perspectival plurality)과 선판단(Vorurteil)을 인정하고 있다. 말하자면, 이해라는 것이 언제나 관점적이기에 결국 관점적 다양성을 가지고 있다는 것이다. 모든 생각과 지각이 지향성을 드러내고 있다는 점에서, 그리고 지향성은 대상을 특정한 방식으로 포착하는 것이므로 관점적일 수밖에 없고, 그래서 모든 이해는 반드시 관점적이라고 볼 수 있다. 여기서 관점이란 가다머가 말하는 '지평'(Horizont) 개념에서 파생한 것이다. 셋째, 해석학적 보편주의에서는 이해에 있어서 마음의 활동(mental activity)과 과정(process)을 받아들이고 있다. 말하자면, 이해는 언제나 선판단에 의해서 매개되며, 따라서 결코 중립적일 수 없다는 점에서 언제나 해석일 수밖에 없다. 넷째, 해석학적 보편주의에는 이해의 관점적 편파성(perspectival partiality)과 그것의 활동적인 과정(active process)이 겹치고 있다. 모든 이해가 선택적이고, 모든 이해는 그러기에 해석적이지 않으면 안 된다. 이해가 관점적 편파성을 갖는다는 것은 불완전하고 의도적 편견이라는 두 가지 의미에서 언제나 선택적이라는 점을 함축한다. 다섯째, '이해'를 하나의 어떤 상태(state)로서 파악하게 되면 이해는 중립적(neutral)이며 정적(static)인 성격을 갖게 된다. 이에 반해 '해석'을 가리켜 뭔가를 행하는 것으로서(doing something) 파악하게 되면, 해석은 능동적이고 선택적(selective)이며 구조화하는(structuring) 성격을 갖게 된다. 그렇게 되면 이해와 해석은 별개의 것이 되고 만다. 그런데 해석학적 보편주의자들은 이와 같은 구별, 그러니까 이해는 수동적이고 중립적이지만, 해석은 능동적이고 구조화하는 능력을 지닌다는 구별을 단호하게 거부한다. 여섯째, 해석학적 보편주의의 논의에는 모든 이해는 언어적(linguistic)이라는 사실이 전제되어 있다. 그 이유는 모든 이해는 언어를 필요로 하는 개념들과 관련되어 있기 때문이다. 그런데 언어적 이해는 자연적이라기보다는 자의적이라고 할 수 있는 기호를 탈부호화 하고 해석하는 작업이다. 때문에 의미 있는 명제로의 변환 작업은 언제나 해석을 필요로 할 수밖에 없다는 것이다. 신응철, 『문화철학과 문화비평』, 철학과현실사, 2003. 209~212쪽. Richard Shusterman, *Pragmatist Aesthetics: Living Beauty, Rethinking Art*, Rowman & Littlefield, 2000. 121~125쪽.(번역서 『프라그마티스트 미학; 살아있는 아름다움, 다시 생각해 보는 예술』(김광명·김진엽 역), 예전사, 2002. 162~167쪽).

큰 문제점은, 과연 누가 해석할 것인가? 라는 물음에 명쾌한 해답을 제시하기 어렵다는 점이다. 그러니까 특정 분야의 전문적 지식을 지닌 소위 전문가들(도슨트)로만 한정한다면, 이것은 또 다른 문제를 야기할 수가 있다. 즉 극소수의 전문가들만이 예술의 영역을 독점해 버리는 현상이 초래될 수 있는 것이다. 이것은 바로 예술의 권력화, 예술의 이데올로기화 현상과 연결된다.

예컨대 새롭게 개봉된 영화를 접하는 관객들은 소위 영화평론가라 일컬어지는 이들의 평가를 좇아 자신들이 관람할 영화를 선택하게 되고, 또한 영화 감상의 틀조차도 그들이 제안한 방식 그대로를 따르고자 한다. 언론은 그런 현상들을 통해서 빚어진 관객 동원률을 근거로 성공한 영화와 실패한 영화를 구분하기에 이른다. 문제는 이런 상황에서 영화평론가들은 영화라는 예술 장르에서 중심 권력으로 부상하고 있다는 점이다.

이런 문제점에도 불구하고, 예술작품을 해석의 대상으로 간주하는 해석학적 보편주의가 설득력을 얻고 있는 이유는 호소력 때문이다. 이들은 예술작품 자체에 의미를 부여하기보다는 예술작품을 통해서 무엇인가를 얻어내고자 한다. 시대와 사회와 개인이 직면하고 있는 다양한 문제점들을 예술작품을 매개로 해결하고자 하는 것이다. 이들은 예술작품을 통해서 그 사회와 시대와 개인에게 필요한 해답(解答)을, 교훈(敎訓)을 찾아내고자 한다. 때문에 이런 입장은 긴박한 사회 변동기에 보다 큰 반향을 불러일으킬 수 있었다. 우리에게는 1980년대 민중예술 운동이 좋은 예가 된다.

'안 내자'로서 도슨트, 체험(體驗)의 대상이 된 예술품

한편 예술에 대한 논의, 보다 정확히 말해 예술의 영역을 특정인들(도슨트)에게서 해방시키려는 노력들이 이어졌다. 이들은 예술작품을 해석의 대상으로 간주하지 않고, 체험의 대상으로 간주하였다.[20] 미국에서 활동 중인 유명한 여류 예술철학자 손탁(S. Sontag)이 대표적이다. 그녀는 『해석에 반대한다』(1966)에서 예술작품을 해석하려는 이들을 향하여 거침없이 비난을 퍼부었다. 예술작품에 대한 해석 행위는 지식인이 예술에 가하는 복수이고, 예술작품에 가하는 강간행위라는 것이다. 그렇다면 손탁은 왜 예술작품의 해석 행위에 대해 극구 반대하는 것일까?

먼저 손탁은 예술이론에서 예술작품에 대한 해석 행위가 자연스러워진 배경을 밝혀낸다. 예술에 관한 서구의 모든 의식과 반성이 예술을 '모방'이나 '재현'으로 간주했던 그리스 예술이론의 테두리 안에 있었는데, 특히 '형식(形式)'과 '내용(內容)'이 분리되어 있다는 묘한 환상과, 내용은 본질적(本質的)이고 형식은 장식적(裝飾的)이라는 의식이 문제였다는 것이다. 그러니까 '내용'을 지나치게 강조한다는 것은 끝나지 않을, 결코 완성되지 못할 '해석' 작업을 해야 한다는 의미가 되기 때문이다. 이 말을 역으로 생각해 본다면, 예술작품의 내용이 따로 있다는 환상을 갖도록 만들어주며, 그로 인해 늘 습관처럼 예술작품을 그러한 방식으로 대하게 되는 결과를 초래하게 된다는 것이다. 손탁의 관점에서 볼 때, 예술작품을 겨냥한 해석이란 작품 전체에서 일련의 요소, 즉 X, Y, Z 따위의 요소를 뽑아내는 것을 뜻한다.

현대 해석학의 논의에서도 여전히 해석자(도슨트)는 예술작품을 그 내용으로 환원시키고, 그 다음에 그것을 해석함으로써 길들인다. 그렇게 해서 해석은 예술을 다루기 쉽고 안락한 것으로 만든다. 이렇게 된다면, 이해한다는 것 자체가 바로 해석하는 것이 된다. 그렇게 하여 해석학적 보편주의자들의 주장이 등장하게 되었다는 것이다. 손탁은 해석학적 보편주의에서 이해가 곧 해석이라고 주장할 때, 그들이 말하는 '해석'은 다름 아닌 작

---

20) 필자는 예술작품의 해석(解釋)의 문제를 '해방'의 측면과 '훼방'의 측면으로 구분하여, 특히 가다머(H.G. Gadamer)와 프라그마티스트(Pragmatist) 간의 해석 논쟁을 발표한 바 있는데, 신응철, 『문화철학과 문화비평』, 철학과현실사, 2003. 제8장 참조바람. 여기서의 논의도 이 글의 전반적인 토대 위에서 진행되고 있음을 밝혀 둔다.

품의 세계, 작품의 의미에 숨통을 조이는 하나의 훼방 행위에 불과하다고 지적한다. 그런 점에서 해석학적 보편주의자들이 말하는 해석이란 지식인이 예술에 가하는 복수이며, 세계에 가하는 복수가 된다. 말하자면, 해석한다는 것은, '의미(意味)'라는 그림자 세계를 세우기 위해 세계를 무력화시키고 고갈시키는 짓이다. 이는 세계를 이 세계로 번역하는 것에 다름 아니기 때문이다.

이런 문제의식을 가지고 손탁은 이제 예술작품은 체험(體驗)의 대상이어야 한다고 주장한다. 체험을 통해서 예술작품의 의미를 해방시켜줄 수 있다는 것이다. 여기서 예술작품의 의미는 그녀가 말하는 예술작품의 투명성(transparence) 개념과 밀접한 관련이 있다. 손탁에 의하면 '투명성' 개념은 오늘날 예술비평에서 가장 고상하고 의미심장한 가치이다. 투명성이란, 사물의 반짝임을 그 자체 안에서 경험하는 것, 있는 그대로의 사물을 경험하는 것을 의미한다.[21] 그렇다면 이 일은 어떻게 가능한가? 손탁에 따르면, 오늘날 해석자들(도슨트들)이 초점을 맞추는 것은 예술작품이라는 올가미에 걸려든 '현실'이지, 예술작품이 사람의 마음을 끌어들여 어느 정도 변화를 일으킬 수 있느냐에 있지 않다. 그녀에 따르면 모든 위대한 예술작품은 관조(觀照), 역동적인 관조를 불러일으킨다. 그렇기 때문에 예술작품은 '몰입(沒入)'하는 이에게 총체적이거나 절대적인 권리를 행사한다. 예술작품이 지닌 예술작품으로서의 기능을 인정하고 나면 미적인 것과 윤리적인 것을 분리한다는 것 자체가 무의미하게 된다.

손탁은 예술작품을 우리에게 자양분을 공급하는 양식에 비유한다. 예술작품에 열중하게 되면 틀림없이 세계와 분리되는 경험을 하게 된다. 그러나 예술작품은 그 자체가 마술처럼 우리의 가슴을 설레게 하며, 우리 삶의 본보기로 삼고 싶은 대상, 즉 우리가 더 열린 마음, 더 풍요로워진 정신

---

21) S. 손탁, 『해석에 반대한다』(이민아 역), 도서출판 이후, 2002, 33쪽. 신응철, 『문화철학과 문화비평』, 철학과현실사, 2003, 213쪽.

으로 이 세계에 되돌아 올 수 있게 해주는 대상이 되기도 한다. 중요한 것은 예술작품이 제 아무리 뛰어난 표현력을 갖췄다고 할지라도, 그 성공 여부는 역시 그 작품을 경험하는 이, 즉 감상자의 협력 여부에 달려있을 수밖에 없다. 왜냐하면 '말로 표현된 것' 자체를 이해할 수는 있지만, 지루해지거나 자칫 한 눈을 팔다가 감동 없이 이를 넘겨 버릴 수도 있기 때문이다. 그런 측면에서 손탁은 예술은 '유혹(誘惑)'이지 '강간(强姦)'이 아니라고 말한다. 예술작품은 도저히 회피할 수 없는 유형의 경험을 제시한다. 그러나 예술은 체험 주체의 공모 없이는 유혹에 성공할 수가 없다. 그 점에서 예술작품은 에로틱한 대상이 된다는 것이다. 중요한 것은 그 에로틱한 대상이 가해 오는 유혹을 우리 자신이 느끼고, 체험하는 일이지, 그 대상을 강간하는 일, 말하자면 작품을 낱낱으로 뜯어내어 짜 맞추는 식의 분석 행위는 무의미하다는 것이다. 그런 의미에서 그녀는 예술에 있어서 필요한 것은 **해석학**(hermeneutics)이 아니라 **성애학**(erotics)[22]이라고 말한다.

손탁의 입장을 정리하면, 예술에서의 투명성을 확보하기 위해서는 해석자(도슨트) 자신의 몰입의 과정이 필요하다. 몰입의 과정이 가능한 것은 모든 예술작품이 기본적으로 역동적인 관조를 불러일으키는 어떤 힘을 가지고 있기 때문이다. 이것을 손탁은 예술작품이 가지고 있는 일종의 유혹의 힘이라 말한다. 문제는 기존의 해석학적 보편주의자들의 입장은 이러한 예술작품을 감상하고 이해하는데 있어서 예술작품 속에 드러난 현실, 혹은 어떤 이념 등의 것을 추구하고 그것을 발견하려고 했다는 것이다. 그러다 보니 예술작품에서의 미적인 것/비(非)미적인 것, 윤리적 차원/비윤리적 차원, 예술적인 것/비(非)예술적인 것 등으로 구분하기에 이른다. 그러한 과정이 세분화되고 강조되다 보면, 결국 해석자 자신이 예술작품을 '강간'하는 상황, 그러니까 해석 행위가 해방의 행위가 아닌 훼방의 행위로 귀결되

---

22) 수잔 손탁(2002), 같은 책, 34-35쪽.

고 만다는 사실을 손탁은 비판하고 있는 것이다. 결국 손탁이 볼 때 예술작품을 예술작품으로 만난다는 것은 특정한 경험을 얻는 것이지, 어떤 문제의 해답을 듣는 것이 아니다.

예 술 對 비예술의 경계

예술작품을 '해석'의 대상으로 보든, '체험'의 대상으로 보든, 어쨌든 양 입장은 예술작품이 지닌 미적 진리의 다양성(多樣性)과 개방성(開放性)을 인정하고 있다는 점에서는 공통적이다. 다만 예술작품을 통해서 우리가 무엇을 볼 것인가? 하는 부분에서는 첨예한 입장 차이가 드러나고 있다. 그러니까 예술작품의 해석이나 체험의 문제를 우리 사회의 문화현실 안으로 확대 적용했을 때에는 두 입장 사이에 심각한 간격이 생겨나게 된다.

예술작품을 통해서 그 의미(意味)를 추구하거나 예술작품이라는 매개(媒介)를 통해서 사회현실을 고발하려는 입장에서 본다면, 예술작품은 항상 분석의 대상, 해석의 대상이 된다. 그 점에서 예술작품은 언제나 어떤 목적(目的)을 가지게 된다. 때문에 작품은 때로는 사회변혁의 촉매제가 되기도 하고, 주체가 되기도 한다. 결국 예술작품은 인간을, 사회를, 환경을 계몽하거나 선도하는 역할을 담당하게 된다.

반면에, 예술작품을 작품(作品)으로서만 보자는 입장이 있다. 더 이상 작품을 해석자 혹은 감상자의 의도에 따라 갈기갈기 찢어서 마침내 그 작품을 강간해 버리는 것은 예술작품의 의미를 들추어내기보다는 그 의미를 철저하게 왜곡하고 훼방하는 행위라고 강하게 주장한다. 이 입장에서는 다만 몰입의 과정을 통해서 작품을 작품으로서 느끼는 것 자체를 강조한다. 그 대상이 건축이건, 미술이건, 사진이건, 랩 음악이건, 행위예술이건 관계없이 말이다. 이러한 입장에서라면 예술의 모든 장르가 허용될 수가 있다.

종합적으로 살펴보면, 해석학적 보편주의를 비판하는 관점은 기존의 예술제도 자체를 폐기하려는 데 목적이 있기보다 그것을 변형(變形)시키는 데 목적이 있다. 말하자면 예술이라는 박물관을 폐쇄하거나 부수는 것이 아니라, 박물관을 개방시키고 확대하는 데 있다. 이러한 측면에서 볼 때, 손탁이 사용하고 있는 예술 개념에는 전통적인 의미의 고급예술을 넘어서 대중예술을 포함할 수 있는 계기가 있다. 손탁의 예술에 대한 해석은 결국 고급예술이 지닌 고립된 난해성과 절대화된 주장들에 대한 비판일 뿐만 아니라, 고급예술의 산물들과 대중문화의 산물들 사이에 놓인 본질적인 구분 자체를 무력하게 만들어 놓았다. 이것은 또한 대중예술 혹은 대중문화에 대한 긍정적인 평가를 할 수 있는 계기를 만들어 주었다.

그렇지만 다른 한편에서 우리는 난감한 문제에 직면하게 된다. 바로 예술작품의 역할에 관한 부분에서다. 특별히 예술 혹은 예술 활동을 청소년들의 교육(教育)과 연계시켜 본다면, 다양한 예술의 장르에서 나타나는 부정적인 현상들(예컨대 선정성, 폭력성, 황금만능주의, 도덕불감증, 생명경시 등)을 어떻게 해결할 것인가의 문제가 바로 그것이다. 나아가 예술의 미래, 문화의 미래에 대해 침묵으로 일관해야 하는가의 문제가 남게 된다.

마 무리하며

지금까지의 논의를 정리하면, 해석자로서 도슨트를 바라볼 때, 그는 두 역할을 동시에 가지고 있는 존재이다. 한편으로는 광활한 박물관의 세계에서 관람객에게 길을 터주는 길라잡이 구실을 하기도 하고, 다른 한편으로는 광활한 세계 한 가운데서 길을 잃게 만드는 훼방꾼의 구실을 담당하기도 한다. 그런데 곰곰이 생각해 보면, 이 두 역할이 명확하게 구분되지 않을 수가 있다. 시대적 상황과 문화적 조건에 따라 해석자로서 도슨트에게 요청되는 길은 서로 다를 수 있기 때문이다.

예컨대 계몽(啓蒙)을 강조하는 시대라면 '해석'의 측면을 강조할 것이고, 자유(自由)를 강조하는 시대라면 '체험'의 측면을 강조할 것이다. 문제는 오늘 우리시대의 도슨트에게는 어떤 역할이 요구되는가? 하는 점이다. 일제 강점기를 지나, 조국 분단의 아픔을 겪고, 산업화와 민주화의 시기를 지나온 우리시대, 그리고 지구촌의 다문화 시대를 살아가고 있는 우리시대가 도슨트들에게 요구하는 역할은 어떤 것일까? 아니면, 이러한 역사의식과는 달리, 우리사회 내부에서 벌어지는 갈등들, 예컨대, 보수와 진보의 갈등, 지역과 세대간의 갈등, 학벌의 갈등을 겪고 있는 우리시대가 도슨트들에게 요구하는 역할은 어떤 것일까? 그 물음에 대한 궁극적인 판단은 결국 도슨트 스스로 내릴 수밖에 없다. 도슨트 자신의 역사의식과 시대의식, 나아가 전문가적 자질과 역할이 중요시되는 이유가 바로 거기에 있다.

해석(者)의 위상 문제는, 박물관·미술관의 도슨트에 국한된 논의처럼 보이지만, 따지고 보면, 해석학의 영역에 한정된 것이 아니라 정치의 영역과 교육의 영역을 넘나드는 주제라 할 수 있다. 그러기에 우리는 도슨트, 해석자, 정치지도자, 교육자에게서 그들의 공통된 역할을 어렵지 않게 발견할 수가 있는 것이다.

제5장

우리는 왜 관상(觀相)을 보는가?[*]

[*] 이 글은 「지각의 방식으로서 관상술 ―Kant와 Cassirer의 견해를 중심으로―」, 『철학논총』 27집, 새한철학회, 2002.01, 137-153쪽에 수록되어 있음.

관 상술이란 무엇인가?

인간은 더불어 살아가는 존재라 할 수 있다. 때문에 더불어 살아가기 위한 묘안들을 생각하게 되고 이를 지켜가고자 한다. 그런 맥락에서 우리는 누구에게나 좋은 이미지, 좋은 관상, 좋은 얼굴을 보여주고 싶어 한다. 마찬가지로 우리가 낯선 타인을 대할 경우 우리는 맨 먼저 그 사람의 얼굴을 본다. 관상이 좋으면 대체적으로 호감을 갖게 되고, 그렇지 않을 경우 관상에서 배어 나오는 이미지에 따라 약간의 부정적인 편견을 갖기도 한다. 이렇듯 우리는 늘 생활 한 가운데서 '관상'과 연관된 생활태도를 취하고 있다. 관상이 좋으면 그 사람의 심성도 좋을 것이라고 추측하고, 그렇지 않을 경우 또 다르게 생각하게 되는데, 그렇다면 그와 같은 생각들은 과연 어느 정도 의미 있는 것일까? 과연 그러한 일상적인 생각들은 철학적 검토의 대상이 될 수 있는 것인가?

그러면 관상(觀相)이란 무엇일까? 한 동안 대중가요 가운데 '거울도 안 보는 여자'가 유행한 적이 있었다. 관상이란 일차적으로 얼굴과 관계된다. 얼굴은 거울과 떼래야 뗄 수 없는 관계다. 거울을 들여다본다는 것은 사실은 거울에 비친 자신의 상(相), 얼굴을 보는 것이다. 관상을 떠올릴 경우, 그와 관련된 물음은 다음의 세 가지로 압축될 수 있을 것이다. ①'어떻게' 보는가? ②'무엇을' 보는가? ③'왜' 보는가? 첫 번째 물음은 관상을 보는 방식에 관한 것이며, 두 번째는 관상의 내용에 대한 질문이고, 마지막은 관상을 하는 목적에 대한 물음이다. 앞으로 이 글에서의 논의도 이 세 가지 질문의 범위 안에서 칸트와 카시러의 입장을 중심으로 살펴보게 될 것이다. 어떤 면에서 이 글은 '관상'을 철학적 논의의 수준에서 다루고자 하는 하나의 시론(試論)이라 할 수 있다.

먼저 전체 논의를 시작하기 전에 전제할 사항은 여기서 논의되는 *Physiognomy*를 보통 '관상술(觀相術)'이라고 번역하고 있는데,[1] 이렇게 번역하게 되면 상(相)을 보는 '기술적인 측면'만이 부각되게 될 것이다. 그럴 경우 *Physiognomy*는 칸트(1724-1804)가 생각하는 바처럼[2] '학술(학문)적 개념'이라기보다는 (비학술적인) 실용적인 개념에 머물게 된다. 그렇지만 필자는 여기에서 이 개념을 철학적 논의의 대상, 즉 학술적 개념으로 언급하도록 하겠다. 학술적 개념으로서 관상을 논의한다는 것은 위에서 말한 세 가지 방식을 종합적으로 논의하는 접근방식을 일컫는데, 그렇게 되면 *Physiognomy*는 비로소 '관상술'이 아닌 '관상학'으로 자리 매김 할 수 있게 될 것이다. 이렇게 된다면, 그간 철학의 사랑방에 들어와 앉아 보지도 못하던 처량하던 신세가 다소나마 그 서글펐던 운명을 달래는 계기가 될 수 있을 지도 모르겠다.

사실, 관상술적인 태도를 우리 인간의 하나의 '지각의 방식'으로 인정하였던 학자도 있는데, 그가 바로 카시러이다. 그런 관점에서라면 필자는 기본적으로 카시러의 입장에 서 있다고 할 수 있다. 카시러는 『인간이란 무엇인가』에서 우리가 사물을 바라보는 방식에는 세 가지 태도가 있다고 말한 바 있다. 첫째는 모든 대상들이 감정들을 지니고 있는 것으로 보는 관상술적(상모적/相貌的)[3] 태도, 둘째는 우리의 감관 지각을 통하여 사물의 이차적인 성질들의 세계를 보는 태도, 마지막으로는 과학적으로 일반화하여 사물을 바라보는 태도다. 카시러는 이 세 가지 단계가 각기 일정한 기능적

---

1) Immanuel Kant, *Anthropology from a Pragmatic Point of View*, Southern Illinois University Press, 1978. 207쪽.(이후 *APP*로 표기함.) 『실용적 관점에서 본 인간학』(이남원 역), UUP, 1998. 247쪽.(이후 『인간학』으로 표기함.) 그리고 Ernst Cassirer, *An Essay on Man*(Yale Univ. Press, 1944),(이후 *EoM*으로 표기함.) 『인간이란 무엇인가』(최명관 역), 서광사, 1989. 126쪽.(이후 『인간』으로 표기함.)

2) *APP*, 208쪽.

3) 'Physiognomic'에 대한 번역어로 '관상술적'이라는 용어가 있지만, 필자는 '상모적(相貌的)'으로 옮기고자 한다. 굳이 우리말로 하자면, '얼굴과 얼굴을 마주보는' 이라는 뜻이 되겠다. 신응철, 『캇시러의 문화철학』, 한울아카데미, 2000. 225-226쪽.

가치를 지니고 있기에, 그 어느 것도 한갓 망상이 아니며, 각기 그 나름대로 우리 인간이 실재(實在)에로 나아가는 하나의 단계일 뿐이라고 주장하였다.[4] 이러한 카시러의 견해는 특히 인간이 만들어 놓은 문화(文化)를 이해하는데 있어서, 나아가 문화를 만들어 내는 주체인 인간을 보다 잘 이해하는데 유용한 관점을 제시하고 있다. 여기에서 논의하게 될 관상술적(상모적) 방식은 인간들 사이, 인간과 사물들 사이에 생겨난 '틈'을 메워 주고 이해하는데 도움을 줄 수 있을 것으로 필자는 예상한다.

칸 트에게서 관상술
-인간의 외모를 통한 내면의 이해에로-

사실 필자는 엄격하기로 소문난 칸트에게서 관상술에 대한 논의가 있다는 것을 확인하고서 놀라지 않을 수 없었다. 『순수이성비판』 제2부 선험적 방법론의 제3장 '순수이성의 건축술'에서 칸트는 철학을 *Schulbegriff*와 *Weltbegriff*로 나누어 설명한 적이 있다. 전자는 전문적인 학술적 개념으로서의 철학이고, 후자는 세계와 관계된 실천적 개념으로서의 철학이다. 주지하듯이, 칸트가 철학 개념을 이 두 가지로 나누어 설명하고 있는 것은 당시 볼프 학파의 철학을 비판하기 위한 것으로서,[5] 볼프 학파에 따르면 철학은 지식의 체계, 지식의 체계적 통일성이기에, 철학적 탐구는 지식의 논리적 완전성에 이르는 것이 주된 목적이었다. 철학의 목적을 논리적 완전성에 이르는 것으로 보게 되면 철학은 이론적 관심에 국한된다는 것으

---

4) *EoM*, 78쪽.(『인간』, 128쪽.)
5) 강영안, 『자연과 자유사이』, 문예출판사, 1998. 139쪽.

로 여겨지게 된다. 때문에 칸트는 전문적인 학술 개념으로서의 철학에 반대해서 온 인류에게 통용될 수 있는 세계와 관계된 실천적 개념으로서의 철학 개념을 말하고 있는 것이다. 말하자면, 철학은 지식의 논리적 완전성만을 추구하는 지식의 체계에 멈추지 않고, 궁극적으로 인간 이성의 목적론이 되어야 한다는 것이다.[6]

이러한 관점에서 볼 때, 칸트 나이 74세 되던 1798년에 출판된『실용적 관점에서 본 인간학』은 위에서 언급한 것처럼 칸트 자신의 철학의 관심 영역을 보여주고 있다고 해도 무방할 것이다. 우리는 이 책에서 칸트의 관상술에 대한 언급을 확인할 수가 있다. 세계와 관계된 실천적 개념으로서의 철학과 이 책의 제목인『실용적 관점에서 본 인간학』에서 '실용적'이라는 말이 동일한 의미 연관을 갖는지는 정확히 알 수 없다. 이남원은 '실용적'이라는 말의 의미를 "다른 사람과의 관계를 통해서 자기의 생활을 보다 풍부하게, 보다 행복하게 하려고 노력하는 태도이지만, 그런 한에서 이것은 자연적 생활과 도덕적 생활의 중간에 있는 형성적·개화적 생활의 단계를 나타내는 것"이라고 해석하면서, 이에 덧붙여 실용적이라는 말의 의미를 좁은 의미로 국한하지 않고 넓게 보아 '경험적'이라는 표현을 사용하면 더 적절할 수 있을 것이라고 말하기도 한다.[7]

칸트는 이 책에서 관상술이 하나의 '학문'으로 될 수는 없다고 말한다. 그 이유는 관찰하는 주체의 특정한 경향성이나 능력을 암시하고 있는 사람의 형태의 특성은 개념에 의한 서술에 의해서가 아니라 직관이나 그것의 모방에서 보인 묘사나 표현에 의해서 이해될 수 있기 때문이라는 이유에서다. 그렇지만 필자는 위에서 말한 실천적 개념으로서의 철학, 그리고 실용적 관점이라는 측면을 고려해 볼 때, '관상술'이라는 이 주제가 '인간학(人間學)', '철학적 인간학'의 영역에서 논의되고 있다는 것 자체가 하나의

---

6) 칸트, 『순수이성비판』(최재희 역), 박영사, 1992, 573쪽.
7) 칸트, 『실용적 관점에서 본 인간학』(이남원 역), UUP, 1998, 306-307쪽.

학문으로 될 수 있는 가능성이 있다고 생각한다. 이러한 필자의 생각은 관상술과 관련된 칸트의 논의를 모두 살펴보고 나면 다시 한 번 정리될 수 있을 것이다.

관상(觀相)의 목적

칸트는 관상술에 대해서 "사람의 눈에 보이는 형태로부터, 그 사람의 성향이나 사유방식을 판단하는 기술로서, 결과적으로 이것은 사람의 외모를 통해서 내면을 판단하는 기술"[8]이라고 정의하고 있다. 그러면서 칸트는 시계의 예를 들고 있다. 우리는 보기 좋은 상자 안에 들어있는 시계가 그 내부의 성능까지도 좋을 것이라고 확실하게 판정 내리지는 못하지만, 만약 상자가 나쁘게 만들어졌다면 사람들은 대부분 그 안에 들어있는 시계는 분명 쓸모가 없을 것이라고 추정할 수 있다는 것이다. 우리말에도 '보기에 좋은 떡이 먹기에도 좋다', '이왕이면 다홍치마' 라는 표현이 있다. 그렇다면 사람의 관상, 얼굴도 시계의 예에 들어맞는 것일까? 결론부터 말하면 칸트의 대답은 아니다 이다. 시계를 만든 기술자와 인간을 만든 창조주와의 유비를 통해서 그처럼 추론하는 것은 불합리하다는 것이다. 시계의 예에서 보듯이, 어떤 사람에게서 주관적인 근거만을 포함하고 있는 취미는 지혜의 규준으로서의 역할을 하지 못한다는 이유에서다.[9]

그렇지만 칸트는 만일 우리가 어떤 사람을 마주 대할 경우 맨 먼저 그의 얼굴, 특히 눈을 들여다보는 것은 자연의 본능이라고 말한다. 그런 측면에서 사람의 관계에서 관상술적인 성격론이 있다는 것은 자명한 사실이지만, 이는 학문의 대상이 될 수는 없다고 말하고 있다. 그런 이유에서 칸트는 관상술을 하나의 취미 교양의 기술로서만 받아들이고 있다.[10]

---

8) *APP*, 207쪽.(『인간학』 247쪽.)
9) *APP*, 208쪽. (『인간학』, 248쪽.)
10) *APP*, 209쪽.(『인간학』, 249쪽.)

칸트에게서 상(相)을 본다는 것의 의미, 즉 관상(觀相)하는 목적은 어떤 사람의 성격을 이해하기 위해서이다. 그는 1)얼굴의 구조와, 2)용모, 그리고 3)습관적인 얼굴 표정에서 나타나는 그 사람의 성격에 대해서 언급하기도 하였다.[11] 먼저 얼굴의 구조와 관련해서는, 그리스 예술가들이 조상(彫像)이나, 보석의 세공, 음각에서 인간의 얼굴 구조의 이상을 염두에 두고 있었는데, 실제로 그리스적인 수직식의 반면상(半面像)의 경우 매력을 결여하고 있다고 칸트는 말한다. 왜냐하면 이상(理想)이라고 하는 것은 일정한 불변적인 규범이어야 하는데, 얼굴과 어떤 각도를 이루면서 이마로부터 돌출해 있는 코는 규범에 속하는 것이 필요로 하는 형태의 일정한 규칙을 보여 주지 않고 있다는 것이다. 정확한 규칙성 혹은 평균은 아름다움의 근본적 도이며 기초이기는 하지만 결코 아름다움 그 자체는 아니라고 칸트는 말한다. 아름다움을 위해서는 무언가 성격적인 것이 필요하기 때문이다. 칸트는 니그로, 칼뮤그, 남양 인디언 등의 얼굴 구조를 예로 들면서, 사람의 얼굴의 구조, 단순한 두개골 및 그 형태를 이루고 있는 두개의 형상을 통하여 이런저런 방식으로 그 사람의 성격을 추측하는 것은 결과적으로 불확실한 해석만을 허용하는 억측에 지나지 않는다고 말한다.[12]

다음으로 용모에서 나타나는 성격과 관련하여, 칸트는 남성의 얼굴의 피부색이 검거나 누렇거나 혹은 마마 자국이 있다 해도 그것이 여성들로 하여금 그 남성을 판단하는데 별다른 영향을 미치지 않는다고 보고 있다. 오히려 선량함이 그 남성의 눈에 비치고 동시에 씩씩함의 표현이 평정과 결합되어 그의 시선으로부터 두드러지게 나타난다면, 남성은 항상 사랑 받을 수 있으며, 또한 사랑 받을 가치가 있고, 일반적으로도 그런 식으로 생각된다고 칸트는 생각한다. 결국 칸트의 입장에서 보면, 사람의 용모가 그의 성격적인 것과 직접적인 관계가 있거나 영향을 주지는 않는다는 것이다.

---

11) *APP*, 209–215쪽.(『인간학』, 249–257쪽.)
12) *APP*, 212쪽. (『인간학』, 252쪽.)

마지막으로 얼굴의 표정에서 나타나는 성격적인 것과 관련하여, 칸트는 얼굴 표정은 움직임에서 나타나는 용모로서, 사람들은 많건 적건 간에 강한 정서에 의해서 얼굴 표정을 보여준다고 파악한다. 어떤 사람의 정서는 몸짓 또는 어조에서 자연스럽게 나타난다. 따라서 자신의 얼굴 표정에서 자기 자신의 정서를 나타나지 않게 하는 것은 상당히 어려운 일이다. 그럼에도 불구하고, 자기의 내심을 은폐하는 기술이 탁월한 사람들의 경우는 자신들이 행동한 것과 모순되는 얼굴 표정을 일부러 지을 수도 있다. 이럴 경우 얼굴 표정을 통해서 그 사람의 성격을 이해하기란 참으로 어렵게 된다. 칸트는 얼굴 표정을 통해서 고귀한 얼굴이니 비천한 얼굴이니 하는 논의에는 별다른 관심이 없어 보인다.

관상과 사람의 성격

위에서도 언급한 바 있지만, 관상술은 단순히 다른 사람의 얼굴을 바라보는 데 그치지 않고 그 얼굴을 통해서 그 사람의 성격을 알고자 하는 기대와 목적을 가지고 있다. 그 점에서 칸트 역시 인간의 성격들을 이야기하면서 관상술을 언급하고 있다. 칸트는 인간 개인의 성격을 크게 ①천성(Nature) 혹은 자연 소질, ②기질(Temperament) 혹은 성향, ③성격(Character) 혹은 사유방식으로 분류하고 있다.[13] 먼저 천성은 객관적으로 욕구 능력에 관계하기보다는 오히려 주관적으로 사람들이 다른 사람에 의해 어떻게 촉발되는가 라고 하는 쾌·불쾌의 감정에 관계한다. 그리고 기질은 감정의 기질과 활동의 기질로 분류되고, 이 각각은 생명력의 흥분 또는 그것의 이완과 결합될 수 있기 때문에 다혈질(the sanguine), 우울질(the melancholy), 담즙질(the choleric), 점액질(the phlegmatic) 이상 네 가지로 나뉜다.

---

13) APP, 195쪽. (『인간학』, 233쪽.)

칸트가 구분하고 있는 네 가지 유형의 기질은 사실은 생리학이나 해부학이 발달하기 이전의 서양 의학의 전통에서 유래하고 있다고 말할 수 있다. 그리스의 히포크라테스(B. C. 460-377?)는 체액병리론(體液病理論)에 근거하여 인체의 생리나 병리를 설명하였는데, 말하자면 인체는 불, 물, 공기, 흙이라는 4원소로 되어 있고, 인간의 생활은 그에 상응하는 혈액, 점액, 황담즙, 흑담즙의 네 가지에 의해서 이루어진다고 생각하였다. 이들 네 가지 액(液)의 조화가 보전되면 건강한 상태가 지속되고, 이것이 깨질 경우 병이 생겨난다고 파악하였다. 이러한 히포크라테스의 생각은 약 500년 후에 태어난 갈레누스(Galenus, Claudius 130-200?)에 의해 심리학 분야에 응용되어 네 가지 기질, 즉 다혈질, 점액질, 담즙질, 우울질로 구분되기에 이르렀다.[14] 갈레누스의 네 가지 기질의 특징을 간략하게 살펴보면 다음과 같다. 다혈질(多血質)은 온정적, 사교적, 감정적이며 흥분이 빠르고 명랑하다고 보았고, 우울질(憂鬱質)은 인내심이 강하고 지속적이나 우울하고 주관적이며 보수적이고, 담즙질(膽汁質)은 참을성이 없고, 정서적이며, 용감하고 객관적인 성향을 가지고 있으며, 점액질(粘液質)은 냉정하고 정적이며 인내심이 강하고 완고하다고 보았다.

갈레누스의 네 가지 기질설을 칸트는 좀 더 세분화하여 감정(Feeling)의 기질의 측면에서 다혈질과 우울질을, 그리고 활동(Activity)의 기질의 측면에서 담즙질과 점액질을 말하고 있다. 각 기질의 특성은 갈레누스의 설명과 크게 다를 바가 없다. 다만 칸트의 설명에서는 각 기질과 관련하여 혈액의 성질을 언급하고 있는 점이 특이하다. 물론 칸트도 혈액의 성질이 감성적으로 촉발된 인간 현상의 원인을 표현하는데 불충분한 것이라고 인정하지만, 그 현상을 관찰된 결과에 따라서 분류하는 역할이 혈액의 성질에 있다고 말하기도 한다. 그런 맥락에서 각 기질별 혈액의 성질을 영어식으로 표

14) 송일병, 『알기 쉬운 사상의학』, 하나미디어, 1993, 125쪽. 이명복, 『체질을 알면 건강이 보인다』, 대광출판사, 1993, 65쪽.

현해 보면, 먼저 감정의 차원에서 다혈질은 '피가 맑다'는 의미의 *the Light-Blood*, 우울질은 '피가 탁하다'는 뜻의 *the Heavy-Blood*, 그리고 활동의 차원에서 담즙질은 '피가 뜨겁다'는 뜻의 *the Hot-Blood*, 점액질은 '피가 차갑다'는 뜻의 *the Cold-Blood*이다.[15]

칸트는 기질은 이 네 가지밖에 없고, 사람에게서 복합된 기질은 존재하지 않는다고 생각하였다.[16] 사람의 관상을 통해서 엿볼 수 있는 기질, 그 기질의 차이가 공적인 일에 영향을 주는지, 아니면 그런 일이 사람의 기질에 영향을 미치는지에 대해서 사람들은 경험이나 기타 여러 방식을 통해서 궁리를 해내었는데, 종교와 관련시켜 본다면, 다혈질인 사람은 자유사상가, 우울질인 사람은 광신자, 담즙질인 사람은 정통파, 점액질인 사람은 무관심파로 불린다고 칸트는 말한다.[17]

여기에서 필자가 생각할 때 흥미로운 점은, 칸트가 설명하는 사람의 기질과 혈액의 성질에 대한 논의가 이제마(李濟馬 1837~1900)[18]의 사상의학(四象醫學)에 나타나는 태양인, 태음인, 소양인, 소음인의 논의와 거의 맥을 같이 한다는 사실이다. 이를 정리해 보면, 다혈질-*the Light-Blood*-태양인, 우울질-*the Heavy-Blood*-태음인, 담즙질-*the Hot-Blood*-소양인, 점액질-*the Cold-Blood*-소음인이라고 간주할 수 있을 것이다.[19] 사상의학의 측면에서 사람의 상(相), 얼굴형을 통해서 보면, 태양인은 머리가 크고 둥근 편이며,

---

15) *APP*, 198~200쪽. (『인간학』, 236~240쪽.)

16) *APP*, 202쪽. (『인간학』, 240~241쪽.)

17) *APP*, 202쪽. (『인간학』, 241쪽.)

18) 이제마(李濟馬 1837~1900): 본관은 전주, 호는 동무(東武), 자는 무평(務平), 함남 함흥 출생. 주역(周易)의 태극설(太極說)인 태양, 소양, 태음, 소음의 사상을 인체에 적용, 기질과 성격에 따라 인간을 4가지 형으로 나누어 그에 적합한 치료 방법을 제시한 사상의학(四象醫學)을 창시했다. 이 학설은 종래의 음양오행설의 철리적(哲理的) 공론을 배척하고, 임상학적인 방법에 따라 환자의 체질을 중심으로 치료 방법을 제시한 점에 의의가 있다. 저서로는 『동의수세보원(東醫壽世保元)』, 『격치고(格致藁)』 등이 있다. (전국한의과대학 사상의학교실 엮음, 『四象醫學』, 집문당, 1997. 29~36쪽.)

19) 지난 2001년 11월 13일(화) 국립극장 해오름 극장에서 (사)뿌리패의 국악 공연 (打樂) 연주회가 있었다. 그 날 연주들 가운데 '파워코리아'라는 컨셉하에 전통 타악기인 징, 꽹과리, 북, 장고의 연주가 있었다. 그 때 필자는 이 네 가지 타악기에서 느껴지는 음의 뉘앙스를 징은 태양인, 꽹과리는 소양인, 북은 태음인, 장고는 소음인에 비유하여 생각해 본 적이 있었다.

특히 목덜미와 뒷머리가 발달해 있고, 눈이 작은 편이다. 태음인은 원형 또는 타원형이며, 눈, 코, 입, 귀가 크고 입술이 대체로 두툼하다. 소양인은 머리가 앞뒤로 나오거나 둥근 편이고, 표정이 밝다. 턱이 뾰족한 편이며, 입술이 얇고 눈매가 날카롭다. 소음인은 용모가 오밀조밀 잘 어우러져 있고, 눈, 코, 입이 그다지 크지 않고 입술이 얇고 눈에는 정기가 없는 것이 특징이다.[20]

그 밖에 기질적 특성으로 보면, 갈레누스가 설명하고 있는 것이나, 사상의학에서 설명되고 있는 내용이 대동소이하다고 할 수 있다. 태양인은 머리가 명석하고 과단성, 진취성, 자존심이 강해서 항상 앞으로 전진만 하려고 하지 후퇴하는 법이 없다. 그래서 늘 급박지심(急迫之心), 즉 쫓기는 마음이 들게 된다. 태음인은 인자하고 마음이 너그러우며 집념과 끈기가 있고 음흉한 기질도 있어서, 욕정이불욕동(慾靜而不慾動), 즉 가만히 고요하게 있으려고만 하지 움직이려 하지 않는 마음을 가지고 있다. 때문에 바깥 세계에 대한 불안한 마음이 겁심(怯心)으로 표출된다. 소양인은 외향적이고 명랑하고 재치가 있고 판단이 빠르고 성질이 급한 편으로 뭐든지 일을 벌여놓기만 하지 모으려고 하지를 않는다. 밖에 치중하다보면 내면은 등한히 된다. 때문에 내면 쪽으로 불안한 마음이 생기는데 이를 구심(懼心)이라 한다. 여기서 한 가지 재미있는 사실은 칸트의 경우 소양인에 해당될 담즙질을 네 가지 기질 중 가장 불행한 것으로 보고 있다는 점이다. 그 이유는 담즙질이 자신에 대한 반항을 가장 많이 불러일으킨다고 보기 때문이다. 마지막으로 소음인은 사색적이고 매사에 치밀하고 착실하나 질투가 심하고 계산적이고, 늘 불안정한 마음을 갖고 작은 일에도 속상해 하는 기질이다. 이런 관점에서 태음인과 소음인은 현실안주형, 태양인과 소양인은 이상형이라 할 수 있다는 것이다.[21]

---

20) 이명복. 앞의 책. 55-56쪽.
21) 송일병. 앞의 책. 156-159쪽. 이명복. 앞의 책. 57-58쪽.

이처럼 사상의학에서는 급박지심, 겁심, 구심, 불안정심을 태양인, 태음인, 소양인, 소음인의 항심(恒心)이라고 간주한다. 사상인의 항심은 그 자체가 병이 아니라, 그 체질 특유의 심성일 뿐이다. 이러한 심성은 체질을 구별하는데 중요한 지표가 되었다. 그런데 이러한 심성을 제대로 다스리지 못하게 되면, 병(病)이 된다고 보고 있다. 말하자면, 태양인이 자신의 심성을 제대로 조절하지 못할 경우 벌컥 벌컥 성질을 부리며 화를 내게 되고, 태음인은 자기 과시욕이 생겨나게 되며, 소양인은 갑자기 우울해져 버리고, 소음인은 조급증이 생겨나게 된다.[22] 여기에서 필자가 볼 때 사상의학에 들어있는 중요한 정신은, 자기의 기질, 심성, 체질을 정확하게 아는 것, 다시 말해 철학의 영원한 주제인 자기인식(自己認識 Self-Knowledge)이 핵심이지, 체질에 따라 병을 치료하는 것은 이차적인 것에 불과하다는 점이다.

이제까지 관상과 사람의 성격의 관련성에 대한 칸트의 입장, 이와 연관하여 사상의학의 내용을 살펴보았다. 칸트의 관상술에 대한 견해는 신칸트학파의 카시러에게서도 나타나고 있는데, 그 논의 방향은 두 사람이 좀 다른 것 같다. 관상술에 대한 칸트의 입장을 한 마디로 정리한다면, 사람의 외부, 외모를 통해서 그의 내면, 성격을 알고자 하는 것이 관상의 목적이다. 그에 비해 카시러의 경우는 자기이해와 더불어 (그것을 통해서) 세계이해가 관상의 목적이 아닌가 싶다.

---

22) 송일병, 앞의 책, 159-162쪽.

카 시러에게서의 관상술

-인간의 자기이해를 통한 세계이해에로-

신칸트주의자 카시러의 철학에서 관상술에 대한 구체적인 논의를 찾아보기란 어렵다. 칸트처럼 사람의 상이나 기질을 나누어 그 특징을 말하는 것이 아니라, 카시러는 관상술을 행하는 사람의 기본적인 삶의 태도, 사고방식, 가치관을 언급한다. 그 점에서 관상술적(상모적) 태도나 사고방식에 대한 논의는 그의 문화철학의 전체 속에서 자주 나타나고 있다. 카시러가 관상술적(상모적) 태도를 논의하면서 그 밑에 전제하고 있는 바는 현대의 과학기술적 사고의 합리성으로는 채워지지 않는 부분을 관상술적(상모적) 태도에서 얻어내고자 하는 의도가 들어있는 것이다. 그런 점에서 우리는 주로 신화와 예술에 대한 그의 논의에서 이러한 입장을 발견해 낼 수가 있다.

과학적 지각경험과 관상술적(상모적) 지각경험

필자가 이미 앞에서도 언급했듯이, 카시러는 인간이 사물이나 세계를 지각경험 하는데 있어서 세 가지 태도, 즉 상모적 태도, 사물의 이차적인 성질들을 보는 태도, 과학적으로 추상화하여 보는 태도가 나타난다는 점을 말하고 있다. 그러면서 이 세 가지 태도는 각기 일정한 기능적 가치를 가지고 있어서 어느 것도 한갓 망상이 될 수 없으며, 나름대로 대상 세계로 나아가는 하나의 단계라고 말한다.[23] 때문에 관상술적(상모적) 태도는 여전히 인간학적 가치를 잃지 않고 있다고 주장한다. 왜냐하면 이 관상술적(상모적) 태도를 인간의 일상 경험의 세계에서 부정할 수도 없고, 제거할 수

---

23) *EoM*, 78쪽. (『인간』, 128쪽.)

도 없기 때문이다. 카시러는 어린아이들의 성장에서 지각경험의 단계를 살펴보면 관상술적(상모적) 지각이 과학적인 경험지각보다 발생 순서에서는 오히려 앞선다고 말하고 있다. 어린아이들은 관상술적(상모적) 지각을 하기 때문에 장난감과 대화를 나눌 수 있으며, 인형과도 놀이를 할 수 있는 것이다. 관상술을 인간학적인 측면에서 긍정하고 있다는 것은 칸트나 카시러의 공통점이라고 할 수 있다. 그렇다면 카시러가 말하는 관상술적(상모적) 태도란 도대체 무엇인가?

카시러는 신화의 세계에서 보여 지는 원시인들의 신화적 지각을 관상술적(상모적) 지각의 좋은 예로 설명하고 있다.

신화적 지각에는 언제나 여러 가지 정서적 성질들이 들어있다. 거기서 보이는 것 혹은 느껴지는 것은 무엇이든지 어떤 특별한 분위기에 휩싸여 있는데, 이 분위기는 즐거움, 슬픔, 괴로움, 흥분, 환희, 혹은 우수이다. 이러한 분위기 속에서는 "사물들"에 관해 말할 때 그 사물들을 생명 없는 물건으로서, 혹은 냉담한 물건으로서 말할 수가 없다. 모든 대상은 다정하거나 악의에 차있으며, 우애적이거나 적의를 가졌으며, 친밀하거나 무서워서 기분 나쁘며, 마음을 끌고 황홀하게 하는 것이 아니면 징그럽거나 위협적이다.[24]

카시러에 따르면, 과학적 사고의 모든 노력은 위에서 인용한 관상술적(상모적) 지각의 모든 흔적을 말소하려는 목표를 가지고 있다. 따라서 과학의 관점에서 본다면 신화적 지각, 관상술적(상모적) 지각은 사라져버리지 않으면 안 된다. 그렇지만 카시러는 관상술적(상모적) 지각이 인간 세계에서 제거할 수도 없고 부정될 수도 없는 것이라고 말한다. 여기에서는 카시러의 이러한 입장을 부각시키기 위해서, 그가 파악하고 있는 과학적 사고와 관상술적(상모적) 사고의 특징들 몇 가지를 상호 비교 검토해 보기로 한다.

첫째로 과학적 사고는 주어진 현실을 기술하고 설명하기 위해서는 '분

---

24) *EoM*, 76–77쪽. (『인간』, 126쪽.)

류'와 '체계화'의 방식을 사용한다. 이러한 방식에서는 사람이나 사물 모두를 대상화시키게 된다. 예를 들어 생명을 다룰 경우에도 서로 확연히 구별되어 개개의 부분으로 나누어지게 된다. 그래서 생명의 세계를 종(種), 속(屬), 과(科)로 세분화하여 쪼개는 일을 하게 되는 것이다. 그런데 관상술적(상모적) 사고에서는 이런 일들이 일어나지 않는다. 카시러는 그 좋은 예를 원시인들의 신화적 지각방식을 빌어 설명한다. 여기에서는 생명을 끊인데 없는 하나의 연속체로서 보고 있으며, 서로 다른 영역들 간의 경계선은 유동하며 변동한다. 때문에 생명의 세계에서는 종의 차이가 생겨나지 않게 된다. 필자가 볼 때 이 점은 우리에게 대단히 중요한 시사점을 주고 있다고 생각한다. 원시인들은 사물들 간의 차이를 모르는 바는 아니지만, 생명의 연대성에 깊은 감정 내지 확신으로 말미암아 차이들을 망각한다.[25] 이러한 생명의 연대성 속에서 인간은 특별한 위치를 차지하지 않는다. 생명의 세계에서는 가장 낮은 형태나 가장 높은 형태 모두 동일한 종교적 존엄성을 가지고 있다. 인간이나 동물이나 식물 모두 동일한 수준에 있게 된다. 온갖 형태의 생명 자체가 같은 혈연이라고 하는 것은 신화적 사고의 일반적 전제가 된다. 그 점에서 카시러는 토템 신앙을 좋은 예로 들고 있다.[26]

둘째로, 과학적 사고의 특징 중의 하나는 객관성을 확보하기 위해서 가급적 주관적 성질들, 감정이나 정서를 제한하고 '추상(抽象 abstraction)'하는 방식을 택한다. 추상은 과학적 사고의 특징이면서 이는 동시에 치명적인 한계가 된다고 카시러는 지적한다. 추상으로 인해 주관성을 탈피하여 객관성을 확보할 수 있는 계기를 마련하였다는 점에서 장점이 된다면, 인간의 직접적이고 구체적인 삶의 경험을 담아내지 못한다는 점에서 치명적인 한계를 지니게 된다는 것이다. 카시러는 이를 가리켜, 추상은 우리의 현실을 풍부하게 하기보다는 오히려 현실을 간략화, 빈약화시켜 버린다고 말한

---

25) *EoM*, 82쪽(『인간』, 134쪽.)
26) 신응철, 『캇시러의 문화철학』, 한울아카데미, 2000. 116-117쪽.

다. 이에 비해 관상술적(상모적) 사고는 현실에 대해서 직관적인 접근을 한다고 할 수 있다. 이러한 직관적인 접근에서는 사물들이 생명이 없는 뼈대로만 존재하는 것이 아니라, 늘 매섭거나 아름답거나, 우스꽝스럽거나, 혼란스럽거나, 지루하거나, 메마르거나, 거칠거나, 두렵거나⋯⋯ 등의 방식으로 존재하게 된다. 말하자면, 이러한 방식에서는 우리가 인간에 대해서 사물에 대해서 개별적이고 순간적인 인상을, 구체적인 직접적인 삶의 경험을 가지게 된다는 것이다.[27]

셋째로 과학적 사고방식에는 어떤 '공식(公式)'을 통해서 현실을 기술하고 단순화시켜버리는 특징이 있다. 예컨대, 뉴턴의 인력법칙에서 보는 바처럼, 어떤 하나의 공식이 우리의 물리적 우주의 구조 전체를 그 속에 담아내고, 또 설명하고, 남김없이 파악할 수 있는 것처럼 여겨졌다는 것이다. 그런데 사물들의 양상은 사실은 헤아릴 수 없을 만큼 많이 존재하고, 또 매 순간마다 다르다. 따라서 하나의 단순한 공식을 가지고 이 양상들을 이해하려는 시도는 분명 무리가 있다고 카시러는 지적한다. 그러면서 그는 오래전 헤라클레이토스가 말한 "태양은 날마다 새롭다"라는 말을 언급한다. 이 말이 과학자의 눈에 비친 태양과 관련하여 말한다면 무의미할지 모르지만, 관상술적(상모적) 사고를 취하는 예술가들에게 해당될 때는 지극히 타당하다고 카시러는 말한다. 예술가들은 경험적 대상을 있는 그대로 그리거나 모사하는 것이 아니다. 그들은 공감적 투시를 통해서 자신이 경험하는 사물을 한갓 물건으로 보는 것이 아니라, 하나의 살아있는, 공간적 형식들의 리듬으로, 색채의 조화와 대조를 통해, 빛과 그늘의 균형 속에서 파악해 내고 있기 때문이다. 이러한 방식으로 드러난 예술작품은 진정한 의미에서 보편성(칸트적 의미의 미적 보편성)을 지니게 되는데, 이는 과학적 사고방식에서 말하는 객관적 타당성과는 구별되는 차원이라고 할 수 있다.[28]

---

27) 신응철, 앞의 책, 105쪽. 149–150쪽.
28) *EoM*, 145쪽. (『인간』, 225쪽.) 신응철, 앞의 책, 172–174쪽.

넷째로, 과학적 사고의 특징은 형식적, 추론적, 논리적이다. 카시러는 관상술적(상모적) 사고 또한 논리적이라고 말한다. 말하자면, 신화적 사고를 하는 원시인들도 자신들의 방식대로 분석과 종합, 식별과 결합의 능력을 가지고 있다는 것이다. 그래서 잡아먹을 수 있는 동물과, 보호해야 할 동물들을 구별하기도 하고, 신성한 것과 그렇지 않은 것을 구별하기도 한다는 것이다. 사실 이러한 구별이나 구분이 현대인의 눈에 비칠 때에는 설득력이 없을 수도 있다. 그렇지만 카시러는 우리가 '논리적'이라는 표현을 쓸 때 그 말의 의미는 구분이나 분류의 '내용'에 있는 것이 아니라, '형식'에 있다는 것을 지적한다. 바로 형식적인 면에서 보면 원시인들의 그것도 분명 논리적이라 할 수 있다는 것이다.[29] 그리고 과학적 사고, 과학적 언어가 추론적이고 형식적인 측면이 강하다면, 관상술적(상모적) 사고에서 비롯되는 언어의 성격은 시적이고, 은유적인 측면이 강하다고 할 수 있다. 어떤 언어에서 시적이고 은유적인 측면이 강하게 나타난다는 것은, 시인이 써 놓은 한 편의 시를 읽어보면 잘 느낄 수 있다. 중요한 것은 시적이고 은유적인 표현은 사물에 대해서 공감각적 투시를 할 때, 그리고 사물을 하나의 생명체로서 대할 때 나타나는 특징이라고 할 수 있다. 이것은 전적으로 시인이 지니고 있는 태도, 즉 관상술적(상모적) 태도에서 연유한다고 볼 수 있을 것이다.[30]

관상술적 사고의 특징과 시사점

위에서 살펴본 카시러의 관상술적(상모적) 사고나 태도는 현대의 과학이나 이성, 합리성 중심의 사고방식에서 파생되어 나온 인간과 인간, 인간과 사물, 인간과 (환경)세계의 관계에 많은 시사점을 줄 수 있다고 필자는 생각한다.

---

29) *MS*, 15쪽.
30) 신응철, 앞의 책, 148쪽.

첫째, 카시러의 관상술적(상모적) 사고방식은 주체에서 객체에로, 자아에서 타자에로, 인간에서 (환경)세계에로 관심의 방향을 돌리게끔 해주는 아이디어를 제공하고 있다고 볼 수 있다. 관상술적(상모적) 사고에 전제되어 있는 생명, 생명사회, 생명의 연대성이라는 특성은 인간관계의 단절보다는 연결을, 사물과의 관계에 있어서는 인간중심주의보다는 생명 중심주의를, 환경과의 관계에서는 적대적이기보다는 친화적 관계 설정을 유도할 수 있을 것이다.

둘째, 관상술적(상모적) 사고는 항상 그 대상을 고려해야 하는 관계적 사고라는 것이 특징이다. 이러한 관계적 사고는 독백의 차원보다는 진정한 의미의 대화의 차원이 강조된다. 말하자면, 친숙하지 않은 타인과의 대화, 작품과의 대화, 사물과의 대화, (환경)세계와의 대화가 그것이다. 이런 점에서 관상술적(상모적) 사고는 이미 해석학의 논의 속으로 들어왔다고 할 수 있다. 해석학의 논의에서 제일 큰 목표는 그 사람, 그 대상, 그것을 제대로 이해하는 것이다. 칸트 식으로 사람의 관상을 통해 그 사람의 기질이나 성격을 이해하든, 카시러 식으로 공감각적 투시를 통해서 그 사람의 입장이 되어 보든 간에, 그 모든 것은 우리와 관계된 것들을 대화를 통해 이해하고자 하는 하나의 시도인 셈이다. 이런 점에서 M. 부버의 나-너의 관계, H. G. 가다머의 해석자와 전통과의 지평융합의 단계, 리쾨르의 텍스트 앞에서의 해석자의 태도에 대한 설명이 모두 이와 같은 공통점을 가지고 있다고 할 수 있다.

셋째, 관상술, 관상술적(상모적) 사고에는 반성적 사고, 자기반성의 측면이 들어 있다. 이러한 반성적 사고는 다른 사람의 관상을 통해서, 그 사람의 정서나 감정을 통해서, 공감각적 투시를 통해서 간접적으로 일어나게 된다. 검토함이 없는 삶은 살만한 가치가 없다고 말한 소크라테스의 삶의 태도가 여기에서도 그대로 구현되고 있는 것이다. 다른 사람의 상을 보는 행위, 어떤 대상에 대해 관상술적 태도를 취하는 것은 그러한 행위 자체에 목적이 있기보다는 오히려 그것을 통해서 궁극적으로는 자기 자신을 되돌아보는데 목적이 있다고 할 수 있기 때문이다.

'사 이'의 간격을 메우려는 시도

지금까지 우리는 칸트와 카시러를 중심으로 관상술에 대한 논의를 살펴보았다. 사람들은 저마다 자신만의 상(相), 얼굴을 가지고 살아간다. 자신만의 얼굴을 가지고 있다는 것은 각자의 삶만이 있다는 뜻이다. 거기에는 단절이 있고, 틈이 벌어지고, 그래서 '사이'가 생기게 된다. 그러다가 누군가와 그 어떤 것과 함께 더불어 살고자 할 때, 우리는 관상(觀相), 즉 다른 사람의, 다른 것의 얼굴을 보게 된다. 얼굴을 본다는 것은 지각한다는 말이다. 얼굴을 통해서, 그 사람의 상을 통해서 그에 대해서 알고자 한다. 또한 그것에 대해서 알고자 한다. 보다 잘 알기 위해서 어떤 틀을 통해 보려고 한다. 그래서 다혈질, 우울질, 담즙질, 점액질이라는 기질을 통해서, 태양인, 태음인, 소양인, 소음인이라는 체질을 통해서, A형, B형, AB형, O형이라는 혈액형을 통해서 보려고 한다. 그래서 그 사람의 성격, 체질, 운세를 미리 알아보려고 한다. 미리 알아보려는 것은 준비의 의미가 들어있다. 그 사람에 맞추려고, 그것에 맞추려는 의도가 있다. 이는 결국 더불어 살고자 하는 태도에서 연유한다. 더불어 살고자 하는 태도에는 사람과 사람 사이에, 사람과 사물 사이에 생긴 틈을 메우려는 생각이 전제되어 있다.

관상술을 떠올릴 때, 칸트에게서는 '어떻게' 보는가? '무엇을' 보는가? 라는 질문에 초점이 맞추어졌다면, 카시러에게서는 '왜' 보는가?, 그리고 그러한 질문을 이해하기 위한 전단계의 논의에 초점이 있다고 하겠다. 칸트에게서는 인간의 외면을 통한 내면을 이해하려는 측면이 강했다면, 카시러에게서는 인간의 내면의 이해를 통해 세계이해로 나아가려는 측면이 부각되었다고 할 수 있다. 관상의 최종 목적이 사람의 성격을 파악하기 위해서건, 아니면 그렇게 파악된 사람의 성격을 타자, 혹은 사물을 포함한 환경 세계를 이해하기 위해서건, 그 속에는 궁극적으로 자기를 인식(認識)하고, 자기를 반성(反省)하려는 태도가 들어있다고 할 수 있다. 그런 점에서 관상술에 대한 논의는 '인간이란 무엇인가?'라는 물음에 답하려는 일련의 과정이라고 할 수 있고, 바로 그 점에서 '철학적(哲學的)' 인간학의 주제가 된다고 필자는 생각한다.

제6장

동성애에 대해 어떻게
보아야 할까?[*]

[*] 이 글의 초고는 한국사회역사회 2007 추계 학술대회(주제: 한국사회와 문화적 세계화/2007.11.16. 이화
여대 다락방)에서 발표되었으며, 이후 「바라보기, 해석하기를 너머 수용하기로서의 다문화 현상」, 『철학탐
구』23집, 중앙대 철학연구소, 2008.5. 281-304쪽에 수록되어 있음.

생 활세계로서 多文化

2000년 이후 최근까지 우리 농촌지역에서 벌어지고 있는 여러 현상들 가운데 우리의 관심을 끌고 있는 것은 多文化 문제이다. 농촌지역의 남성들과 중국이나 베트남을 비롯한 동남아시아 지역의 여성들 간의 국제결혼이 거의 일상적인 일이 되고 있다. 농촌지역에서 시작된 이런 일들은 그들의 2세가 출생하면서 자녀교육의 문제, 언어생활과 생활방식의 문제 등 그들의 한국사회 적응의 문제가 서서히 고민거리로 등장하게 되었다. 이런 여러 문제들의 원인은 한마디로 다문화 현상에서 비롯된 것이라 말할 수 있다. 비단 농촌지역이 아니더라도, 우리 사회는 통신매체나 교통수단의 급속한 발달로 세계 각국의 문화를 실시간으로 공유하는 이른바 다문화 시대를 맞이하게 되었다.

이 글은 다문화 시대를 살아가고 있는 오늘 우리가 다문화 현상을 어떻게 바라보아야 할 것인지에 대해 논의하고자 한다. 특히 다문화 현상을 그저 '바라보는' 차원, 혹은 '해석하는' 차원에만 머무르는 것이 아니라, 우리의 생활세계의 일부분 혹은 우리 사회 공동체의 한 구성원이 되도록 하기 위해 그것 혹은 그들을 '수용하는' 차원에 대해 논의하고자 한다. 이를 위해서 필자는 다문화 현상의 한 예로서 '동성애' 문제에 주목하였고, 우리 사회, 특히 기독교계에서 벌어지고 있는 동성애 관련 찬·반 논쟁을 살펴보고자 한다. 동성애 문제를 바라보는 상반된 입장을 통해서, 궁극적으로는 다문화를 이해하고 수용하는 일이 얼마나 어려운 과정인지를 다시한번 확인하고, 나아가 그럼에도 불구하고, 다문화를 수용하고 보듬을 수 있는 길을 모색해 보려는 것이다.

이런 관점에서 이 글은 우선 '동성애' 논의의 찬·반 논쟁의 근거가 되고 있는 성서에 주목할 것이다. 성서에서의 동성애 장면을 확인해 보고, 동성애에 대한 해석상의 관점에 따라 나누어지는 비판론자와 옹호론자의 입장을 살펴보고자 한다. 그리고 이와 연관하여 동성애에 대한 한국 기독교계의 일반적인 입장도 확인하도록 한다. 그런 다음, 다문화 현상을 바라보는 오늘 우리 사회의 모습을 '우리' 對 '그들'의 입장에서 살펴보고, 다문화 시대에 요청되는 지혜로운 삶의 방식에 대해 생각해 보고자 한다.

이제 이러한 논의를 시작하기에 앞서서 필자는 다음의 두 가지를 미리 밝혀두고자 한다. 첫째 다문화 시대에 우리들에게 요청되는 자세는 문화갈등의 관점이 아니라 문화공존의 관점이어야 한다는 점이다. 둘째 동성애 찬·반 논쟁의 준거로 사용된 성서의 해당 부분에 대한 해석과 관련하여, 이들 해석의 신학적 타당성의 문제는 교단과 교파에 따라 다르기 때문에 필자의 연구 영역이 아님을 밝혀둔다. 이 부분은 관련 학회에서 신학적으로 해명할 문제라고 여겨진다. 그렇기에 이 글은 다문화 현상을 문화공존이라는 관점에서 접근하고 있으며, 특히 동성애 문제를 다문화 현상의 한 예로 간주하고, 이에 대한 문화비평의 관점에서 다루고 있음을 말해두고자 한다.

2006년에 발간된 잡지 『문화매거진 오늘』에 다원주의 사회와 기독교와의 관련성에 대한 흥미로운 기사가 게재된 적이 있었다.

다원주의 사회에서 기독교는 절대적 가치를 외친다. 기독교는 '무엇이든 네가 원하고 바라는 것이면 옳다'라고 말하지 않는다. 모든 판단의 마지막 권위가 인간 자신에게 있다고 여기지 않는다. 기독교의 판단 근거는 하나님의 말씀이다. 포스트모더니즘 덕분에 복음도 하나의 견해로 존중받는다. 하지만 복음은 하나의 견해 이상이며, 이 세상에 대해 유일한 진리를 말하고 있다. 우리 사회에서 논란이 되는 동성애 문제에 대해서도 기독교의 복음은 절대적 판단 기준을 지니고 있다. 기독교는 죄는 미워하되 죄인은 미워하지 않는다.[1]

---

1) 이경직, 『문화매거진 오늘』, 2006년 5·6월호.

이경직의 윗글에서도 확인할 수 있듯이, 기독교적 신앙이 확고하면 할수록, 다원화된 사회에서 다원적 가치를 인정하기란 대단히 어려운 일이 된다. 그것은 기독교의 유일적 신앙관과 절대적 가치관의 영향 때문이다. 그렇지만 우리의 궁극적 관심은 그럼에도 불구하고 더불어 살아가는 공동체를 꿈꾸고, 그것을 위해서는 서로가 양보(讓步)와 협력(協力)을 아끼지 말아야 한다는 사실에 있다. 그렇다면 다문화 시대를 살아가는 오늘 우리들은 어디까지, 어떤 방식으로 대화할 수 있을까? 이제 이런 의문들을 구체적으로 동성애 문제에 적용하여 논의해 보도록 하자.

文化 현상의 한 예로서 동성애, 그 찬·반 논쟁

한국의 개신교 목회자들은 교단과 교파를 막론하고 자신들의 목회 현장에서 동성애 문제에 대해 하나의 공통된 입장을 취하고 있다. 이런 경향은 각 교단 소속의 여러 신학대학 교수들의 저술에서도 공통적으로 나타나고 있다. 그것을 한마디로 표현하면, 동성애를 반대한다는 입장이다. 이런 점에서 한국 사회의 기독교계(적어도 개신교계)는 대단히 보수적 성향을 가지고 있다. 여기서 굳이 '보수적(保守的)'이라는 표현을 쓰는 이유는, 동성애에 대해 긍정적으로 바라본다거나, 아니면 적극적으로 동성애자들에게도 목회자로서의 자격을 부여하고,[2] 나아가 동성애자들만을 위한 교회를 운

---

2) 최근 미국루터교회(ELCA)가 동성애 성직자를 징계하지 않기로 했다. ELCA는 지난 11일 시카고에서 열린 연례총회에서 동성애 목회자의 성직박탈 금지를 잠정 결정했다고 AP통신 등이 8월 15일 보도했다. ELCA는 교단차원에서 동성애 목회자의 징계여부에 대해 찬반을 물었고 총회 참가 목회자들은 538표 대 431표로 무징계를 지지했다. 이에 따라 ELCA 소속 동성애 목회자는 앞으로 목사 자격을 유지하고 개별교회가 청빙할 경우 설교를 할 수 있다. 필 소시 ELCA 대변인은 "총회는 동성애 목회자를 처벌하지 않기로 했다. 매우 중대한 결의다"라고 말했다.(국민일보, 2007.8.15일자 기사)

영하고 있는 미국과 서구의 몇몇 국가에 비추어볼 때,[3] 한국 교회가 상대적으로 보수적인 성향을 가지고 있기 때문이다. 그렇다면 다양한 교단과 교파로 구성된 한국 기독교계가 어떤 이유에서 이와 같이 한 목소리를 낼 수 있었던 것일까?

그 좋은 예 하나가 있다. 2006년 한국 영화 시장에서는 보기 드문 현상이 일어났다. 이준익 감독의 영화 〈왕의 남자〉가 관객 천만 명 이상을 동원한 것이다. 수많은 관객들이 관람한 〈왕의 남자〉는 동성애를 그려내고 있었다. 그 점에서 동성애라는 말은 2006년 한 해 동안 한국 사회의 중요한 문화적 코드가 되기도 했다. 그래서인지 대중매체에서도 동성애자 연예인에 대한 기사가 시청자들의 이목을 사로잡았고, 이와 관련하여 트랜스젠더 연예인에 대한 관심도 고조를 이루었다. 그러자 기독교 관련 문화단체와 연구자들이 그 영화에 대한 일종의 문화비평을 쏟아 놓았다. 그들의 한결 같은 반응은 영화가 동성애를 미화할 수 있다는 점, 이것이 청소년들의 性 의식에 악영향을 줄 수 있다는 점, 동성애는 궁극적으로 하나님의 창조질서에 역행한다는 논지의 비평이 지면을 온통 장식했다. 이 영화만 놓고 본다면, 외관상 일반 대중들과 기독교인들의 반응은 엇박자의 모습 자체였다.

그렇다면 한국의 기독교인들은 왜 이토록 동성애에 대해 부정적인 입장을 취하는 것일까? 그들의 그런 입장을 가능하게 한 성서적 근거는 무엇일까? 아니 그들이 주장하는 성서적 토대를 반드시 그들처럼 읽어야만 하는 것일까? 이제 성경 본문에 대한 해석학적 논의 속에서 이 문제를 살펴보자.

---

3) 1999년 프랑스 의회가 동성애 부부를 공인하는 시민연대 협약을 통과시켰고, 2000년 7월에는 미국의 버몬트 주에서 미국 최초의 동성애 부부가 결혼하였으며, 2001년 네덜란드에서는 동성 간의 결혼을 합법화하였다. 그해 캐나다에서는 인구 통계에 동성애 부부 항목을 포함시켰고, 드디어 2004년 미국의 샌프란시스코 시 당국이 동성부부에게 결혼증명서를 발급해 줌으로써 동성 간의 결혼을 인정하는 미국의 첫 사례로 기록되었다. (이국헌, 『기독교 윤리학의 이해』, 삼영출판사, 2004. 245쪽.)

성경에서 동성애에 관한 언급은 다음과 같은 곳에서 나타난다. ①구약성서의 소돔 이야기(『창세기』19:1-11)와 기브아 이야기(『사사기』19장), ②『레위기』의 본문들(18:22, 20:13), ③신약성서 「로마서」의 본문(1:26-27), 마지막으로 ④바울의 두 서신인 「고린도전서」(6:9-10)와 「디모데전서」(1:8-11)에서 언급되고 있다. 여기 네 곳에서 언급되고 있는 동성애 장면은, 대부분의 복음주의 신학자들 사이에서 통용되는 것처럼, '부정적으로' 해석되고 있다. 한국의 기독교계의 상황도 이런 전통을 뒤따르고 있다고 보면 정확한 표현일 것이다.

그런데 성서에 나타난 동성애 장면에 대해 위와 다른 해석을 하는 이들이 있는데 대체로 동성애를 옹호하는 이들이 거기에 속한다. 교육심리학 및 조직신학 두 분야에서 박사학위를 취득하고 현재 미국 웨스트조지아주립대학교 심리학과 교수인 다니엘 헬미니악(Daniel A. Helminiak)[4]과 정통 신학자 출신의 데릭 셔윈 베일리(Derrick Sherwin Bailey)[5]가 대표적인 이들이다.

이제부터는 성서의 네 부분에 나타난 동성애 관련 장면들을 양 진영에서 어떻게 해석하는지 쟁점을 중심으로 살펴보도록 하자.

구약 「창세기」의 소돔과 고모라 사건과 해석의 문제

성서에서 동성애 장면이 나타나는 첫 번째 경우는 「창세기」 19장 1절에서 11절이다.

"날이 저물 때에 그 두 천사가 소돔에 이르니 마침 롯이 소돔 성문에 앉았다가 그들을 보고 일어나 영접하고 땅에 엎드리어 절하여 가로되, 내 주여 돌이켜 종의 집으로 들어와 발을 씻고 주무시고 일찍이 일어나 갈 길을 가소서.

---

4) Daniel A. Helminiak, *What the Bible Really Says About Homosexuality*, Millennium Edition, 2000.(『성서가 말하는 동성애−신이 허락하고 인간이 금지한 사랑』(김강일 역), 해울, 2003.)에서 동성애에 대해 긍정적이면서 옹호하는 논지의 주장을 펼쳐내고 있다. (이후 본문에서는 번역본의 쪽 수를 인용함.)
5) Derrick Sherwin Bailey, *Homosexuality and the Western Christian Tradition* (Longmans, Green, 1955.)

그들이 가로되 아니라 우리가 거리에서 경야하리라. 롯이 간청하매 그제야 돌이켜서 그 집으로 들어오는지라. 롯이 그들을 위하여 식탁을 베풀고 무교병을 구우니 그들이 먹으니라. 그들이 눕기 전에 그 성 사람 곧 소돔 백성들이 무론 노소하고 사방에서 다 모여 그 집을 에워싸고 롯을 부르고, 그에게 이르되 이 저녁에 네게 온 사람이 어디 있느냐 이끌어 내라 우리가 **그들을 상관하리라.** 롯이 문 밖의 무리에게로 나가서 뒤로 문을 닫고 이르되, 청하노니 내 형제들아 이런 악을 행치 말라. 내게 남자를 가까이 아니한 두 딸이 있노라. 청컨대 내가 그들을 너희에게로 이끌어 내리니 너희 눈에 좋은 대로 그들에게 행하고, 이 사람들은 내 집에 들어왔은즉 이 사람들에게는 아무 짓도 하지 말라. 그들이 가로되 너는 물러나라 또 가로되 이 놈이 들어와서 우거하면서 우리의 법관이 되려하는 도다. 이제 우리가 그들보다 너를 더 해하리라 하고 롯을 밀치며 가까이 나아와서 그 문을 깨치려 하는지라. 그 사람들이 손을 내밀어 롯을 집으로 끌어들이고 문을 닫으며 문 밖의 무리로 무론 대소하고 그 눈을 어둡게 하니 그들이 문을 찾느라고 곤비하였더라"(창 19:1-11)

소돔 이야기로 잘 알려진 이 본문에 대해 기독교계에서는 대체로 어떤 해석을 하고 있으며, 통용되고 있을까? 이에 대한 일반적인 입장은 이러하다. 소돔 사람들은 동성애 행위를 하는 죄를 지었고, 비록 그 시도가 실패하기는 했어도 그들은 롯이 자기 집에서 대접하던 두 천사에게까지 그 행위를 하려고 했다는 것이다. 여기에서 영어 단어 sodomy 라는 말이 유래하게 되었다.[6] 그리고 Sodomite(소돔 사람)는 항문 성교를 하는 사람들을 가리키고 있으며, 소돔의 죄는 남성간의 동성 성교 행위였다고 받아들여지게 되었다. 그리하여 하나님께서 동성 성교 행위 때문에 소돔의 시민들, 곧 소돔 사람들을 단죄하고 벌하셨다고 추측하게 되었던 것이다.[7]

이와 같은 일반적인 해석 전통에 대해서 베일리는 『동성애와 서구 기독

---

6) John R. W. Stott, *Same-Sex Partnership?*, Zondervan, 1998.(『존 스토트의 동성애 논쟁-동성 간 결혼도 가능한가?』(양혜원 역), 홍성사, 2006. 이후 번역본 쪽 수를 기입함.) 19쪽.

7) Daniel A. Helminiak, 같은 책, 40쪽.

교 전통』Homosexuality and the Western Christian Tradition (1955)에서 다른 입장을 제시한다.

우선 베일리는 위의 인용문에서 소돔 남자들이 "이끌어내라 우리가 그들을 **상관하리라**(know)"고 한 요구의 의미를 "우리가 그들과 **성 관계를 가지리라**(have sex with)" 라는 뜻으로 이해하는 것은 근거 없는 가정일 뿐이라고 주장한다.[8] 왜냐하면 여기서 "알다" 라는 의미의 히브리어 yādá(야다)는 구약성경에 943회 나오는데 그 중에서 육체적인 관계를 의미하는 경우는 10회에 불과하며 그 마저도 이성애자간의 성 관계를 의미할 때에만 사용되었다는 것이다. 따라서 그 구절은 "**우리가 그들과 알고 지내려고 한다**"로 해석하는 쪽이 더 낫다고 그는 주장한다. 그렇게 되면 그 소돔 사람들의 폭력은, 롯이 이방인의 신분으로 소돔 성에 머무는 주제에 자기 권한을 넘어서는 행동을 한 데 화가 나서 저지른 일이라고 이해할 수 있게 된다. 롯은 "적대적인 의도를 가졌을 수도 있고, 얼마나 신뢰할 수 있는 사람들인지 검증도 되지 않은"[9] 두 명의 이방인을 자기 집으로 맞아들였던 것이다. 그럴 경우, 소돔의 죄는 사적인 영역인 롯이 가정을 침해하고 손대접이라고 하는 고대의 규칙을 무시한 것이 된다. 롯은 그 남자들에게 "이 사람들은 내 집에 들어왔은즉" 그런 요구를 그만두라고 간청했다.

또한 베일리는 구약성서 어디에서도 소돔이 벌을 받아야했던 죄의 성질이 동성애와 관련된 것이라는 암시는 없다고 주장한다. 그 대신 이사야는 소돔의 죄가 '위선'과 '사회적 불의'였다고 간접적으로 말하고 있으며(이사야 1:10이하), 예레미야는 '간음'과 '사기'와 사회에 만연한 '사악함'을(예레미야 23:14), 에스겔은 '교만'과 '욕심'과 '가난한 자에 대한 무관심'을(에스겔 16: 49이하) 꼽고 있다고 지적한다. 그래서 베일리는 역사적 사실의 차원에서

---

8) 참고로, The New King James Version의 『한·영 성경전서』(1982)에는 '상관하리라'를 'we may know them *carnally*'로 옮겨놓고 있다.

9) Derrick Sherwin Bailey, 같은 책, 4쪽.

건, 계시된 진리의 차원에서건, 소돔 성과 그 이웃 주민들이 동성애 행위로 인해 멸망당했다고 믿을 이유는 하나도 없다고 주장한다.[10]

베일리와 비슷한 맥락에서 헬미니악도 '소돔의 죄'의 핵심에 대해 말하고 있다. 롯이 살았던 사회의 기본 규칙은 나그네들을 친절히 대접하는 것이다. 전통적인 셈 문화와 아라비아 문화에도 똑같은 규칙이 있었다고 한다. 이 규칙은 매우 엄격해서 심지어 하룻밤을 묵는 사람이 적(敵)이라 할지라도 해치지 않았다. 따라서 롯은 그가 이해했던 대로 하나님의 법을 따르며 옳은 일을 하려고 했기 때문에 손님들이 소돔 사람들에게 학대당하도록 내어주지 않았다. 이렇게 본다면, 결국 소돔의 죄란 이방인들을 '학대'하고 '모욕'한 죄다. 나그네들을 욕보인 죄이며, 궁핍한 사람들을 '냉대'한 죄이다. 이것이 본래의 역사적 맥락을 따라 이해한 소돔 이야기의 요점이라고 헬미니악은 주장한다.[11]

헬미니악의 관점에서 보면, 소돔 이야기의 핵심은 '성(性) 윤리'에 있지 않다. 소돔 이야기가 남의 집 대문을 두드리는 이야기가 아니듯이 성 행위에 관한 이야기도 아니다. 소돔 이야기에서 '섹스'와 '문 두드리기'는 둘다 이야기의 주된 요점에 부수적인 내용일 뿐이다. 어떤 형태를 취하든 간에 '학대'와 '폭행'이 요점이다. 그러므로 이 본문을 가지고 동성애를 단죄하는 것은 본문을 오용하는 것이라고 헬미니악은 강하게 반발한다.[12] 그러면서 헬미니악은 예수께서도 「마태복음」 10장 5절부터 15절에서 소돔을 인용한 적이 있음을 지적한다. 이 부분에서는 하나님의 사자들을 거부하는 것이 쟁점이었는데, 위의 「마태복음」의 구절과 소돔 이야기 사이의 유사점이 있다면, 그것은 바로 나그네를 거부하는 '닫힘 마음', 즉 하나님의 사자들을 환영하지 않는 '사악함'이었다고 헬미니악은 주장하고 있다.[13]

---

10) Derrick Sherwin Bailey, 같은 책, 27쪽.
11) Daniel A. Helminiak, 같은 책, 42쪽.
12) Daniel A. Helminiak, 같은 책, 44쪽.
13) Daniel A. Helminiak, 같은 책, 48쪽.

구약「레위기」의 본문 두 곳과 해석의 문제

구약성서에서 동성애 부분이 언급된 두 번째 부분은「레위기」18장 22절과 20장 13절이다.

"너는 여자와 동침함 같이 **남자와 동침하지 말라 이는 가증한 일이니라**"
(레 18:22)

"누구든지 여인과 동침하듯 **남자와 동침하면** 둘 다 **가증한 일**을 행함인즉 반드시 죽일지니 자기의 피가 자기에게로 돌아가리라"(레 20:13)

방금 인용한「레위기」의 두 본문은 '거룩'에 관한 규례에 나오는 부분이며, 이 규례는「레위기」의 핵심으로서 하나님의 백성에게 하나님의 법을 따르고 그들이 살던 애급이나 하나님이 그들을 데려다 놓으신 가나안 지방의 관습을 따르지 말 것을 요구하고 있다. 여기서 그들의 관습이란 금지된 성 관계의 종류, 여러 가지의 성적 일탈, 유아를 제물로 바치는 행위, 우상 숭배 그리고 갖가지 사회적 불의 등을 말한다.[14]

이제 두 본문에서 동성애와 관련해 쟁점이 되는 부분을 살펴보자. 먼저 피터 콜먼(Peter Coleman)은 『동성애에 대한 기독교인의 태도』 *Christian Attitudes to Homosexuality*(1980)에서 "가증스러운" 혹은 "혐오스러운"으로 번역되어 있는 단어[15]는 원래 '우상 숭배'와 연관되어 있다고 주장한다. 영어에서 그 단어는 혐오감 혹은 비난을 의미하지만, 성서에서는 주로 그 의미가 도덕이나 미학보다는 종교적 진리와 연관되어 있다는 것이다.[16]

그렇기 때문에「레위기」의 본문들은 이미 사라진지 오래된 종교적 관습을 금지하고 있는 것이며, 오늘날의 동성애 관계와는 아무런 관련성이 없

---

14) John R. W. Stott, 같은 책, 22쪽.
15) 참고로, The New King James Version의 『한·영 성경전서』(1982)에는 '가증한 일'을 'abomination'으로 옮겨놓고 있다.
16) Peter Coleman, *Christian Attitudes to Homosexuality*, SPCK, 1980, 49쪽.

다는 것이다.[17] 여기에서 한 가지 흥미로운 점은 동성애 옹호론자인 베일리는 "「레위기」의 두 율법 모두는 의식(儀式)이나 종교의 이름으로 행해지는 행위가 아니라, 두 남자간의 일반적인 동성애 행위를 말하는 것임에는 의문의 여지가 거의 없다"고 말함으로써, 다른 동성애 옹호론자들과는 이견을 보인다는 점이다.

한편 헬미니악은 「레위기」에 사용된 '망측한 짓'(가증스러운 일)에 해당되는 말은 히브리어의 toevah를 번역해 놓은 것이다. toevah는 '부정함', '불결함', '더러움'으로 번역될 수 있다고 한다. 문화적으로나 종교 의식적으로 금지된 것을 나타내는 '금기(禁忌)'로 번역이 된다. 헬미니악에 따르면, 성서의 저자들이 다른 의도가 있었다면 보다 분명한 의미를 지닌 히브리어 단어인 zímah를 쓸 수 있었을 텐데, 이것 대신 toevah를 사용한 것에 주목한다. zímah는 종교적 이유나 문화적 이유로 반대할 만한 것이 아니라 그 자체로 잘못된 것을 뜻한다. 그것은 불의 곧 죄라는 뜻이다.

그러나 분명히 「레위기」에서 남자가 다른 남자와 동침하는 것을 죄라고 말하지 않았다. 「레위기」에서는 그것이 종교 의식적인 위반, 곧 '부정함'이라고 말한다. 그것은 '더러운' 짓이다. 이 사실은 우연한 것이 아니다. 구약성서를 고대 그리스어로 번역한 『70인역 성서』에 보면 이 사실이 더욱 확실해진다.[18] 『70인역 성서』에는 「레위기」 18장 22절의 히브리어 단어 toevah가 bdelygma로 번역되어 있다. 이 그리스어는 종교 의식의 위반을 뜻한다. 결국 「레위기」에서의 단어는 윤리적 함축이 들어있는 용어가 아닌, 문화적이고 종교적인 함축이 든 용어일 뿐이다. 그렇기 때문에 동성 성교 행위나 일반적인 동성 성교 행위의 도덕성에 관해서는 아무런 진술을 하지 않고 있다. 이것들은 분명 구약성서의 관심사가 아니었다는 것이다. 동성애자의 섹스가 옳은지 그른지의 오늘날의 윤리적 질문에 대한 대답으

---

17) John R. W. Stott, 같은 책, 24쪽.
18) Daniel A. Helminiak, 같은 책, 74쪽.

로 「레위기」를 인용하는 것은 성서를 오용하는 것이라고 헬미니악은 주장한다.[19] 그리고 헬미니악은 동성애를 바라보는 현재의 관습에는 분명히 광범위한 무지와 방임적 편견, 노골적인 불의가 포함되어 있다고 파악한다. 그래서 이것을 반드시 뒤집어서 그 영향력을 극복하고자 하는 것이다.

그것들은 단순히 해롭지 않은 관습의 문제이거나 사람들이 선호하는 에티켓 규칙과 훌륭한 취향의 문제가 아니다. 그것들은 개인적으로나 사회적으로나 파괴적인 인습이다. 오늘날 우리가 「레위기」에서 얻을 수 있는 교훈은 진정한 그릇됨과 단순한 금기의 차이를 인식하고 적절한 방식으로 각자를 존중하라는 것이다.[20]

신약 「고린도전서」와 「디모데전서」에서의 바울의 관점과 그 해석의 문제

신약성서에서는 사도 바울에 의해 동성애 부분이 언급되고 있는데, 먼저 「고린도전서」 6장 9절~10절과 「디모데전서」 1장 10절에 나타난다.

"불의한 자가 하나님의 나라를 유업으로 받지 못할 줄을 알지 못하느냐 미혹을 받지 말라 음란 하는 자나 우상숭배 하는 자나 간음하는 자나 탐색하는 자나 남색 하는 자나 도적이나 탐람하는 자나 술 취하는 자나 후욕하는 자나 토색하는 자들은 하나님의 나라를 유업으로 받지 못하리라"(고전 6:9-10)

"음행하는 자며 남색 하는 자며 사람을 탈취하는 자며 거짓말하는 자며 거짓 맹세하는 자"(딤전 1:10)

이 두 부분은 사도 바울에 의해 제시된 목록, 즉 하나님 나라와 양립할 수 없고, 율법이나 복음과도 양립할 수 없다고 주장하는 추한 죄의 목록들이다. 이런 죄를 범하는 사람 중 한 무리는 malakoi(말라코이)라고 부르고, 또

19) Daniel A. Helminiak, 같은 책, 77쪽.
20) Daniel A. Helminiak, 같은 책, 78-79쪽.

다른 무리는 두 본문 모두에서 arsenokoitai^(아르세노코이타이)라 불리고 있다. 여기서 논의의 핵심은 malakoi와 arsenokoitai라는 용어의 해석에 달려있다. 동성애 옹호론자들은 malakoi는 분명히 동성 성교를 가리키지 않는다고 주장한다. 그리고 arsenokoitai는 어떤 식으로든 남성 간 성행위를 가리키는 언급일지 모르지만, 설사 그렇다하더라도 그것은 자유분방하고 음란하며, 무책임한 남성간의 성 행위를 단죄하는 것이지, 전반적인 동성 성교를 단죄하는 것은 아니라는 것이다.[21]

다시 되돌아와서 malakoi와 arsenokoitai의 해석과 관련하여 이 단어의 번역의 과정을 살펴볼 필요가 있다. 1952년 『개정판 표준 영역 성서』 Revised Standard Version은 「고린도전서」 6장 9절에 나오는 위의 두 단어가 결합하여 '동성애자'(homosexuals)로 번역되어 있다. 이 두 단어가 homosexuals로 사용됨으로써 생겨나는 문제는 아주 심각하다고 베일리는 지적한다. 즉 '동성애 성향'을 가지고 태어난 사람의 경우, 그가 도덕적으로 흠잡을 데 없는 사람이라 할지라도 자동적으로 불의한 사람으로 분류되어 하나님의 나라에서 제외된다고 주장하는 근거가 되어버렸다.[22] 한편 1977년 『개정판 표준 영역 성서』는 그 두 단어를 'sexual perverts'(변태 성욕자 혹은 성도착자)로 번역하였다. 그리고 1989년 『새 개정판 영역 성서』 New Revised Standard Version에서는 'male prostitute'(남창들)과 'sodomites'(남색 하는 자들)로 나누어 번역하였다. 그 이후의 다양한 현대의 번역본들에서는 그 단어들이 각기 다르게 번역되고 있는데, 먼저 arsenokoitai는 '동성연애자', '남색 하는 자', '아동 성 범죄자', '변태', '변태 동성애자', '변태 성욕자', '파렴치한 습관을 가진 자'로 번역되고 있다. 그리고 malakoi는 '미동(美童)', '계집애처럼 유약한 자', '소년 남창', '여성스러운 남자'로 번역되고 있다. 그러다가 1985년 『새 예루살렘 영역 성서』 New jerusalem Bible에서는 '방종한 자'로 번역되

---

21) Daniel A. Helminiak, 같은 책, 149쪽.
22) Derrick Sherwin Bailey, 같은 책, 39쪽.

어 있다. 그런데 16세기 종교개혁 때까지 그리고 로마 가톨릭에서는 20세기까지 malakoi는 '수음하는 자'를 뜻한다고 여겨졌다. 이렇듯, 성서에 사용된 이들 단어의 의미는 늘 변화되어 왔다는 사실을 확인할 수가 있다.[23]

이런 사실을 통해서 동성애 옹호론자들은 malakos(malakoi의 단수형)는 결코 동성 섹스 행위를 가리키지 않는다고 간주한다. 「고린도전서」 6장 9절은 malakos라는 말로 도덕적 해이와 절제되지 않은 일반적인 행동들을 단죄할 뿐이다. 그런 면에서 malakos를 '방종한 자'로 번역하고 있는 『새 예루살렘 영역 성서』가 정확한 의미를 제시한다고 그들은 판단한다.[24] 다음으로 동성애 옹호론자들은 arsenokoitai라는 이 말은 기원후 1세기에 그리스어를 쓰는 유대-그리스도교에서 남자들 사이의 착취적이고 음탕하며 방자한 섹스를 가리키는 용어로 사용되었다고 파악한다. 그러므로 성서의 구절들이 반대하는 내용 역시 남성 사이에서 일어나는 성 행위 전체가 아니라 바로 그러한 동성애의 '남용(濫用)'에 대한 반대라는 것이다. 성 문제 전반에 걸쳐서 성서가 요구하는 것은 상호 존중과 보살핌, 책임 있는 나눔이다. 이 점이 「고린도전서」와 「디모데전서」에서 얻을 수 있는 진정한 교훈들이라고 이들은 생각한다.[25]

신약 「로마서」에서의 바울의 관점과 그 해석의 문제

마지막으로 동성애 부분은 신약성서 로마서 1장 26절 27절에 나타난다.

"이를 인하여 하나님께서 저희를 부끄러운 욕심에 내어버려 두셨으니, 곧 저희 여인들도 순리대로 쓸 것을 바꾸어 **역리(逆理)로 쓰며**, 이와 같이 남자들도 순리대로 여인 쓰기를 버리고, 서로 향하여 음욕이 불 일듯 하매 **남자가 남자로 더불어 부끄러운 일을 행하여** 저희의 그릇됨에 상당한 보응을 그 자신에 받았느니라"(롬 1:26-27)

---

23) Daniel A. Helminiak, 같은 책, 152쪽.
24) Daniel A. Helminiak, 같은 책, 156쪽.
25) Daniel A. Helminiak, 같은 책, 167쪽.

이 부분은 사도 바울이 당시 그리스 로마 사회에서 우상을 숭배하는 이 교도들을 묘사한 대목이다. 그들은 창조된 세계를 통해서 하나님에 대한 지식이 어느 정도 있었고, 나름의 도덕적 감각도 있었지만 그들은 사악한 일들을 행하기 위해 자신이 알고 있는 진리를 억압했다. 하나님께 합당한 영광을 돌리는 대신, 우상을 숭배했고, 하나님과 피조물을 혼동했다. 그들에 대한 심판으로서 하나님은 그들의 타락한 생각과 퇴폐적인 관습을 내버려 두셨고, 그러한 관습에는 '부자연스러운' 성 관계도 포함되어 있다. 이와 같은 해석이 기독교계의 일반적인 경향이다.

그런데 이런 해석에 대해서 동성애 옹호론자들은 견해를 달리한다. 먼저 사도 바울이 오늘날 '역리적 성향'(동성애 성향을 지닌 사람)[26]과 '역리적 행위'(이성애 성향을 가지고 있으면서 동성애 행위에 탐닉하는 사람)가 별개라는 사실을 전혀 모르긴 했지만, 여기서 그가 정죄하고 있는 것은 후자이지 전자가 아니라는 점을 이들은 강조한다.[27]

그 점에서 사도 바울은 하나님의 심판으로 '내버려두신' 사람들의 무모하고 뻔뻔하고, 방탕하고, 난잡한 태도를 묘사한 것이다. 그렇다면 이 부분은 서로 헌신하고 사랑하는 동성애 관계와는 아무런 관련이 없게 되는 셈이다.[28]

이런 관점에서 헬미니악은 신약성서가 성결(聖潔)에 관한 관심사나 그 밖의 관심사들을 이유로 동성 간 성 행위 자체를 단죄하지는 않았으며, 단지 동성 간 성 행위에 수반될 수도 있는 학대와 착취를 금지하는 데 오히려 관심이 있었다고 결론짓는다.[29]

---

26) 참고로, The New King James Version의 『한·영 성경전서』(1982)에는 '역리로'를 'against nature'로 옮겨놓고 있다.

27) John R. W. Stott, 같은 책, 25쪽.

28) John R. W. Stott, 같은 책, 26쪽.

29) Daniel A. Helminiak, 같은 책, 91쪽.

다 문화 수용하기, 멀고도 힘든 길

우리는 지금까지 다문화시대의 한 현상으로서 동성애에 대한 찬·반 논쟁을 살펴보았다. 확실한 사실은 한국의 개신교 교회 및 신학교에서는 동성애 문제를 부정적으로 바라보고 있으며, 그런 관점에서 그것을 여전히 죄(罪)의 범주에까지 포함시키고 있다는 사실이다. 일례로서, 개신교 합동측의 대표적인 교회중의 하나인 사랑의 교회 원로목사 옥한흠,[30] 장신대 기독교윤리학 전공의 임성빈,[31] 감신대 기독교윤리학 전공의 박충구,[32] 그리고 삼육대 교회사 전공의 이국헌,[33] 백석대 기독교철학 전공의 이경직[34]

---

30) 옥한흠은 이렇게 쓰고 있다. "내가 귀국하던 1978년 미국의 모 장로 교단에서는 동성연애를 합법화시키자는 안건을 총회에 내놓아서 매스컴을 흥분시킨 적이 있었다. 나도 그때 라디오 실황을 들으면서 **통탄해 하던 기억이 난다.**" 옥한흠, 「크리스천의 성 윤리」, 『현대와 크리스천의 윤리』(홍정길 편집), 도서출판 엠마오, 1987. 17쪽.

31) 임성빈에 따르면, 성서에서는 결혼과 이혼, 매매춘과 동성애가 등장하지만, 다양한 주제들 속에서도 분명한 사실은 성은 남성과 여성으로 구성된 인간의 삶의 형태에 초점을 맞추고 있다는 것이다. 그러므로 **동성애에 대한 성서의 입장은 부정적이라고 말할 수 있다는** 것이다. 임성빈, 『21세기 문화와 기독교』, 장로회신학대 출판부, 2004. 152쪽. 임성빈, 「성경으로 본 동성애」, 『빛과 소금』, 1996년 6월호 참조.

32) 박충구는 이렇게 적고 있다. "근래에 들어서면서 의학적 규명을 통하여 동성애를 개인의 윤리적인 선택이라고 보았던 과거의 이해가 수정되어 일종의 자연적인 성향으로 규명되면서 이성애적 규범만으로 인간의 성윤리를 규명할 수 없다고 보고 있다. **이러한 이해들은 전통적인 성윤리에 신뢰를 두고 있는 기독교인들에게는 충격**이 되고 있다. 이러한 성향은 제도적 성윤리를 넘어서는 윤리적 성윤리를 요청하는 것으로 보여진다." 박충구, 『21세기 문명과 기독교윤리』, 대한기독교서회, 1999. 215쪽. 하지만 박충구는 다른 기독교윤리학자들에 비해 동성애 문제를 이성애 중심의 성윤리가 낳은 폐단의 하나로 본다는 점에서는 상대적으로 차이를 드러내고 있다.

33) 이국헌은 이렇게 말한다. "동성애는 기본적으로 남자와 여자로 창조하신 하나님의 창조의 계획과 그 둘이 한 몸이 되도록 하신 제도가 가지는 **본질적인 목적에 부합되지 않는 것이므로 잘못된 것이다.**", 이국헌, 『기독교 윤리학의 이해』, 삼영출판사, 2004. 253쪽.

34) 이경직은 이렇게 말한다. "동성애가 이성애와 똑같이 사랑의 한 유형이라는 주장이 나오게 된 이유는 무엇일까? 무엇보다도 우리 시대가 포스트모던 시대이기 때문이다. ……이에 제3세계를 중심으로 독립운동이 활발하게 일어나, 나름대로의 고유한 질서와 가치를 인정해주는 다원화 사회로 들어가게 되었다. 이전에는 비정상적이라고 여겨졌던 가치도 하나의 가치로서 인정받는다.…… 우리 사회에서 논란이 되는 동성애 문제에 대해서도 기독교의 복음은 절대적 판단 기준을 지니고 있다. 기독교는 죄는 미워하되 죄인은 미워하지 않는다." 이경직, 『문화매거진 오늘』, 2006년 5·6월호.

이 대표적인 경우다. 학계와 교계에 두텁게 퍼져 있는 이러한 견해는 과연 어떤 결과를 초래하였을까? 한마디로 표현하면, 동성애와 동성애자들을 기독교인들과는 구분되는 영원한 '그들', 즉 우리와는 다른 '타자'(他者)로 인정하고 배제하도록 하는 태도를 만들어 놓았다는 사실이다.

사실 동성애 문제의 찬·반 논쟁은 성서적 근거에 관한 논쟁 자체도 의미 있는 일이지만, 그보다 앞서서 동성애와 동성애자가 어떤 이유에서 생겨나게 되는지 그 원인에 대한 논의가 이루어져야만 한다. '동성애'(Homosexuality)라는 단어[35]는 인간이 가지고 있는 성의 여러 차원을 인지할 때 비로소 이해될 수가 있다. 인간의 성은 네 가지의 복합적 차원으로 이루어져 있다. 첫째로 '출생 시의 성'(natal sex), 즉 태어날 때 남자인지 여자인지를 정해 주는 신체적, 생물학적 특징, 둘째로 '성 정체성'(sexual identity), 즉 한 사람이 자신을 성적 존재로서 어떻게 보는가 하는 성적 자아 개념, 셋째로 '성 역할'(gender role), 즉 특정한 문화에서 규정하는 사회적 차원의 성적 정체성, 마지막으로 '성적 지향'(sexual orientation), 즉 한 개인이 누구에게

---

35) 동성애를 가리키는 영어 표현은 homosexuality이다. 이 말은 그리스어의 homo(동일)라는 단어에서 기원된 것으로서, 동일한 성에게서 육체적, 감정적 사랑을 느끼는 것을 말한다. 먼저 여성과 여성 사이에 이루어지는 동성애자를 가리키는 말로는 레즈비언(lesbian)이 있다. 이 말은 레스보스(Lesbos)라는 그리스 섬에서 비롯되었는데, 그 곳은 기원전 6세기경 여성간의 사랑을 예찬한 시인으로 유명한 사포(Sappho)라는 한 선생이 젊은 여성들을 위해 학교를 세운 곳이었다. 시간이 흐름에 따라 처음에는 단지 레스보스에 사는 사람들을 의미하던 레즈비언이란 용어가 점차 사포와 그녀의 제자들처럼 다른 여성을 사랑하는 여성을 의미하게 되었다. 레즈비언의 경우 성적 행위에서 남성의 역할을 하는 여성을 '트리베이드'(Tribade) 혹은 '부치'(Butch)라 부르고, 여성 역할을 하는 여성을 '팜므'(Femme)라고 부른다.

그리고 남성 동성애자를 가리키는 말로는 게이(gay)가 있다. 1960년대 후반부터 게이라는 이 말은 동성애자 사회 내에서 공공연하게 호모섹슈얼을 대신하는 용어로 사용되었다. 게이의 경우, 성적 행위에서 여성의 역할을 '페어리'(Fairy) 혹은 '바텀'(Bottom)이라 부르고, 남성의 역할을 '탑'(Top)이라 부른다. 게이라는 말이 미국 사회에서 호모섹슈얼이라는 말을 대신하여 동성애자들 사이에서 쓰이기 시작하여 그 긍정적인 의미를 공유한 것처럼, 한국에서는 '이반'이라는 말이 동성애자를 지칭하는 용어로 정착되어 있다. 이반이라는 말은 1960~1970년대 서울의 낙원동의 동성애자 공동체에서, 일반(一般)이라는 말에 반하여 자신들을 이반(二般, 異般)이라 불렀던 것에서 유래하였다. 그리고 이 말은 점차 1990년대 중반에 이르러 동성애자 인권 운동이 시작될 무렵, 비하적인 의미를 담고 있는 '동성연애자'를 '동성애자'로 바꾸는 언어 교정 작업과 함께 폭넓게 알려지게 되었다.(에릭 마커스, 『커밍아웃—동성애자에게 누구나 묻게 되는 300가지 질문과 대답—』, 박영률출판사, 2000. 21쪽.)

성적 매력을 느끼는가 하는 방향성을 지칭하는 말[36] 등으로 이루어져 있다. 이런 점에서 볼 때, '동성애'는 하나의 '성적 지향'이다. 성적 지향은 크게 '동성애', '양성애', '이성애'의 형태로 나타난다. 개인의 성적 지향이 어떻게 결정되는지에 관해서는 여러 의견들이 있으나, 아주 어릴 적 스스로 인식하기 이전에 확립된다는 데에는 대체로 의견이 일치하고 있는 것으로 보인다.[37]

이와 연관하여 잭 볼스윅과 쥬디스 볼스윅[38]은 『진정한 성-생물학적·심리학적·사회문화적 관점과 성경적 원리의 통합』 Authentic Human Sexuality: An Integrated Christian Approach[1999]에서 동성애 현상의 원인을 설명하는 여섯 가지의 모델을 제시한 바가 있다. 사회학습이론의 입장,[39] 신(新)정신분석학의 입장,[40] 생물학적 입장(유전적, 체질적, 내분비학적, 동물 행동학적 입장),[41] 통합모델의 입장,[42] 상호작용적 발달의 입장,[43] 인간 행위자의 입장[44]이 그것인데, 이 중에서 그 어떤 설명 모델도 아직까지 완전하지는 못하며, 따라서 충분한 설득력을 얻고 있지 않다는 것이다.

---

36) Judith K. Bailiwick & Jack O. Balswick, *Authentic Human Sexuality*, Inter Varsity Press, 1999. 잭 볼스윅·쥬디스 볼스윅, 『진정한 성-생물학적, 심리학적, 사회문화적 관점과 성경적 원리의 통합-』(홍병룡 역), IVP, 2002. 21쪽.(이후 번역본의 쪽 수를 표기함.)

37) Daniel A. Helminiak, *What the Bible Really Says About Homosexuality*, Millennium Edition, 2000. 다니엘 헬미니악, 『성서가 말하는 동성애-신이 허락하고 인간이 금지한 사랑-』(김강일 역), 해울, 2003. 9쪽.

38) Judith K. Bailiwick & Jack O. Balswick, 같은 책, 21쪽.

39) Bandura, A., The self system in reciprocal determinism. *American Psychologist* 33 (4). 1978. 345쪽. 그리고 Bandura, A., Behavior theory and the models of man. 1974. *American Psychologist* (December). 1974. 865쪽.

40) Bieber, I., *Homosexuality*, New York: Basic Books, 1962. 그리고 Bieber, I., *Psychodynamics and sexual object choices: A reply to Dr. Richard C. Friedman's paper. Contemporary Psychoanalysis* 12: 1976. 366-369쪽. 그리고 Wolff, C., *Love between women*, New York: St. Martin's Press, 1971.

41) Herrn, R., On the history of biological theories of homosexuality used to justify homosexuality. Special issue: Sex, cells, and same-sex desire: The biology of sexual preference. *Journal of Homosexuality* 28 (1-2). 1995. 31-56쪽. 그리고 Dorner, G., Stressful events in prenatal life of biand homosexual men. *Experimental and Clinical Endocrinology* 81. 1983. 83-87쪽.

42) Byne, W., and B. Parsons., Human sexual orientation: The biological theories reappraised. *Archives of General Psychiatry* 50. 1993. 228-239쪽.

43) Judith K. Bailiwick & Jack O. Balswick, 같은 책, 104-105쪽.

44) Judith K. Bailiwick & Jack O. Balswick, 같은 책, 91-107쪽.

이상과 같은 여섯 가지 설명 모델들은 크게 보면 사회학습적 관점과 생물학적 관점으로 나눌 수 있다. 동성애를 반대하는 기독교계에서는 대체로 사회학습적 관점을 지지하고, 동성애 옹호론자들은 생물학적 관점을 지지하고 있는 추세다. 그러니까 한 개인의 성적 지향이 하나님의 창조 사건 속에서 생물학적(유전적, 체질적, 내분비학적, 동물 행동학적 입장)으로 이미 결정되어 있다면, 그 개인은 그러한 삶의 방식(동성애 성향)을 좋아가는 것이 스스로에게 자연스러운 일이다. 이와 달리, 한 개인의 성적 지향이 사회학습적 관점에 따라 결정된다면, 성적 지향 자체보다는 성적 지향을 발휘했을 때 부딪히는 결과들에 대해서는 본인 스스로가 책임을 저야한다는 말이 된다.

이런 차원에서라면 동성애 문제에 접근하는 방식은 그야말로 '관점의 차이', '세계관의 차이', '인생관의 차이'에 따라 달라진다. 따라서 필자가 볼때, 기독교계에서 동성애 문제를 해결할 수 있는 아주 확실한 길은 과학기술이 고도로 발달하여 인간의 유전자 지도가 완성되고, 적어도 성적 지향에 대한 유전자 지도까지도 확인될 수 있는 그 시대에나 가능하게 될 것이다. 그때까지는 서로의 입장 차이만이 강조될 뿐이다. 결국 각자 "우리의 입장" 혹은 "그들의 입장"만을 주장할 뿐, 타협이나 합의는 어디에서도 찾아보기 힘든 상황이 펼쳐질 것이다. 포스트모던으로 대변되는 오늘날에조차도 기독교계에서는 여전히 '절대적' 가치만을 강조하고 있고, 다른 한쪽에서는 '다원적' 가치만을 강조하는 현상이 재연되고 있을 뿐이다.

다 문화, 바라봄에서 포용함으로

이런 현실 앞에서 기독인들에게 요청되는 자세는 어떤 것이 있을까? 나아가 다문화 현상을 접하는 일반 대중들에게는 어떤 자세가 요청되는 것일까? 나는 이 물음에 대한 좋은 안내를 2007년 한 일간지에 게재된 김용석의 칼럼에서 찾아보았다.

차별을 고발함과 동시에 그것을 해결할 실마리를 잡기 위해서는, 타인을 인간적으로 대하는 것을 넘어서 '한 사람'으로 대해야 한다. '한 사람'이라는 친밀한 인식과 구체성을 가져야만, 타인의 문제, 곧 너의 문제를 나의 문제로 삼을 수 있다. 이것은 인권의 문제를 사랑의 차원으로 이끄는 일이다. 사랑하는 사람은 항상 상대를 '한 사람'으로 본다.(중략) 그래야만 그에게 '사회가 지어준 이름'인 장애우, 트랜스젠더, 빈자, 수입 노동자, 흑인, 백인 등의 껍질을 벗겨 버리고 만날 수 있다. 장애우의 문제를 해결하기 위해서라든가 트랜스젠더의 문제를 해결하기 위해서라고 인식하기 이전에, '한 사람'의 문제를 바로 해결하기 위해서라는 마음이 필요한 것이다.[45]

위에서 인용한 이러한 마음의 자세를 가리켜 김용석은 진정한 '인권 감수성'이라 말하고, 이것이 우리들 자신에게도 엄청난 윤리적 가치를 지닌다고 밝히고 있다. 그렇다면 그가 말하는 인권 감수성이란 무엇일까? 그에 따르면, 윤리란 사회적 불순물을 정화하는 가운데서 드러나는 인간의 의미이다. 고인 물이 되어버린 관습, 편견, 선입견, 고정관념들을 떨쳐 버리고 '의식의 알몸되기'를 시도하는 과정에서 비로소 우리는 도덕적으로 된다는 것이다. 이것은 모든 틀과 모든 색깔과 모든 덧붙임과 모든 사회적 이름과 훈장을 떨쳐 버리고 나의 알몸을 발견하는 일이기도 하다. 그렇게 하면 나는 네게 덧씌워진 것이나 네게 색칠된 것이 아닌, 너의 황홀 그 자체를 볼 수 있다. 그런 점에서 윤리란 자기 주체화 작업이자, 동시에 타자의 주체화 작업인 것이다. 바로 여기에 차별을 넘어서는 윤리적 가치가 있다고 김용석은 강조하고 있다.[46]

---

45) 김용석, 「김용석의 대중문화로 철학하기」 중, "차별 해소? 의식의 껍데기를 벗어던지라". 한겨레신문, 2007년 8월 4일(토), 15면.
46) 김용석, 같은 글.

김용석의 이러한 표현을 군이 빌리지 않더라도, 다문화시대를 살아가는 오늘 우리는 늘 '정상(正常)'과 '비정상(非正常)'의 사이에서. 다수(多數)와 소수(少數) 사이에서, 보편(普遍)과 특수(特殊) 사이에서 고민하고 선택을 강요받는다. 언제나 고민의 해결책은 기준과 잣대를 무엇에 두느냐 하는 점에 있다. 한 때 우리 대중가요 가운데 "내 님의 사랑은"이 1970년대 후반에 크게 인기를 얻은 적이 있었다. 그 노래를 부른 여러 가수들 가운데 "따로또같이"라는 팀이 있다. 나는 여기서 "따로또같이"라고 하는 표현과 그 의미하는 바가 다문화시대를 살아가는 오늘 우리들에게 긴요하게 요청되는 자세가 아닐까 생각한다. 피부색에 대해, 문화에 대해, 가치에 대해, 종교에 대해, 서로의 다름을 인정하는 태도, 그러한 인정(認定)이야말로 문화공존의 첫 디딤돌이 된다고 판단한다. 서로의 다름을 인정한다는 것은 차이를 받아들인다는 뜻이다. 차이를 수용한다는 것은 타자에 대해 배제(排除)와 차별(差別)을 가하지 않는 것이며, 그리하여 그것은 타자와의 연대(連帶)와 상생(相生)을 앞당길 수 있는 지름길이 된다. 이것이 우리가 "따로또같이"의 방식에 주목하는 진정한 이유이다.

현대인의 삶과 인간
관계는 왜 불행한가?[*]

[*] 이 글은 「문화의 비극—부버와 짐멜의 견해를 중심으로—」, 『동서철학연구』, 한국동서철학회, 59호, 2011.03, 117–138쪽에 수록되어 있음.

문 화비극의 한 현상

2011년에 들어서면서 우리 사회에 일어난 크고 작은 사건들 가운데 우리의 시선을 사로잡은 것은 바로 소망교회 폭력 사태이다. 서울의 강남에 위치한 소망교회는 한국개신교의 대표적인 대형교회 중의 하나이고, 전직 대통령이 출석하고 있다는 이유에서 이른바 세상에 회자되는 기독교 교회의 상징처럼 되어 있는 곳이기도 하다. 이런 교회에서 부목사들이 담임목사를 폭행한 사건이 언론에 보도되면서 더욱 세상 이목의 중심에 서게 되었다. 우리의 관심은 폭행사건의 진위나 특정교회의 내부 문제에 관심이 있기보다는 한국 기독교 전반에 대한 근원적 문제에 놓여있다.

이번 소망교회 사건과 관련하여 어느 한 언론의 기사가 새삼 흥미로웠다. 그 기사에 따르면, 요즘 목회자들 사이에서 회자되는 빠른 교회 성장의 세 가지 비결은 믿음과 소망과 사랑이 아니라, '목 좋은 위치'와 '넓은 주차장', '큰 교회건물'에 있다. 이 세 가지 요건만 갖추고 교회 운영이나 설교가 그다지 이상하지만 않으면 교회 성장은 그야말로 누워서 떡 먹기라는 말이다. 이 세 가지 교회 성장 비결의 공통점은 성령의 역사에 있는 것이 아니라 바로 세상에서 부와 성공을 가져다주는 토지에 있다. 좋은 위치에 자리 잡은 목 좋은 땅, 주차장 부지의 넓은 땅, 큰 교회건물이 들어선 바로 그 알짜배기 땅. 적어도 한국교회는 지금까지 그 땅을 통해 성장해 왔고 지금도 계속 땅을 사들이면서 하나님의 저주와 분노를 켜켜이 쌓고 있다는 것이다.[1]

필자는 이번 소망교회 사건은 한국 기독교 전체가 안고 있는 심각한 치부(恥部)를 아주 정확하게 드러내 준 사건으로 간주한다. 우리 사회에 비춰진 기독교, 혹은 목회자들을 포함한 기독교인에 대한 자화상을 우리 스스

---

1) 〈뉴스앤조이〉, 2011년 1월 10일(월) 기사 참조. www.newsnjoy.co.kr

로 그려볼 수 있을 것이다. 그런데 이런 비뚤어진 기독교의 모습이 비단 기독교에만 국한된 것이라고 말할 수 있을까? 불교를 포함한 여타의 종교와는 거리 먼 이야기일까? 필자는 우리 사회에서 벌어졌거나 진행 중인 일련의 종교적 사건들을 접하면서, 이런 현상을 '종교의 비극', 나아가 '문화의 비극'으로 간주[2]하고자 한다. 물론 종교적 활동을 하는 우리 스스로도 그 비극적 상황에서 결코 자유롭지 못하다. 비극적 운명에 처한 우리 스스로의 모습을 이제 낱낱이 드러내 보고자 한다. 그래서 조금이라도 이 운명적 고리를 끊을 수 있다면, 아니 벗어날 수 있다면 새로운 선택을 할 수도 있게 될 것이다. 이 글은 이런 문제의식을 해결하려는 하나의 시도이다.

이런 맥락에서 우리는 우리의 종교적 활동을 포함한 문화적 활동에서 왜 비극적 상황을 맞게 되었는지 그 근본적인 이유를 되묻고자 한다. 이를 위해서 먼저 현대인의 사람살이의 직접적인 관계에서 그 원인을 살펴보고자 한다. 사람과 사람이 맺는 관계의 유형을 살펴보고, 관계맺음의 방식에 따른 문화의 출현을 마르틴 부버(Martin Buber 1878~1965)의 시선을 좇아 살펴보고자 한다. 여기서는 깨진, 왜곡된, 단절된 사람 사이의 관계에서 비극의 원인을 찾아낼 수 있을 것이다. 다음으로 사람들이 만들어낸 문화와 문화의식의 상관성을 분석하도록 한다. 사람들이 문화화 되는 과정에서 겪게 되는 주관문화와 객관문화의 갈등, 여기에서 파생하는 문화의 비극의 현상을 게오르그 짐멜(Georg Simmel 1858~1918)의 시선을 좇아 분석하고자 한다. 이러한 논의를 통해서 우리는 궁극적으로 문화비극의 원인을 인간의 내부적 측면과 외부적 측면에서 찾아내고, 나아가 이를 극복할 수 있는 대안을 찾아보려는 것이다. 물론 이러한 대안이 얼마나 실질적이고 효력이

---

2) 여기에서 필자가 사용한 '종교의 비극' 혹은 '문화의 비극'이라는 표현은 한국사회에서 기독교를 포함한 종교(문화)가 사회에 건강한 자양분을 제공하기보다는 오히려 사회로부터 지탄의 대상이 된 상황을 염두에 둔 표현이다. 그러니까 기독교라는 종교(문화)가 사회 속에서 활동하는 각 개인들에게 미래에 대한 비전과 공동체에 대한 확신을 심어주기 보다는 오히려 불안과 염려의 대상으로 전락한 상황을 빗댄 말이다.

있을 것인지는 차후의 문제이다. 적어도 문화의 비극을 최소화할 수 있고, 또한 그것을 방지할 수 있다는 소박한 바람이 우리의 첫 신념이다.

사 람살이의 관계에서 나타나는 문화의 비극

인간의 종교 활동이나 예술 활동 혹은 문화 활동에서 빚어지는 비극적 측면의 원인을 단박에 찾아내는 일은 그리 간단치가 않다. 그래서 종교, 예술, 문화 자체보다는 그것을 만든 주체인 인간에게로 시선을 돌려보고자 한다. 사람들 '사이'의 관계, '사람살이'의 모습을 살펴보면 거기서 하나의 실마리를 찾아낼 수가 있기 때문이다. 이 지점에서 우리는 사람 사이의 관계 맺음에 대한 탁월한 논리를 제공한 부버(Martin Buber 1878~1965)를 주목해 볼 필요가 있다.

부버는 1923년 『나와 너』[3]에서 사람은 세계를 향해서 이중적 태도를 취하게 되고, 이에 따라 세계도 그에게 이중적이 된다고 말한다. 사람과 세계와의 관계만이 이중적인 것이 아니라 사람과 사람 사이의 관계도 마찬가지라는 것이다. 그러니까 '나' 그 자체는 없고, 오직 〈나-그것〉(Ich–Es)의 관계에서 '나'와, 〈나-너〉(Ich–Du)의 관계에서 '나'만 있을 뿐이다.[4] 이 말은 사람은 홀로 있는 존재가 아니라 누군가와 더불어 있는 존재라는 의미가 된다. 부버는 1904년 비인 대학에서 「개체화 문제의 역사적 계보」라는 논문으로 철학박사 학위를 받았는데, 이 무렵 베를린대학의 딜타이(W. Dilthey 1833~1911)와 짐멜(G. Simmel 1858~1918)의 사상에 많은 영향을 받았다. 이들 사

---

3) Martin Buber, *Ich und Edu, in Die Schriften über das dialogische Prinzip*, Verlag Lambert Schneider, Heidelberg, 1923, 1954, 1974. 영어본은 *I and Thou*, ed by Walter Kaufmann, 1970. 번역서로 『나와 너』(표재명 역), 문예출판사, 1977.(이후 『나와 너』로 표기하고 번역본의 쪽수를 표기함)
4) 부버, 『나와 너』, 8쪽.

상가에게서 받은 영향은 부버 자신이 말하는 〈나-그것〉 관계와 〈나-너〉 관계에 대한 설명 속에 고스란히 녹아들었다.

경험과 체험 : 〈나-그것〉과 〈나-너〉 관계의 특징

먼저 부버는 우리의 삶에서 겪게 되는 '경험'(Erfahrung)과 '체험'(Erlebnis)을 〈나-그것〉과 〈나-너〉 관계에 대입하여 설명한다.[5] 먼저 〈나-그것〉의 관계에서 나타는 경험(經驗)에 대해 살펴보자. 여기에서는 철저하게 '나' 중심적이며, 모든 것을 '대상'으로 간주하게 된다. 사람들이 세계를 경험한다고 말할 때, 실제로 그들이 경험하는 것은 사물의 표면을 돌아다니면서 그것을 경험한다. 그는 이 사물로부터 그것들의 성질에 관한 지식, 곧 경험을 가져온다. 그러니까 그는 사물에 붙어있는 것을 경험하는 것이다. 경험하는 사람은 세계와는 아무 상관이 없다. 경험은 실로 그 사람 안에 있으며, 그와 세계 사이에 있는 것이 아니다. 세계는 경험과는 아무 상관이 없다. 세계는 스스로를 사람들의 경험에 내맡기지만 그러나 경험과는 아무 상관도 없다. 왜냐하면 세계는 경험을 위해 아무 일도 하지 않으며, 경험은 세계에 아무 영향도 줄 수 없기 때문이다. 그러므로 경험으로서의 세계는 〈나-그것〉의 영역에 속한다.[6]

부버는 〈나-그것〉 관계에서 나의 경험은 '대상(對象)'을 통해서 이루어지며, 그것은 시간과 공간의 한계 안에서 연관을 가지고 있다고 말한다. 〈나-그것〉의 관계에서 나는 '너'에 대하여 몸으로 마주서있는 것이 아니라 다양한 내용으로 둘려 있는 나이다. 그렇기에 이런 '나'에게는 과거가 있을 뿐이며, 현재가 없다. 다시 말해 사람은 자기가 경험하며 사용하고 있는 사물에 만족하고 있는 한 과거에 살고 있는 것이며, 그의 순간은 현

---

5) 부버의 '경험'과 '체험'의 구분은 일차적으로 경험이 과거의 일회적 사건이라면, 체험은 지금 여기에 여전히 영향을 미치고 있는 현재적 사건이라는 의미를 가지고 있다. 이는 딜타이의 삶의 철학에서 핵심 주제인 '체험' 개념의 영향을 그대로 이어받고 있는 부분이라 하겠다.

6) 부버, 『나와 너』, 9쪽.

재가 없는 순간이다. 그는 대상밖에 가진 것이 없다. 이 대상의 본질은 있었다고 하는 데 있다.[7] 현재는 덧없는 것, 지나가버리는 것이 아니라 마주 기다리며 마주 지탱하고 있는 것이다. 그러나 대상은 지탱이 아니라 정지(停止)이며 중지(中止)이고 단절(斷絶)이요 경화(硬化)요 고립(孤立)이며, 관계의 결여(缺如)이고 현재의 결여인 것이다.[8] 그래서 본질적인 것은 현재 속에서 살려지고, 대상적인 것은 과거에서 살려진다.[9]

〈나-그것〉의 관계에서 다른 사람은 '그것', 즉 비인격적 존재가 된다. 〈나-그것〉의 관계는 다른 사람을 하나의 '사물(事物)'과 같이 다루어 자기의 수단으로 삼거나, 사람과 사람 사이의 문제를 조건과 조건, 사물과 사물 사이의 문제 같은 것으로 만들어 버린다. 이러한 관계는 과학적 관찰, 지식의 획득, 종교적 교리의 설정, 철학적 인식 등 다양한 형태로 나타날 수 있다.[10] 프랑스의 현대 철학자 피에르 쌍소는 『느리게 산다는 것의 의미』에서 다음과 같이 말한 적이 있다.

  능력 있는 사람? 인간은 '나는 할 수 있다'고 생각하는 존재이며, 감각 및 운동능력이나 지적능력들의 총체이다. 내가 세상을 통제하고 지배할 수 있을 때, 세상은 내게 낯설지도 않고 더욱이 적대적이지도 않다. 다만 나의 자유가 타인들의 자유와 충돌을 일으키게 될 뿐이다. 우리는 타인을 복종시키든지 아니면 그에게 복종하든지, 이 두 가지로 선택이 제한되어 있다고 생각한다. 내 앞에서 노예 상태로 존재하는 타인들이 있을 때 우리는 자신의 능력을 확신하게 된다.[11]

---

7) 부버, 『나와 너』, 18쪽.
8) 부버, 『나와 너』, 19쪽.
9) 부버, 『나와 너』, 19쪽. 유대인 출신의 부버가 과거보다 현재의 중요성을 분석한 것과 더불어, 시간이해에 있어서 헬라적인 전통이 아닌 히브리인들의 역사이해 방법을 통해 그들이 '현재의 차원을 강조하고 있다는 사실을 밝힌 흥미로운 논문이 있는데, 김재진, 「역사의 시간화와 역사해석에 있어서의 히브리적 인지구조」, 2010년 12월 숭실대 기독교학대학원 교수퇴수회 발표원고 참조.
10) 부버, 『나와 너』, 7쪽.
11) 피에르 쌍소, 『느리게 산다는 것의 의미』(김주경 역), 동문선, 2007. 130쪽.(밑줄은 필자 강조)

쌍소의 이러한 언급은 부버가 말하고자 한 〈나-그것〉의 관계에서 생겨나는 가장 전형적인 인간관계를 잘 묘사해 주고 있다.

다음으로 〈나-너〉 관계에서 일어나는 체험(體驗)에 관해 살펴보자. 여기에서는 철저하게 '너' 중심적이며, 모든 것을 '너'로서, 즉 '인격'(人格)으로 간주하게 된다. 〈나-너〉의 관계는 내가 '나'의 온 존재를 기울여 말할 수 있는 데 비해, 〈나-그것〉의 관계는 '나'의 온 존재를 기울여 말할 수 없다. 나는 너로 인하여 '나'가 된다. '너'가 되면서 '너'라고 말한다.[12] 그래서 〈나-너〉의 관계가 인간의 주체적 체험, 즉 인격의 세계를 말한다면, 〈나-그것〉의 관계는 인간의 객체적 경험, 즉 지식의 세계를 일컫는다.[13] 좀 더 부연하자면, 〈나-너〉의 관계에서 '너'는 '너'로 인해 비로소 '내'가 된다. '내'가 되면서 '나'는 '너'라고 말한다.[14] 그래서 모든 참된 삶은 만남이다. 특히 타자와의 관계에서 가장 중요한 것은 인격적인 부분이다. 나와 너 사이의 긴밀한 상호 인격 관계에서 우리는 인격으로서의 자신을 깨달을 수 있을 뿐만 아니라 또한 다른 사람을 하나의 인격으로서 만나게 된다. 부버는 여기서 '너'에 대한 관계는 '직접적'이라고 말한다. 그러니까 나와 너 사이에 장애물이 제거된 상태, 모든 매개물이 무너져 버린 곳에서 일어나는 만남이기 때문에 이를 직접적이라고 말한다.

'나'와 '너' 사이에는 어떠한 개념 형태도, 어떠한 예비지식도, 어떠한 환상도 없다. 그리고 기억조차도 개별적인 것에서 전체적인 것으로 넘어갈 때에는 변하고 만다. 나와 너 사이에는 어떠한 목적도, 갈망도, 어떠한 예상도 없다. 그리고 그리움조차도 꿈에서 현실로 넘어갈 때에는 변하고 만다. 모든 매개물은 장애물이다. 모든 매개물이 무너져 버린 곳에서만 만남은 일어난다.[15]

---

12) 부버, 『나와 너』, 17쪽.
13) 부버, 『나와 너』, 6쪽.
14) 부버, 『나와 너』, 17쪽.
15) 부버, 『나와 너』, 17쪽.

'나'와 '너'와의 직접적 만남은 진정한 관계맺음에서 일어나며, 이 관계맺음은 바로 현재의 사건이다. 그렇기에 현재란 단지 생각 속에서 그때그때 지나가는 시간을 고정시킨 종점으로서의 하나의 점이라든가, 또는 겉보기로만 고정시킨 경과를 가리키는 하나의 점 같은 것이 아니다. 참되고 충만한 현재는 현전(現前)하는 것, 만남, 관계가 존재하는 한에서만 존재한다. 오직 '너'가 현전하게 됨으로서만 현재는 생성되는 것이다.[16]

부버는 '나'와 '너'의 관계에서 직접성을 세우는 본질 행위를 사람들은 감정적인 것으로 이해하지만 사실은 감정이 아닌 '사랑'이라고 말한다. 감정은 소유되지만 사랑은 생겨난다. 감정은 사람 안에 깃들지만 사람은 사랑 안에서 살아간다. 사랑은 '나'에 집착하여 '너'를 단지 '내용'이라든가 '대상'으로서 소유하는 것이 아니다. 사랑은 나와 너 '사이에' 있다. 이것을 모르는 사람, 곧 그의 존재를 기울여 이것을 깨달은 사람이 아니면 비록 그가 체험하고, 경험하고, 향수하고, 표현하는 감정을 사랑에 돌린다 하여도 그는 사랑을 모른다. 사랑이란 하나의 우주적인 작용이다.[17] 부버는 사랑이란 한 사람의 '너'에 대한 한 사람의 '나'의 책임(責任)이라고 말한다. 그렇기 때문에 그 어떤 감정에도 있을 수 없는 것, 곧 모든 사랑하는 사람들에게는 한결같음이 있다는 것이다.

그러므로 사랑 안에 있으며 사랑의 입장에서 보는 사람에게는 모든 사람들이 그들의 분주한 삶의 혼란에서 해방되어 선한 자나 악한 자, 슬기로운 자나 어리석은 자, 아름다운 자나 추한 자, 모두가 잇따라 산 현실로 나타나며, 그들 하나하나가 모두 자유로운 독자적인 존재로서 '너'가 되어 그 사람과 마주 서게 된다. 놀랍게도 그때마다 배타성이 나타나지만 그때야 비로소 사람은 활동하고 도와주고, 고쳐 주고, 키워주고, 높여 주고, 구원해 줄 수 있다. 사랑

---

16) 부버, 『나와 너』, 18쪽.
17) 부버, 『나와 너』, 21쪽.

이란 한 사람의 '너'에 대한 한 사람의 '나'의 책임이다. 이 점에 그 어떤 감정에도 있을 수 없는 것, 곧 모든 사랑하는 사람들에게 있는 한결같음이 있다.[18]

이러한 한결같음은 지극히 작은 사람으로부터 지극히 큰 사람에 이르기까지, 또한 사랑하는 사람의 삶 가운데에 자신의 삶이 보호되어 행복하게 살고 있는 사람으로부터 한 평생을 이 세상의 십자가를 지고 가면서도 사람들을 사랑한다고 하는 엄청난 일을 할 수 있으며, 또 감히 하려고 마음먹는 사람에 이르는 모든 사랑하는 사람에 한결같이 나타나는 것이다. 사랑의 예에서 알 수 있듯이, 관계의 본질은 '상호성'[19]에 있다. 내가 나의 너에게 영향을 주듯이 나의 너는 나에게 영향을 미친다. 우리의 제자들이 우리를 가르쳐 주며 우리의 작품들이 우리를 세워 준다. 그래서 심지어 우리는 어린아이들이나 동물들에게서도 배울 것이 있는 것이다.[20]

'그것' 중심의 문화, 문화의 비극

우리는 앞에서 사람이 세계를 향해서 취하는 태도에 따라 사람과 세계와

---

18) 부버, 『나와 너』, 22쪽.
19) 앞에서도 언급했듯이, 부버는 짐멜의 사상, 특히 사회학적 관점에 많은 영향을 받는데 관계의 본질을 상호성에서 찾고 있는 부분도 마찬가지 경우이다. 짐멜은 '사회'를 "다수 개인들 사이에 이루어지는 다양한 상호작용의 합"이라는 기본전제에서 출발한다. 따라서 상호작용이 존재하는 곳에서는 어디에서나 사회가 존재한다. 심지어 두 사람이 가볍게 차를 마시는 것도 상호작용이며, 따라서 여기에도 사회는 존재하는 것이다. 이로써 고정적이고 실체적인 사회는 유동적이고 과정적이며 상대적인 상호작용으로 대체된다. 결국 짐멜에서 사회학이란 이러한 상호작용을 다루는 과학이다. 현대사회에서는 다름 아닌 "사람에서 사람으로 이동하는, 순간적인 또는 지속적인, 의식적인 또는 무의식적인, 일시적인 또는 중차대한 수많은 관계들", 또는 영원히 유동하고 고동치는 무수한 사회적 삶이 개인과 개인 사이를 결합시킨다. 여기에서 중요한 것은 이들 대상을 다수 인간의 다양한 상호작용이라는 생생한 삶과 행위, 그리고 그 과정이라는 관점과 시각에서 접근해야 한다는 사회학적 원리이자 입장이다. 이 모든 것들은 개인들이 상호작용을 하기 위한 기회나 수단 또는 도구로 보아야 한다. 따라서 사회학적으로 보면, 개인들 사이에 상호작용이 존재하지 않는 한, 사회제도나 조직 그리고 구조 및 시스템 역시 존재하지 않는다. Georg Simmel, *Soziologie. Untersuchungen über die Formen der Vergesellschaftung*(1908): *Georg Simmel Gesamtausgabe* 11, Frankfurt am Main, 1992. 33쪽. 김덕영, 『논쟁의 역사를 통해 본 사회학』, 한울아카데미, 2003. 208–209쪽. 신응철, 『문화, 철학으로 읽다』, 북코리아, 2009. 제4장 참조 바람.
20) 부버, 『나와 너』, 23쪽.

의 관계가 이중적일 뿐만 아니라 사람과 사람 사이의 관계도 이중적이 된다는 사실을 살펴보았다. 만일 사람 사이의 관계가 〈나-그것〉과 〈나-너〉의 관계로 고정되어 있는 것이라면, 우리는 결단이라든가, 회심이라든가, 선택을 통해서 우리의 입장을 명확하게 취할 수 있을 것이다. 그런데 우리의 사람살이의 관계에서는 모든 '너'가 '그것'으로 혹은 '사물'로 변할 수 있다는 것이다. 부버는 이런 현상을 우리의 '운명이 지닌 숭고한 우수(憂愁)'[21]라고 표현한다. 아무리 배타적으로 '너'가 직접적 관계 속에 현전해 있었다 하더라도 이 직접적 관계의 힘이 다했거나 또는 매개물이 파고 들어오면 그것은 여러 대상들 중의 하나가 되고 만다. 비록 그것이 제아무리 고상한 대상이 된다 하더라도 역시 여러 대상들 중의 하나에 지나지 않으며, 척도와 한정 가운데 있게 되는 것이다. 부버는 사랑도 예외는 아니라고 말한다. 바로 지금까지도 유일한 존재로서 한갓된 성질의 소유자나 대상적으로 존재하고 있지 않았던 사람, 경험할 수 있는 것이 아니라 오직 현전하고 있으며, 오직 접촉할 수밖에 없었던 사람도 이제 다시 하나의 '그' 또는 '그 여자'가 되고, 여러 가지 특성의 총화요, 어떤 형체를 갖춘 하나의 양이 되고 마는 것이다. 이때에 나는 그 사람으로부터 다시 그의 머리카락의 색깔, 그의 말하는 투, 그의 품위의 색깔을 끄집어 낼 수가 있다. 그러나 내가 그렇게 할 수 있는 한, 그는 이미 나의 '너'는 아니며 또한 다시는 나의 '너'가 되지 못한다.[22]

부버에 따르면 결국 이 세상에 있는 모든 '너'는 그의 본질상 '사물'이 되거나, 다시금 '사물성'으로 돌아가게 되어 있다. '그것'과 '너' 이 둘은 언제나 명확하게 분리되는 상태가 아니라 때로는 깊은 이중성 가운데서 어지럽게 뒤얽혀서 일어나는 하나의 사건이다.[23] 그런데 개인의 역사와 인

---

21) 부버, 『나와 너』, 24쪽.
22) 부버, 『나와 너』, 25쪽.
23) 부버, 『나와 너』, 25쪽.

류의 역사는 서로 구별되지만 한 가지 공통점을 가지고 있다고 부버는 말한다. 말하자면 '너'의 세계가 아닌 '그것'의 세계가 점진적으로 증대되어 간다는 사실이다.[24] 그렇다면 왜 사람살이에서 '그것의 세계'가 점차적으로 증대되어 가는 것일까? 그 원인을 어디에서 찾아야 하는 것일까?

부버는 먼저 문화 확장의 원리에서 그 원인을 찾고 있다. 여러 문화는 그 자체의 경험에 의해서만이 아니라 또한 이질적인 문화의 경험으로부터 흘러들어 온 것을 섭취함으로써 자신의 '그것의 세계'(It-world)를 확대해 가는 것이다.[25] 그리고 이렇게 발전해 감으로써 비로소 문화는 결정적이며 창의적인 확장을 이룩한다. 그렇기 때문에 일반적으로 말해서 각 문화의 '그것의 세계'는 그에 앞선 문화의 '그것의 세계'보다 더 포괄적이며, 약간의 정체나 외관상의 역행에도 불구하고 '그것의 세계'가 증대해 왔음을 역사상에서 명백히 알 수 있다. 그리스 문화가 이집트 문화를 받아들인 것과 같이 동시대의 문화를 직접 받아들인 경우이건, 서양의 기독교 세계가 그리스 문화를 받아들인 것과 같이 과거의 문화를 간접적으로 받아들인 경우이건 마찬가지라는 것이다. 그러니까 지금 부버가 말하려는 문화 확장의 원리란 다름 아닌 '그것의 세계', 즉 '그것' 지향의 세계관을 말한다. 이 부분과 관련하여 틸리히(Paul Tillich 1886~1965)도 부버의 생각에 전적으로 동의한다. 그러면서 틸리히는 현대 문화 속에 들어 있는 '그것' 중심의 세계관의 전제들을 신학의 영역에서도 반드시 극복해야 한다고 역설한 바 있다.

프로테스탄트 신학 변증학자들은 전체의 사물들 안에 신적 존재를 위한 자리가 있다는 것, 인격성과 세계와의 능동적 상호관계가 신적인 존재에 돌려져야 한다는 것을 입증하려고 시도했다. 경험주의 신학은 이 존재가 과학적 탐구의 일반적 방법으로 접근될 수 있다는 것을 입증하려고 시도했다. 말하자면, 이러한 시도들은 〈나-그것〉의 영역에 머무르게 된다. 그들은 '그것-세

---

24) 부버, 『나와 너』, 49쪽.
25) 부버, 『나와 너』, 50쪽.

계'를 초월하려고 하지만, 그들은 처음부터 '그것'을 받아들였기 때문에 승리할 수가 없었다. 그들은 결국 '그것' 지향적인 현대의 세계관의 궁극적 전제들을 극복하지 못했던 것이다.[26]

부버는 현대 문화의 특징은 〈나-그것〉의 관계를 기반으로 한 '그것의 세계'에 초점이 맞추어져 있고, 현대인의 대부분의 생활은 '그것'의 세계에 떨어져 있다고 진단한다. 그러면서 사람살이의 관계에서 〈나-너〉의 관계가 아닌 〈나-그것〉의 관계에 지배권을 넘겨준다면, 끊임없이 자라는 '그것의 세계'는 사람 위를 뒤덮고 사람에게서 그의 본연의 '나'를 앗아가고, 마침내는 그의 머리 위에서 떠도는 악몽과 그의 내부에 있는 유령은 서로 자신들의 구원받지 못함을 고백하면서 속삭이게 될 것이라고 예견하고 있다.[27]

이러한 정치 지도자들이 '그 사람'+'그 사람'+'그 사람'을 하나의 '그것'이 되도록 보태는 대신에 '너'와 '너'와 '너'의 총계, 즉 그 결과가 '너' 아닌 다른 것이 결코 될 수 없는 총계를 이끌어내려고 한다면, 그들의 세계는 그들의 머리 위에서 붕괴되는 것이 아닐까? …… 그리고 우리들이 지배자들로부터 피지배자들에게로 눈을 돌린다면, 근대적인 노동 형태와 발전 자체가 타자와 마주 서는 삶, 즉 뜻 깊은 관계의 흔적을 말살해 버리고 만 것이 아닐까?[28]

다음으로 부버는 사람살이에서 '그것의 세계'의 증대 원인으로 인과율 (因果律)적 사고를 꼽는다. 이러한 인과율이 그것의 세계에서 무한정의 지배력을 갖는다는 것은 자연의 과학적 질서를 위해서는 근본적으로 중요하지만, 그것이 사람을 억압해서는 안 된다는 것이다. 왜냐하면 사람은 '그것의 세계'에만 속박되어 있지 않고, 거기에서 벗어나 몇 번이고 되풀이하여

---

26) Paul Tillich, *Theology of Culture*, ed. by Robert C. Kimball, Oxford University Press, 1959. 번역서로 『문화의 신학』(남정우 역), 대한기독교서회, 2002, 195쪽.
27) 부버, 『나와 너』, 61쪽.
28) 부버, 『나와 너』, 61쪽.

'관계의 세계'로 들어갈 수 있기 때문이다. 이 관계의 세계에서 '나'와 '너'는 서로 자유롭게 마주 서 있으며, 어떠한 인과율에도 얽매이지 않고 물들지 않은 상호관계에 들어서는 것이다. 이 관계의 세계 속에서 사람은 자기의 존재 및 보편적 존재의 자유가 보장되어 있음을 알게 된다.[29] 그렇다면 부버는 왜 사람살이에서 인과율적 사고의 위험성을 강조하고 있는 것일까? 만일 사람살이에서조차도 인과율이 지배하게 된다면 여기서 사람은 대상들의 세계에 만족하게 되고, 그것에 굴복당하기 때문이다. 결국 인과율은 사람 위에 올라타서 압박하고 질식시키는 숙명(宿命)이 되고 만다. 문화도 예외일 수 없다. 문화란 그 중심이 끊임없이 새로운, 생동하는 관계, 사건 속에 놓여 있지 않는다면, 마비되어 '그것의 세계'가 된다는 것이다.[30]

　부버는 현대의 생물학적 사상과 역사철학적 사상은 인과율을 바탕으로 서로 협력하여 숙명에 대한 신앙을 견고하게 만들어 놓았다고 말한다. 그러니까 생존법칙, 심리법칙, 사회법칙, 문화법칙 등등 이러한 무수한 법칙들에서 뜻하고 있는 것은 언제나 사람은 하나의 피할 수 없는 필연적 현상 속에 매어 있기 때문에 그것을 거스를 수 없다고 하는 것이다. 여기서는 자유를 상상하는 일 따위는 어리석은 일로 간주된다. 부버는 모든 법칙의 근저에는 필연적인 경과, 즉 '무제한의 인과율의 광란'이 놓여 있다고 비판한다.[31] 인과의 점진적인 경과라고 하는 교리는 증대하여 가는 '그것'의 세계에 대한 인간의 권리 포기를 뜻한다. 그래서 '운명'이란 명칭은 그러한 사람들에 의해 오용되어 왔다는 것이다. 운명이란 인간 세계 위에 씌어 있는 종(鐘)이 아니다. 오직 자유에서 출발한 사람이 아니고서는 아무도 운명과 만나지 못한다.[32]

　그렇다면 사람살이에서 나타나는 그것 중심의 관계맺음, 인과율적 사고

---

29) 부버, 『나와 너』, 68쪽.
30) 부버, 『나와 너』, 71쪽.
31) 부버, 『나와 너』, 75쪽.
32) 부버, 『나와 너』, 75쪽.

를 토대로 한 운명론, 이러한 현상이 복합적으로 작동되는 문화의 비극 현상을 극복할 방안은 무엇인가? 부버는 다시금 관계에 주목한다. 〈나-그것〉 관계에서의 '나'는 '개별존재'(個別存在)로서 나타나고 자기를 경험과 이용의 주체로서 의식한다. 이에 비해 〈나-너〉 관계에서의 '나'는 '인격'(人格)으로 나타나고 자기를 종속적 속격을 가지고 있지 않은 주체성으로 의식한다. 개별존재는 다른 여러 개별존재에 대하여 자기를 분리시킴으로써 나타나지만, 인격은 다른 여러 인격과의 관계에 들어섬으로써 나타난다. 전자가 자연적인 분립의 정신적 형태라면, 후자는 자연적 결합의 정신적 형태이다. 자기 분리의 목적은 경험과 이용이며, 경험과 이용의 목적은 삶, 즉 인생의 전(全)기간에 걸친 죽음인 것이다. 이에 비해 관계의 목적은 관계 자체, 즉 '너'와의 접촉이다. 왜냐하면 모든 '너'와의 접촉에 의하여 '너'의 숨결, 곧 영원한 삶의 입김이 우리를 스치기 때문이다.[33] 인격은 자기를 존재에 관여하고 있는 것으로서, 하나의 공존자로서, 그리고 그러한 하나의 존재자로서 의식한다. 하지만 개별존재는 자기 자신을 '그렇게' 존재하며 다르게 존재 하지 않는 것으로 의식한다. 그래서 인격은 자기 자신을 바라보지만, 개별존재는 그의 '내 것', 즉 나의 혈통, 나의 종족, 나의 창작, 나의 독창력 따위에 관계한다.[34]

부버는 이상과 같은 설명을 통해서 두 가지 종류의 사람이 있는 것이 아니라, 인간성(人間性)에 두 개의 극이 있다고 말한다. 어떠한 사람도 순수한 인격이 아니며, 어떠한 사람도 순수한 개별존재가 아니다. 완전히 현실적인 사람이란 없으며, 완전히 비현실적인 사람도 없다. 모든 사람은 이중의 '나' 속에 살아가고 있는 것이다. 부버는 사람이, 인류가 개별존재에 의하여 지배되면 될수록 '나'는 더욱더 깊이 비현실성에로 타락한다고 말한다. 부버는 '나'라는 말은 인류가 가지고 있는 참된 암호(暗號)라고 말한다.

---

33) 부버, 『나와 너』, 83쪽.
34) 부버, 『나와 너』, 85쪽.

그러면서 그 암호를 해독할 수 있는 열쇠로 소크라테스[35]에게서 생기 있고 힘찬 나, 무한한 대화의 나를, 괴테[36]에게서 자연과의 순수한 사귐에 있는 나를, 예수[37]에게서 아버지와 아들로서의 절대적 관계의 나를 제시하고 있다.

부버는 뭇 관계의 연장선은 영원한 당신 안에서 서로 만난다고 말한다. 모든 낱낱의 '너'는 '영원한 당신'을 들여다보는 틈바구니이다.[38] 우리가 '너'로 만나는 우리와의 관계에 들어서는 모든 '너'는 하나의 조망을 이루며, 바로 이 〈나-너〉의 관계의 연장선에서 '영원한 당신'과의 관계에 들어가게 된다. 그래서 사람은 〈나-너〉의 관계가 강하면 강할수록 더욱 인격적으로 된다. 그리고 〈나-너〉의 관계가 강하게 되는 것은 그의 '너'가 '영원한 당신'이 될 때 정점에 다다른다. 이 영원한 당신은 여러 가지 이름으로 불려 왔지만, 역시 '신'(神)[39]이라고 부르는 것이 가장 자연스럽다고 부버는 말한다. 우리는 '너'를 '영원한 당신'이라고 부를 때, 또한 그렇게 대할 때, 우리의 '나'는 인격적 존재의 가장 깊은 경지에 이르게 되는 것이다. 이렇게 하여 부버는 인간의 세계에는 두 가지 근본적인 질서가 있다고 말한다. 하나는 〈나-너〉의 관계에 바탕을 둔 참다운 대화(對話)가 이루어지는 '인격 공동체'라면, 다른 하나는 다른 사람을 자기의 욕망을 충족시키기 위한 수단, 즉 '그것'으로만 바라보는 〈나-그것〉의 관계에 바탕을 둔 독백(獨白)만이 이루어지는 '집단적 사회'이다.

---

35) 부버, 『나와 너』, 87쪽.
36) 부버, 『나와 너』, 88쪽.
37) 부버, 『나와 너』, 89쪽.
38) 부버, 『나와 너』, 97쪽.
39) 부버, 『나와 너』, 96쪽.

문 화화 과정에서 나타나는 문화의 비극

이제 여기에서는 사람이 스스로 문화화 되는 과정, 이를 달리 표현해서 문화인, 성숙인, 교양인이 되는 과정에 주목해 보고자 한다. 일찍이 게오르그 짐멜(Georg Simmel 1858~1918)은 현대 문화의 위기 상황을 문화의 비극이라는 관점에서 분석한 적이 있는데, 그의 이런 관점은 오늘 여기에서도 여전히 많은 시사점을 제공해 줄 수 있을 것으로 기대된다.

문화화 과정과 비극의 발생

짐멜은 문화를 "영혼이 자신에게 이르는 길"[40]이라고 말하고, 또한 "폐쇄된 통일성에서 출발해 전개된 다양성을 거쳐 전개된 통일성에 이르는 길"[41]이라고도 말한다. 짐멜은 왜 이런 방식으로 문화를 정의하는 것일까? 짐멜에 따르면, 한 개인에게 가능한 모든 지식과 기교, 세련됨은 그가 정말로 문화화되었다(Kultiviertheit)고 간주하는 근거가 될 수 없다. 인간은 비록 문화화된 것을 소유할 수는 있지만, 이것이 문화화되었다는 것을 의미하지는 않기 때문이다.

짐멜은 문화를 주체와 객체의 상호관계와 상호작용의 관점에서 파악하기 때문에 「문화의 본질」(1908)에서는 주관문화와 객관문화로 구분하고 있다. 먼저 짐멜은 교화되고 고양되며 완성된 사물을 가리켜 '객관문화'라고 말한다. 객관문화는 인간 영혼을 자체의 고유한 완성의 길로 인도하거

---

40) 게오르그 짐멜, 『게오르그 짐멜의 문화이론』(김덕영·배정희 옮김), 도서출판 길, 2007.(이후 『문화이론』으로 표기함) 20쪽. Georg Simmel, *Gesamtausgabe, Band 14. Hauptprobleme der Philosophie. Philosophische Kultur*, Herausgegeben von Rüdiger Kramme und Otthein Rammstedt, Suhrkamp Verlag Frankfurt am Main 1966.(이후 GSG 14로 표기함) 385쪽. *GSG 14*, 385쪽.

41) 『문화이론』, 22쪽. *GSG 14*, 387쪽.

나, 개별 인간이나 전체 사회가 더 높은 존재로 나아가면서 통과하는 도정의 일부분을 구성한다. 이에 반해 '주관문화'는 그렇게 달성된 개인적인 발전의 정도를 가리킨다.[42] 객관문화와 달리 외화된 개인들의 정신적 영혼의 에너지가 주체적 존재인 이들에 대하여 일정한 자율성과 자체의 고유한 가치와 의미를 획득하고서, 여러 세대에 걸쳐 유전된 물질적 또는 정신적 객체를 의미한다. 객관문화와 주관문화의 구분에서 중요한 점은 대상의 존재론적 구별이 아니라, 단지 인간의 문화적 삶이라는 경험적 현상과 과정의 두 측면에 대한 개념적 분리일 따름이다. 그것은 어디까지나 인식 근거일 뿐 실제 근거는 아니다.[43] 객관문화의 의미는 그것 없이는 주관문화의 존재가 불가능하다는 사실에 있다. 왜냐하면 주체의 발전이나 상태는 그렇게 가공된 객체를 자신에 이르는 도정에 포함시켜야만 문화가 되기 때문이다. 또한 객관문화는 주관문화와 더불어 개인의 삶의 양식과 행위방식을 결정한다. 개인의 삶과 행위는 결국 객관문화와 주관문화의 종합으로 구성되는 것이다. 짐멜은 현대사회 질서에서는 주관문화와 객관문화가 점점 분리되고, 객관문화가 형식면에서나 내용면에서 점점 더 빨리 증가하면서 주관문화를 압도하고, 또한 이에 대해 우월한 지위를 차지하게 되었다고 분석하였다.[44]

문화의 본질이란, 상호작용에, 구체적으로 주체와 객체의 상호작용에 존재하는 것이다. 짐멜은 이러한 주체와 객체의 관계를 인간 문화의 형이상학적 전제조건으로 간주한다. 아니 그는 한걸음 더 나아가 인간 사회의 형이상학적 전제조건도 바로 거기서 찾는다. 상호작용은 짐멜에게는 세계원리 바로 그것이다. 주체와 객체의 상호적인 구성은 발달사적인 측면

---

42) 『문화이론』, 74–75쪽. Georg Simmel, "Vom Wesen der Kultur(1908)", in *Georg Simmel Gesamtausgabe, Band 8, Aufsätze und Abhandlungen 1901–08*, Suhrkamp Verlag Frankfurt am Main 1993. 371–373쪽 참조.(이후 *GSG 8*로 표기함)
43) 김덕영, 『게오르그 짐멜의 모더니티 풍경 11가지』, 도서출판 길, 2007. 194쪽.
44) 『문화이론』, 75–76쪽. *GSG 8*, 363쪽 이하.

에서 개체발생과 종족발생 모두에, 그리고 인간과 세계의 관계라는 측면에서는 이론적 측면과 실천적 측면 모두에 적용되는 원리이자 논리이다.[45] 문화라는 객체에는 개별 영혼의 의지와 지성, 개성과 정서, 역량과 정취가 집적되어 있다.[46] 짐멜은 이런 현상을 '문화의 역설'이라 말한다. 그러니까 우리가 그 연속적인 흐름 속에서 느끼고 자발적으로 내적 완성을 추구하는 주관적 삶은 문화의 이념에서 보면 결코 스스로 달성할 수 없고, 오로지 삶의 형식에 이질적으로 되어버린, 그리고 자족적이고 폐쇄적인 구조로 결정화된 것들을 경유해야만 달성할 수 있다는 말이다. 짐멜에 따르면 문화는 두 요소가 만남으로써 생성되는데, 이 둘 가운데 어느 것도 자체적으로 문화를 포함할 수가 없다. 여기서 두 요소란 주관적 영혼과 객관적 정신의 생산물을 뜻한다.[47]

짐멜은 문화를 논의할 때, 항상 종합 혹은 통일의 관점을 유지한다. 왜냐하면 문화란 어떠한 의미에서든 주체의 외부에 존재하는 초개인적인 구성물을 받아들이거나 이용함으로써 실현될 수 있는 개인적인 완성의 방식이기 때문이다. 주체는 객관적으로 정신적인 실재를 경유하지 않고는 문화화의 특별한 가치에 접근하거나 도달할 수가 없다. 그리고 객관적으로 정신적인 실재 그 자체는 영혼이 자신으로부터 자신에 이르는 길, 즉 우리가 영혼의 자연 상태라고 부를 수 있는 것으로부터 영혼의 문화 상태로 이르는 길이 바로 그것을 관통하는 경우에만 '문화가치'(Kulturwerte)가 된다.[48] 결국 문화란 인간 영혼의 행위와 거기로부터 생산되는 것의 총합을 의미한다. 문화는 과학, 종교, 예술, 윤리, 경제 또는 기술과 같은 인간 삶과 행위의 전반적인 영역을 포괄한다. 그리고 이러한 변증법적 과정을 통해서 주체는 객체를 문화화 함으로써 자기 자신을 문화화한다. 달리 말해서 주

---

45) 김덕영(2007), 같은 책, 187쪽.
46) 『문화이론』, 29쪽. *GSG 14*, 392쪽.
47) 『문화이론』, 25쪽. *GSG 14*, 389쪽.
48) 『문화이론』, 33쪽. *GSG 14*, 395쪽.

체는 객체의 가치를 증식시킴으로써 자기 자신의 가치를 증식시킨다. 결국 문화화의 과정이란 가치증식의 과정이다.[49]

그런데 짐멜은 이와 같은 문화화의 과정에서 개인에게 독특한 현상들이 일어난다고 말한다. 주체가 객체를 통해 주체로 발전해가는 이러한 흐름은 이제 연속성을 상실할 수 있다. 객체는 지금까지 암시된 것보다 더 근본적인 방식으로 매개하는 활동과 의미에서 멀어지며, 그럼으로써 그것이 문화화의 길로 건너가는 다리를 파괴할 수 있다.[50] 이를테면, 개인들은 교화되고 더 합목적적으로 되며, 더 많이 향유하고 더 많은 능력을 얻으며, 또한 어쩌면 더 많은 교양을 갖추게 된다. 그렇다고 그것에 비례하여 문화화되는 것은 아니라는 것이다. 왜냐하면 우리는 비록 그렇게 낮은 단계의 소유와 능력에서 더 높은 단계로 나아가지만, 낮은 존재로서의 우리 자신에게서 더 높은 존재로서의 우리 자신에게로 나아가지는 않기 때문이다. 달리 말해서 개인적 존재가 문화적으로 의미 있는 발전을 이룬다는 것은 순전히 주체에 존재하는 상태지만, 동시에 이 상태는 어떠한 경우에도 객관적인 내용을 수용하고 이용함으로써만 달성될 수 있기 때문이다. 그러므로 어떤 점에서 보면, 진정한 의미의 문화화는 '무한한 과업'(unendlichen Aufgabe)이라고 할 수 있다. 왜냐하면 개인적 존재의 완성을 위해 객관적 요소를 이용하는 과정은 결코 종료된 것으로 간주할 수 없기 때문이다.[51] 이렇게 본다면, 개인의 문화화의 과정에서 주관문화와 객관문화 사이에 분열 혹은 모순이 일어난다고 할 수 있다. 짐멜은 문화화의 과정뿐만 아니라 문화구조 내부에서도 이러한 분열이 일어나는데, 이 분열은 이미 문화적 토대에 그 단초가 주어져 있다고 분석한다. 그래서 주체-객체의 종합, 즉 문화 개념의 형이상학적인 의미에서 모순(矛盾), 아니 비극(悲劇)이 발생하게 된다는 것이다.[52]

---

49) 김덕영(2007), 『게오르그 짐멜의 모더니티 풍경 11가지』, 188쪽.
50) 『문화이론』, 46쪽. 83쪽. *GSG 14*, 405쪽.
51) 『문화이론』, 42쪽. *GSG 14*, 401쪽.
52) 『문화이론』, 43쪽. *GSG 14*, 402쪽.

'노동분업'과 '돈' 그리고 문화의 비극

그렇다면 문화화의 과정에서 주체와 객체의 균열, 부조화, 갈등이 일어나는 궁극적인 원인은 무엇 때문인가? 먼저 짐멜에 따르면, 객체가 창조적인 주체에 직면해 이처럼 고립, 소외되는 것은 무엇보다도 노동분업(Arbeitsteilung)에 원인이 있다.

> 분업의 결과로 사실상 모든 대상은 이미 대중적 노동의 산물이다. 현대의 노동 조직은 개인의 영혼을 여러 다양한 에너지와 활동으로 분해한 후, 이를 다시금 하나의 객관적인 문화생산물로 결합하도록 한다. 결과적으로 어떤 특정한 문화생산물에 더 많은 영혼이 참여하면 할수록 거기에는 더 적은 개인의 영혼이 존재하게 된다.[53]

이처럼 노동분업의 결과로 현대세계에서는 노동과정, 노동수단, 노동생산물이 노동하는 주체로부터 완전히 분리되고 독립해서 그 자체의 고유한 논리와 법칙 및 동력을 가지고 존재하며 기능한다. 결과적으로 객체에 투자된 개인의 주체적 영혼은 자기 자신에 이르는 길을 잃어버린다. 그리하여 객체화되고 물화(物化)된다. 짐멜은 마르크스가 분석한 노동의 물상화 과정과 상품화 과정을 현대 세계의 광범위한 문화적 분화과정의 특정한 부분적 측면으로 간주하고 있다. 다시 말해 현대 문화의 분화과정이란, 구체적으로 개인의 인격으로부터 그 개별적 내용을 분리해내어, 이를 독립적인 규정과 운동을 지닌 객체로서 개인의 인격과 대립시키는 과정을 가리킨다.[54] 짐멜은 노동분업의 현상을 통해서 문화의 비극, 문화의 비극적 숙명을 예견하고 있다. 그러니까 노동분업에 의한 과도한 전문화는 심각한 결과를 초래하게 된다는 것이다. 객체는 자체의 고유한 발전논리를 가지며 그 결과 인간 영혼의 발전에 편입될 수 있는 방향에서 벗어나게 된다. 여기

---

53) Georg Simmel, *PdG*, 618쪽.
54) Georg Simmel, *PdG*, 632쪽.

에서는 사물을 문화적으로 형성하는 내재적인 논리가 중요하다. 그래서 인간은 이제 그저 이 논리가 발전을 지배하고 궤도를 벗어나서 지속시킬 수 있도록 강제하는 존재가 되고 만다. 사실은 바로 이 궤도에서 사물의 문화적 발전이 다시금 생동하는 인간의 문화발전으로 회귀할 수 있는 것이다. 이러한 현상을 짐멜은 문화의 비극(Tragödie der Kultur)이라고 말한다.

그러면 문화의 비극 상황이 초래된 근본 원인은 노동분업 이외에 또 다른 이유는 없는 것일까? 짐멜은 '돈'을 현대문화의 갈등과 비극의 원인으로 간주하고 있다. 짐멜은『돈의 철학』(1900)에서 다음과 같이 설명하고 있다. 사물의 문화는 비로소 돈을 통해 자연 상태에 대하여 자주적이고 독립적인 세력과 질서가 될 수 있었다. 돈은 문화과정의 관절체계로서 한편으로는 이 과정을 구성하는 요소들을 분리하고 이동시키며 새롭게 결합시키는 것을, 다른 한편으로는 이들 요소가 서로서로 의존하고 서로서로 다양하고 지속적인 자극과 충동을 주고받을 것을 가능케 해준다. 여기에서 돈은 동시에 주관문화의 발전을 위하여 긍정적인 기능을 하기도 한다. 돈은 주제와 객체 사이에 끼어들어 이들 사이에 거리를 만듦으로써 개인으로 하여금 사물과의 직접적인 관계에서 해방되어 사물에 대한 지배자가 되며 우리에게 가능한 것을 선택할 수 있도록 해준다. 객관정신과 주관정신의 관계를 상호간의 고양과 성숙의 관계로 이끌어줌으로써, 현대적 삶의 양식에 대한 돈의 문화의의는 지양되는 것이 아니라 상승되는 것이며, 반증되는 것이 아니라 입증되는 것이다. 짐멜은 그 좋은 예로 타자기를 든다. 타자기의 표준화되고 객관화된 활자로는 개인적 필체를 표현할 수 없지만, 다른 한편 우리는 타자기라는 객관문화를 수단으로 하여 자기 자신의 심층적 영혼이 이룩한 업적과 더불어 자기 자신의 주체적 개인적 인격을 표출시킬 수가 있다.[55]

---

55) Georg Simmel, *PdG*, 651-654쪽. 그리고 김덕영(2007), 197-198쪽 참조.

이러한 과정에서 돈이 문화위기와 관련되는 것은, 바로 수단(手段)의 자립화 현상과 관련된다. 그러니까 원래 돈은 교환과 가치보상을 위한 수단이었다. 그런데 돈이 대다수 문화인간의 목표중의 목표가 되어버렸다. 합리적인 이성에 비추어보면 정당화될 수 없는 일이지만, 목적을 달성하기 위한 노력은 대체로 돈을 가짐으로써 종결된다. 결과적으로 객관문화는 마치 하나의 자율적인 세계와도 같이 주관문화와 특정한 관계를 갖지 않으면서 존속하고 발전할 수 있게 되며, 궁극적으로는 객관문화가 주관문화에 대한 우위를 차지하게 된다. 돈은 이처럼 현대문화의 갈등과 비극을 초래한다.

짐멜은 현대사회에서 주관문화와 객관문화가 점점 더 분리될 뿐만 아니라, 객관문화가 주관문화를 압도하는 현상을 문화의 비극이라는 관점으로 밝혀내었다. 그렇다면 현대사회에서 문화를 향유하고 있는 현대인에게도 이런 현상이 그대로 나타난다고 보아야하지 않을까? 짐멜은 현대인이 처한 상황을 다음과 같이 표현하고 있다. 짐멜은 초기 프란체스코 수도사들을 묘사하던 말, 즉 "아무것도 갖지 않는 것이 모든 것을 갖는 것"이라는 말의 의미를 되새기고 있다. 그러니까 그들은 영혼의 길을 어떻게든 자신을 통과해서 가라고 강요하여 이 길을 간접적인 길로 만들어버리는 경향이 있는 모든 사물들에서 완전히 해방되었다. 그런데 이에 반해 과도한 문화를 가진 오늘 현대인의 상황은 어떠한가? "모든 것을 가졌지만 아무것도 갖지 못한 것"이라고 표현될 수 있다는 것이다.[56]

문화의 비극 앞에 놓인 현대인

현대 문화의 비극성 앞에 놓인 현대인에게 앞으로 나아갈 수 있는 방안은 없는 것일까? 현대인을 향해 던지는 짐멜의 메시지에 귀 기울일 필요가 있다. 짐멜은 『철학적 문화』에서 개인이 단순히 '문화를 소유하는 것'과

---

56) 『문화이론』, 56쪽. GSG 14, 412쪽.

'문화화되는 것', 즉 문화 인간이 되는 것을 구분하였다. 말하자면 소유(Haben)와 존재(Sein)의 구분이다. 먼저 '소유'는 인간이라는 주체와 문화생산물이라는 객체가 단순히 기계적 병렬관계에 있음을, 즉 주관문화와 객관문화가 유기적이고 화학적으로 결합되지 못한 상태를 가리킨다. 이에 반해 '존재'는 객체가 주체와의 내적 결합으로 개인적-주체적 인격의 한 부분을 이룬 상태를 일컫는다. 존재의 경우, 객관적 문화의 산물이 개인의 주체적 인격을 연장해 주는 기능을 한다. 여기서 주체와 객체는 인격 또는 영혼의 중심과 주변의 관계를 이룬다. '문화를 소유하는 것'이 단순한 소유론적 범주라면, '문화화 되는 것' 또는 '문화 인간이 되는 것'은 소유와 존재가 결합된 범주라 할 수 있다.

결국 주체인 나 스스로의 문화화가 문화비극의 상황을 돌파할 수 있는 지름길이 되는 셈이다. 그러면 문화갈등과 문화위기를 극복하기 위하여 짐멜이 생각하고 주체적 인간이 되기 위한 교육이란 어떤 것일까? 짐멜은 개인을 주체적인 인격체로 교육시키는 것만이 현대세계에서 주관문화를 보존하고 발전시킬 수 있는 유일한 대안이라고 주장한다. 짐멜에 따르면, 18세기와 19세기는 모두 개인주의 이론을 발전시켰지만, 개인과 사회와의 관계를 어떻게 보느냐에 따라 두 세기는 근본적인 차이점을 보여주었다는 것이다. 18세기가 양적 개인주의 혹은 개체성의 개인주의 철학을 발전시켰다면, 19세기는 질적 개인주의 혹은 유일성의 개인주의 철학을 발전시켰다. 전자에 의하면 개개인은 보편타당한 이성적 존재로서 다른 이성적 존재들과 평등하기 때문에 자유로운 존재가 된다. 따라서 평등하고 자유로운 양적 개인들의 삶과 행위는 반드시 사회의 존재를 전제조건으로 한다. 이와 반대로 후자는 개인의 존재근거와 의미는 다름 아닌 자기 자신만의 개성, 특성 그리고 특질에 달려있다고 본다. 질적 개인들에게 중요한 것은 사회적 관계가 아니라 자신의 주체적 인격의 발달인데, 이것의 의미는 궁극적으로 개인이 인류의 발달에 기여한 정도에 달려있다. 전자의 대표적 이론가로 칸트와 피히테를 들 수 있다면, 후자의 대표적인 이론가로는 낭만주의자들, 슐라이어마허, 괴테, 니체를 들 수 있다.[57]

그렇다면 개인의 내적인 인격체의 발달을 촉진할 수 있는, 말하자면, 성숙(成熟)과 교양(敎養)을 쌓을 수 있는 새로운 교육체제는 어떻게 가능한 것인가? 짐멜은 서구 유럽의 18세기적 교육이념과 19세기적 교육이념의 결합을 통해서 실현가능하다고 보았다. 그러니까 18세기의 인문주의적-이상주의적 교육이념은 원칙적으로 인간의 내적-인격적 가치 형성과 발전을 지향하였다. 이에 반해 19세기 교육이념은 일차적으로 객관적 전문적-기능적 지식과 능력의 축적 및 전수를 지향함으로써 18세기 교육이 추구한 인문주의적 이상주의적 가치를 상실하게 되었다. 이러한 19세기 교육이념은 교육의 이념과 체제 변화가 삶의 영역에서 객관문화가 급속히 확산되고, 궁극적으로는 객관문화가 주관문화에 대해 우위와 지배적 관계를 갖는 데 매우 중요한 역할을 했다는 것이다.[58] 그래서 이제 짐멜은 18세기적 교육이념과 19세기적 교육이념 간의 양자택일이 아니라, 이 둘을 한 차원 높은 통일체로 결합시키는 것이야말로 현대문화의 위기, 비극적 상황을 타계할 수 있는 유일한 대안이라고 확신하는 것이다.

문 화의 비극은 우리의 우울한 운명인가?

지금까지 우리는 부버와 짐멜의 시선을 좇아 문화의 비극 상황에 대해 살펴보았다. 이제 우리에게 남겨진 문제는 간단하다. 이런 상황에서 무엇

---

57) Georg Simmel, *Grundfragen der Soziologie. Individuum und Gesellschaft*, Berlin 1970. 68쪽. 김덕영, 『현대의 현상학』, 나남출판사, 1999. 55~56쪽.
58) 김덕영, 『현대의 현상학』(1999), 2장, 3장(76~83쪽) 참조바람.

을 할 것인가? 그리고 어떻게 할 것인가? 앞서 우리는 종교의 비극, 나아가 문화의 비극의 한 장면으로 소망교회의 폭행사건을 들었고, 그것이 한국 기독교의 전반의 근본적인 문제에서 파생한 것이라고 말한 바 있다. 지금 한국 기독교, 나아가 종교 공동체의 핵심 문제는 상호관계의 단절에 있다. 교회가 나-너 관계에 입각한 참다운 대화가 이루어지는 인격 공동체가 되어야 함에도 불구하고, 나-그것의 관계를 바탕으로 한 집단적 공동체로 전락해 있다. 여기에서는 타인을 인격체로 대하기보다는 수단, 이용, 착취의 대상으로 간주하는 그것 중심의 세계관이 통용되고 있는 것이다. 그래서 이제 다시금 우리 스스로가 온 존재를 기울여 타인을 진정한 한 인격으로, 나아가 영원한 당신으로 대할 수 있는 참된 공동체, 다시 말해 사랑의 공동체 회복이 그 어느 때보다 절실한 시점이다.

　문제는 그 모든 것을 '내'가 먼저 시작해야 한다는 사실이다. 그런데 나는, 우리는 어떤 존재인가? 이중성을 지닌 존재, '너'의 세계와 '그것'의 세계를 오가는 존재, '자유'에의 결단과 '필연'에의 숙명 사이를 살아가는 존재, 그래서 더더욱 문화화되어야만 하는 존재가 아닌가? 진정한 문화화, 진정한 교양인, 진정한 성숙인은 결코 완결될 수 없는 무한한 과업(課業)이기에 우리는 매 순간 겸손할 필요가 있는 것이다. 우리 사회의 종교인들이 최소한 부버가 강조한 〈나-너〉 관계를 종교공동체 안에서만이라도 제대로 실천한다면, 그리고 종교 활동을 하는 오늘 우리들 모두가 '그것' 지향의 가치관을 한번쯤 철저하게 반성해 본다면, 그래서 짐멜의 눈높이에서 남의 탓을 하기보다 나 스스로의 문화화 지수를 체크해 본다면, 이 땅에서 벌어지는 문화 비극의 장면들은 사라지지 않을까? 대도시의 회색빛 우울한 운명에 안주하기보다 우리의 선택, 우리의 결단에 따라 우리 자신의 운명을 채색해야할 이유이다.

제8장

우리 안의 인종주의는
어떻게 나타나는가?[*]

* 이 글은 「인종주의와 문화-고비노 읽기, 칸트와 니체 사이에서-」, 「니체연구」 8권, 한국니이체학회, 2005. 10. 121-146쪽에 수록되어 있음.

인 종주의는 이제 사라졌는가?

우리에게 신칸트학파의 대표적인 문화철학자로 알려져 있는 에른스트 카시러(Ernst Cassirer 1874-1945)는 19세기와 20세기에 걸쳐 서구 사회에 가장 강력한 영향을 미친 정치적 신화를 분석한 적이 있다. 이러한 그의 분석은 특히 서구 사회에서의 파시즘, 특히 나치 독일의 국가 사회주의 이념의 허구를 파헤치려는 의도에서 시작되었다. 1946년 카시러 사후에 출간된 『국가의 신화』[1]는 정치적 신화의 대표적인 예로서, 칼라일(Thomas Carlyle 1795-1881)의 영웅숭배론, 고비노(Joseph-Arthur Gobineau 1816-1882)의 인종불평등론, 헤겔(Georg Wilhelm Friedrich Hegel 1770-1831)의 국가 이념, 슈펭글러(Oswald Spengler 1880-1936)의 운명론적 역사관을 제시하고 이를 분석하고 있다. [2]

여기에서는 위의 여러 정치적 신화들 가운데 고비노의 인종불평등론에 대한 카시러의 독해 방식을 좇아 보고자 한다. 한 세기가 이미 훌쩍 지나버린 고비노의 이론을 다시금 카시러의 목소리에 힘입어 살펴보고자 하는 것은 고비노의 이론이 서구 정치 사상사에 많은 영향을 미쳤기 때문이다. 특히 니체(Friedrich Nietzsche 1844-1900)의 사상을 비롯해 파시즘 이론에 적극적으로 개입되었다는 혐의를 여전히 받고 있기 때문이다. 어쩌면 지금도 고비노의 이론을 은근히 기대하거나, 유지하거나, 더욱 계발하려는 숨은 의도를 지닌 정치 집단과 사회조직, 국가가 있을 수도 있을 것이다.

카시러의 고비노 독해는 일면적으로는 정치철학적 관점에서 진행되고 있지만, 인종주의에 대한 논의의 궁극적 목적은 신화적 사유와 정치의 결

---

1) Ernst Cassirer, *The Myth of the State*, New Haven and London, Yale University Press,1946(이후 MS로 표기함). 번역서로는 최명관, 『국가의 신화』, 서광사, 1988.
2) 이 문제를 포함하여 카시러의 사회철학에 대한 상세한 논의는 신응철, 『카시러 사회철학과 역사철학』, 철학과 현실사, 2004. 제4장 참조바람.

탁에서 비롯된 현대 사회에서의 인간의 삶의 위기, 특히 문화의 위기를 진단하는 데 있기에 문화철학적 함의를 지닌다고 할 수 있다. 그런 맥락에서 볼 때, 이 글에서 필자의 기본 관심은 고비노 이론의 파시즘과의 직접적인 관련성을 해명하고, 나아가 고비노의 인종주의 자체에 대한 해명, 고비노 이론의 니체와의 영향관계, 마지막으로 이러한 논의를 한국 사회의 당면한 문제와 연관시키면서 문화철학적 관점에서 반성해 보는 데 있다. 그렇기에 여기에서 적어도 필자는 한국 사회의 정치, 문화, 교육 현장에서는 여전히 고비노의 인종주의가 사멸한 것이 아니라, 잔존 내지 어떤 측면에서는 부활하고 있다는 사실을 입증하고자 한다. 이 점이 바로 이 논의의 목적이라고 할 수 있다.

인 종주의에 대한 일반적인 이해

우리가 일반적으로 인종주의(racism)를 말할 때 제일 먼저 떠올리는 사상가는 프랑스의 외교관 출신의 인류학자였던 고비노 백작이다. 그는 『인종불평등론』(Essai sur l'inégalité des races humaines)(4권, 1853-1855)에서 유전되는 신체적 특징과 성격·지능·문화 사이에 인과관계가 있다는 사상을 펼쳐보였다. 그러니까 이 사상 속에는 어떤 인종은 선천적으로 다른 인종보다 우수하다는 관념이 전제되어 있는 것이다. 고비노의 주장에 따르면 백인종은 다른 모든 인종보다 우수하며, 백인종 가운데서도 최고의 문명을 이룩한 아리안 인종이 가장 우수하다는 것이다. 그에 따르면 순수 민족만이 육체적·정신적으로 순수성을 유지할 수 있고, 그들에게서 문화의 퇴폐·몰락은 나타나지 않는다는 것이다. 그러한 민족으로 아리안족, 특히 게르만족을 들었다. 결국 나치 독일의 민족 우월론은 고비노의 이 같은 사상에 뿌리를 두고 있다고 해석할 수 있는 것이다.

고비노의 이러한 생각들을 철저히 계승한 사람은 영국 태생의 정치철학자 휴스턴 스튜어트 체임벌린(Houston Stewart Chamberlain 1855-1927)이었다. 그는 1899년 독일어로 『19세기 유럽 문화의 토대』를 출간하기도 했다. 유럽 문화에 있어 아리안인의 인종적·문화적 우월성을 주장한 그의 사상은 범게르만주의와 독일 민족주의 사상, 특히 히틀러의 국가 사회주의 운동에 영향을 미치게 되었다. 베르사유·제네바·빈 등지에서 교육을 받은 체임벌린은 리하르트 바그너의 찬미자가 되어 1892년 그의 첫 작품인 『로엔그린에 관한 연구』를 출판했다. 그 뒤 바그너의 희곡을 분석한 저서(1892)와 바그너의 전기(1895)를 출판했는데, 이러한 출판물을 통해 그는 바그너의 작품 속에 내재한 영웅적인 게르만적 요소를 역설하게 되었다. 또한 체임벌린은 구원의 길은 튜턴 족과 그 문화에 있다고 말하고, 튜턴족 가운데 독일인이 가장 고귀한 천품을 타고났다고 주장하기도 하였다. 이런 그의 주장은 독일인이 세계의 주인이 될 권리를 가지고 있다는 의미로 해석될 수 있다. 그렇게 하여 이들의 인종주의는 이후 나치 정권의 국가 사회주의 이념에 즉각적인 영향을 미치게 되었다고 일반적으로 평가되고 있다.[3]

고 비노의 인종주의에 나타난 역사관

이제부터는 고비노의 『인종불평등론』을 중심으로 그의 인종주의 논의와 나치즘과의 관련성을 구체적으로 논의하도록 한다. 그 이유는, 위에서

---

3) 이러한 평가는 Doris Mendlewitsch, *Volk und Heil. Vordenker des Nationalsozialismus im 19. Jahr-hundert*, Rheda-Wiedenbrück, 1988. George L. Mosse, *Die Geschichte des Rassismus in Europa*, Frankfurt/M. 1990. 하인츠 파에촐트, 『카시러』, 인간사랑, 2000. 147쪽.

도 잠시 언급했듯이, 일반적으로 고비노의 이론이 나치즘과 직접적인 관계가 있다는 입장에 대해 카시러는 이의를 제기하고 있기 때문이다. 그래서 필자는 여기에서 고비노 이론의 진정성, 역사성, 문화철학적 함의 등의 측면을 논의하고자 한다.

먼저 고비노가 이 저서를 어떤 의도에서 쓰게 되었는가의 문제와 관련하여, 카시러는 의외의 입장을 취한다. 그러니까 고비노의 이 책에는 이후에 전개될 정치적 경향들(나치즘)이 이미 나타나있었다고 보는 기존의 일반적인 입장들과는 달리, 나중에 펼쳐진 정치적 경향들은 고비노가 의도한 바와 전혀 상관없는 것이라고 카시러는 단호하게 주장한다.[4]

카시러는 고비노가 이 책을 정치적 팜플랫이나, 특정한 활동을 목적으로 쓴 것으로 보지 않는다. 다시 말해 정치적 사회적 질서의 재건이나 혁신에 적용하기 위해서 쓴 것이 아니라, 역사적 철학적 논문을 위해서 쓴 것으로 판단한다. 그 근거로 카시러는 고비노의 역사관을 제시한다. 고비노는 인류 역사에서 가장 중요한 것, 즉 본질적인 요인을 인종들 사이의 도덕적, 지적 차이라고 주장하고, 이러한 차이를 **사실**(fact)로 간주하였다.[5] 고비노의 역사관은 한마디로 숙명론적(fatalistic)이다. 다음의 카시러의 설명이 고비노의 역사관을 잘 대변하고 있는 것으로 보인다.

"역사는 일정하고 냉혹한 법칙을 따른다. 우리는 사건의 진로를 변경시키기를 바랄 수 없다. 우리가 할 수 있는 것은 그것을 이해하고 받아들이는 것뿐이다. 그런 점에서 본다면, 고비노의 이 책은 강한 운명애(amor fati)로 가득 차 있다. 인류의 운명은 처음부터 예정되어 있다. 인간의 그 어떤 노력도 이것을 돌이킬 수 없다. 인간은 자기의 운명을 바꿀 수 없다. 그러나 한편, 인간은 동일한 물음을 거듭 묻지 않을 수 없다. 비록 그가 자신의 운명을 지배할 수 없

---

4) MS, 224쪽. 『국가의 신화』, 277쪽.
5) Gobineau, *Essai sur l'inégalité des races humaines*, 제2판(Paris: Firmin-Didot), "Conclusion gé-nérale", II, p.548. 전2권.

다하더라도 그는 적어도 자기가 어디서 왔으며, 어디로 가는가를 알고 싶어 한다. 이 욕망은 근본적이고 소멸시킬 수 없는 인간 본능들 중의 하나이다."[6]

인종들 사이의 도덕적, 지적 차이를 주장하는 고비노의 인종주의의 제1원리는 "역사는 오직 백인종들과의 접촉에서만 생긴다."[7]라는 주장 속에 있다. 그러니까 백인종만이 문화적 생활을 건설하는 의지와 힘을 가진 유일한 인종이라는 말이다. 흑인종과 황인종은 아무런 생명도, 아무런 의지도, 그들 자신의 아무런 에너지도 가지고 있지 않다. 이들은 그 주인들의 수중에 있는 죽은 물질이요, 보다 높은 인종에 의하여 움직여지지 않으면 안 되는 무기력한 집단일 뿐이다.[8] 그런 맥락에서 고비노는 심지어 중국의 문화에 대해서도 이와 동일한 설명 태도를 취한다. 흑인종과 황인종은 거친 천이요, 무명이요, 양모에 지나지 않는 것으로서, 백인종이 이 것 위에 그들 자신의 우아한 명주실을 짰다는 것은 아주 확실한 일[9]이므로, 중국 문화는 중국인이 만든 것이 아니었다고 주장한다. 고비노에 따르면, 인도에서 이주해 온 외래 종족, 즉 중국에 침입하여 이를 정복하고 중앙 왕국과 중화 제국의 기초를 닦은 크샤트리아족의 소산으로 보아야 한다는 것이다.[10] 더 나아가 서구에서 볼 수 있는 매우 오래된 문화의 흔적도 이와 마찬가지라는 것이다. 아메리카 원주민들이 그들 자신의 노력으로 문명의 길을 찾을 수 있었다고 하는 것은 불가능한 가정이라는 것이다. 고비노에 의하면, 아메리카 대륙의 인디안족은 독립된 인종을 이루고 있었던 것이 아니라, 흑인종과 황인종의 혼합일 따름이다. 고비노는 이런 방식으로 아메리카와 아프리카, 그리고 아시아의 문화와 역사를 파악하였다.

---

6) MS, 225쪽. 「국가의 신화」, 277쪽.
7) Gobineau, 같은 책, Ⅰ권, 527쪽.
8) MS, 226쪽. 「국가의 신화」, 279쪽.
9) Gobineau, 같은 책, Ⅱ권, 539쪽.
10) Gobineau, 같은 책, Ⅰ권, 462쪽.

이와 같은 고비노의 역사관은 프랑스의 세습계급과 귀족계급에 대한 옹호로 이어졌다. 그 자신이 귀족 가문에 속했기 때문에, 세습 계급은 그에게 있어 국가나 개인보다 훨씬 높고 더 귀한 현실이었다. 그는 『인종불평등론』에서 아리안족의 브라만들이 카스트의 가치와 그 절대적 중요성을 처음으로 이해하고 확립하였다고 이들을 찬양하였다. 이들의 솜씨는 천재적인 솜씨요, 이들의 심원하고 독창적인 관념은 인류의 진보를 위해 매우 새로운 길을 텄다는 것이다. 프랑스의 귀족 계급은 게르만 계통의 침입자요, 정복자인 프랑크족의 핏줄을 이었고, 일반대중은 피정복자의 계급, 즉 독립된 생활에 대한 모든 권리를 잃은 노예 계급에 속한다.[11]

고비노의 역사관에는 전통적인 형이상학의 문제가 들어있다고 카시러는 분석한다. 그러니까 역사 속에서 의심의 여지가 없고, 흔들리지 않는 보편적 원리, 즉 진정한 보편자를 전통 형이상학은 사람들의 사고 속에서 찾으려 했지만, 고비노는 사람들의 운명을 결정짓는 실체적인 세력들 속에서 찾았다는 것이다. 말하자면 모든 세력들 가운데 '인종'이 가장 강하고 가장 확실한 사실이라는 것이다.[12] 인종이 인류 역사에서 중요한 요인이며, 서로 다른 인종들이 서로 다른 형태의 문화를 건설해 왔다는 것, 이 형태들이 동일한 수준에 있지 않다는 것, 그것들이 성격이나 가치에 있어서 여러 가지로 차이가 있다는 것은 일반적으로 인정되어 있는 사실이다. 여기서 고비노는 인종이 역사적 세계의 **유일한** 주인이요, 지배자라는 것, 다른 모든 세력들은 그 심부름꾼이요, 위성이라는 것을 증명하려고 했던 것이다.[13]

---

11) MS, 229쪽. 『국가의 신화』 283쪽.
12) MS, 231쪽. 『국가의 신화』 284쪽.
13) MS, 232쪽. 『국가의 신화』 285쪽.

고 비노의 인종주의와 나치즘 다시 보기

그렇다면 이제 문제는 고비노의 인종주의 이론에 들어있는 역사철학적 관점이 나치즘으로 대변되는 전체주의 국가 이데올로기를 만들어내는 데 직접적인 영향을 주었는가하는 점을 해명하는 일이다. 결론부터 말하자면, 카시러의 관점에서는 고비노의 인종주의 이론은 나치즘과 아무런 관련이 없다는 것이다. 우리는 고비노의 인종주의를 크게 네 가지 관점에서 접근하는 카시러의 논의 속에서 그와 같은 판단의 근거를 찾을 수 있을 것이다.

첫째, 고비노의 인종주의 이론은 "**다른 모든 가치를 파괴하려는 시도였다**"는 **관점이다.**[14] 이 관점에서 보면, 인종주의에는 기독교에 대한 고비노의 비판이 들어있다고 할 수 있다. 그러니까 이 관점은 인간의 기원과 종말에 대한 기독교적 생각에 대한 비판인 셈이다. 고비노가 말하는 인종이라는 神은 시기하는 신이다. 그것은 자기 이외에 숭배될 다른 신들을 용납하지 않는다. 인종은 모든 것이요, 다른 모든 세력은 아무 것도 아니다. 이것들은 독립적인 의미나 가치를 도무지 가지고 있지 않다. 만일 이것들이 어떤 힘을 가지고 있다면, 이 힘은 자율적인 힘이 아니다. 그것은 이것들의 상관이자 주권자, 즉 전능한 존재인 인종에 의하여 이것들에게 위탁되어 있을 따름이다. 이 사실은 온갖 형태의 문화생활, 즉 종교, 도덕, 철학과 미술, 국민과 국가 속에 나타나 있다는 것이다.

카시러는 고비노 이론의 가장 중요한 요소는 인종에 대한 찬미 자체가 아니었다고 본다. 그 자신 또한 열렬한 가톨릭 신자였던 고비노는 기독교의 교리를 받아들였고, 교회의 권위에 순종하였다. 성서는 그에게 어디까

---

14) MS, 232쪽. 『국가의 신화』, 285쪽.

지나 영감으로 된 책이었고, 글자 그대로의 진리가 한 번도 부정된 적이 없는 것이었다. 그러므로 그는 세계 창조와 인간의 기원에 관한 성서적 이론을 공격할 수가 없었다. 그렇지만 다른 한편에서 볼 때, 흑인종과 황인종이 백인종과 동일한 인간 가족에 속한다는 것을 인정할 수가 없었다. 흑인종과 황인종에게서 발견할 수 있는 것은 더할 나위 없는 추악한 야만성과 가장 흉악한 이기주의였다.[15] 그러니까 고비노는 자신의 종교적 생각과 자신의 인종주의 이론 사이의 괴리를 인정할 수밖에 없었다. 이러한 자신의 딜레마에서 벗어나기 위해서 고비노는 마침내 기독교의 '형이상학적 진리'와 인간 세계에서의 '문화적 가치'를 확연히 구별하게 된다. 이와 같은 구별을 통해서 고비노는 사실상 기독교가 인류의 문명의 발달에 그 어떤 영향도 끼치지 못했으며, 문명을 위한 능력을 창조하지도 않았고 변화시키지도 않았다는 사실을 제시하고 있는 것이다.

결론적으로 볼 때, 고비노는 기독교가 크고 신비한 세력이기는 하지만, 인간 세계를 움직이는 그 어떤 일도 할 수 없는 세력으로 간주하였다. 그러니까 인간의 역사적 생활에서 기독교는 그 모든 권리를 포기하고 '인종'이라는 새로운 신에게 절하고 말았다는 것이다. 바로 이러한 관점에서 카시러는 고비노의 인종주의를 결국은 '모든 가치를 파괴하려는 시도'로 간주하는 것이 온당한 해석임을 주장하고 있는 것이다.[16]

둘째, 고비노의 인종주의 이론은 18세기 **계몽주의의 이념, 즉 "인도주의"와 "평등주의" 이념에 대한 비판이었다는 관점이다.**[17] 계몽주의의 이념은 종교에 근거한 것이라기보다는 새로운 유형의 철학적 윤리학에 근거하고 있다. 이러한 이념은 특히 칸트의 저작 속에서 명료하게 이끌어낼 수가 있다. 칸트의 저작을 떠받치고 있는 요체는 '자유'의 이념이다. 이 자유

---

15) Gobineau, 같은 책, I 권, 227쪽.
16) MS, 235쪽. 『국가의 신화』, 288쪽.
17) MS, 235쪽. 『국가의 신화』, 289쪽. 하인츠 파에촐트, 『카시러』, 148쪽.

는 '자율'을 의미한다. 이것은 도덕적 주체는 그가 자신에게 주는 것 외의 다른 어떤 규칙에도 복종해서는 안 된다는 원리의 표현이다. 그는 그 자신 "목적의 왕국에 있어서의 입법자"[18]이다. 이것이야말로 그의 참 존엄성, 한갓 물리적인 모든 존재를 넘어서는 특권을 구성하는 것이다.

그런데 이러한 칸트의 생각은 고비노에게서는 도무지 알 수 없는 소리로 들렸고, 참을 수 없는 것이었다. 왜냐하면 고비노가 볼 때, 칸트의 생각은 인종의 모든 본능과 가장 깊은 감정에 크게 어긋나는 것이었기 때문이다. 고비노에게서 존엄성이란 개인적 우월성을 의미하는 것이며, 우리가 남을 열등한 존재로 내려다보지 않고서는 이 우월성을 의식할 수가 없다. 모든 위대한 문명과 모든 고귀한 인종에 있어서 이것은 지배적 특성이었다. "자신의 가문과 혈통을 자랑스럽게 여기는 사람은 누구나 서민과 혼혈되기를 거부하였다."[19] 때문에 칸트 식의 보편적인 윤리의 기준과 가치를 찾는 것은 어리석은 일이다. 이와 같은 고비노의 입장에서는 칸트의 정언명법은 말 자체가 모순이 아닐 수 없다. 우리가 하고자 하는 것이 동시에 보편적 법칙이 되도록 하라는 격률은 불가능하다. 보편적 인간이 없는데 어떻게 보편적 법칙이 있을 수 있는가? 모든 경우에 타당할 것을 주장하는 윤리적 격률은 어떤 경우에도 타당하지 않다. 누구에게나 적용되는 규칙은 아무에게도 적용되지 않는다. 그것은 인간적 역사적 세계에서 대응하는 것이 하나도 없는 한갓 추상적인 공식에 불과하다.[20]

고비노는 "아리안"(Aryan)이라는 말의 어원론을 받아들이고 있는데, 그것에 의하면 이 말은 본래 "존귀하다"(honorable)라는 것 외에는 다른 아무 것도 의미하지 않았다. 아리안 인종의 성원들은, 인간이란 그 개인적 성질들로 인하여 존귀한 것이 아니라, 그 인종의 유전질로 인하여 존귀하다는 것

---

18) Kant, *Grundlegung zur Metaphysik der Sitten*, sec. 2, "Werke", ed. E. Cassirer, IV, 293쪽.
19) Gobineau, 같은 책, II권, 21쪽.
20) MS, 236쪽. 『국가의 신화』, 290쪽.

을 잘 알고 있었다. "우리는 개인적 명예와 존엄성을 오직 보다 높은 영주의 영지에서, 참주권자인 인종으로부터 우리의 몫으로 받음으로써만 소유한다. 스스로를 아리안 족이라 칭하는 백인들은 이 칭호의 존대하고 화려한 의미를 잘 알고 있었다. 그들은 이것에 힘껏 집착하였다."[21] 한 인간은 그의 행동에 의해서가 아니라 그의 '혈통'에 의해서 위대하고 고귀하고 유덕하다. 우리의 개인적 업적이 받아야 할 유일한 검사는 우리들의 조상에 대한 검사다. 어떤 사람에게 그의 도덕적 가치에 대한 확신을 주는 것은 다름 아닌 그의 출생 증명서이다. 덕은 습득될 수 있는 어떤 것이 아니다. 그것은 하늘로부터의 선물이다. 더 정확하게 말하면, 땅으로부터의, 즉 인종의 신체적, 정신적 성질들로부터의 선물이다. 이런 맥락에서 고비노는 흑인종에 대해 "맹수도, 이 소름끼치는 종족들에 비하면 너무나 고상해 보인다. 신체적으로는 원숭이들이, 도덕적으로는 암흑의 혼령들이 이들과 비슷하다고 느끼지 않을 수 없다."[22]라고 묘사하였다.

한편, 고비노는 불교를 도덕적 차원과 지적 차원에서 인류 역사상 최대의 도착의 하나로 간주하고, 혹독하게 비판하기도 하였다. 그 비판의 전제는 위에서 살핀 바와 대동소이하다. 가장 훌륭한 신체적 지적 재능과 가장 고귀한 혈통을 받아가지고 태어난 한 사람, 최고의 카스트에 속하는 왕의 아들이 갑자기 이 모든 특권을 버리기로 결심하고 가난한 사람, 불쌍한 사람, 버림받은 사람들을 위한 새 복음의 전도자가 된 것이다. 고비노의 눈에는 이 모든 것이 용서할 수 없는 하나의 죄이자 일종의 큰 배신이었다. 그것은 혼혈의 위험으로부터 그 자신을 보호하는 카스트 제도를 만들어 낸 아리안 인종의 존엄성에 대한 범죄로 비춰진 것이다.[23] 그리고 고비노는 불교는 '존재론'을 '도덕' 위에 세우려 했지만, 사실은 '도덕'이야말로

---

21) Gobineau, 같은 책, I권, 370쪽.
22) Gobineau, 같은 책, I권, 227쪽.
23) MS, 237쪽, 『국가의 신화』, 291쪽.

'존재론'에 의존할 뿐이라고 주장한다. 고비노는 이러한 주장의 근거로 게르만 민족의 신화를 예로 든다. 게르만 민족의 신화에는 어떤 사람이 그의 도덕적 행위로 말미암아 구원을 받는 것이 아니었다. 낙원은 영웅들, 전사들, 귀족들에게 이들의 행위와는 아무 상관없이 열려 있었다. "고귀한 인종에 속하는 사람, 곧 참된 아리안인은 다만 그의 가문의 힘으로 발할라(Valhalla 천당)에 들어가는 영예를 얻었다. 한편, 가난한 자, 포로들, 농노들, 요컨대 혼혈 백인들, 낮은 가문의 혼혈아들은 누구나 얼음장 같은 암흑 속에 떨어졌다."[24] 그렇다면 이상과 같은 게르만 민족의 이 신화는 무엇을 의미하는가? 그것은 바로 존재론이 도덕에 앞서며, 또 어디까지나 존재론이 결정적 요인이라는 사실을 보여주고 있다. 그러니까 한 인간이 무엇을 하는가가 아니라, 그 인간이 무엇인가가 그에게 도덕적 가치를 준다. "인간은 잘 행동함으로써 善한 것이 아니라, 그가 선할 때, 다시 말해 잘 태어났을 때 잘 행동한다."[25]

셋째, 고비노의 인종주의는 **국가주의**(nationalism)**의 이념, 특히 애국심과는 무관하다는 관점**이다. 보통 고비노의 인종주의와 나치 독일의 국가주의를 연결시키는 것이 자연스러워 보이지만, 카시러는 역사적 관점이나 체계적인 관점에서 볼 때 그것은 부정확한 일이기에 그와 같은 태도를 비판한다.[26] 그래서 카시러는 고비노가 국가주의자도 프랑스의 애국주의자도 아니었다고 주장한다.[27] 고비노는 프랑스의 불랭빌리(Boulainvillier)의 주장을 받아들였다. 이 주장에 따르면, 프랑스는 한 번도 진정으로 국가적 통일을 이루어보지 못했다. 프랑스는 정복자들과 예속자들, 귀족과 평민으로 나뉘어있는데, 이들은 동일한 수준에 있지 않았으며, 동일한 정치적, 국민적

---

24) Gobineau, 같은 책, II권, 370쪽.
25) Gobineau, 같은 책, II권, 370쪽.
26) '인종주의'와 '국가주의'의 차이에 대한 논의는 Hannah Ahrendt, "Race-Thinking Before Racism", *The Review of Politics*, VI, No.1(1944), 36-73쪽 참조바람.
27) MS, 239쪽. 「국가의 신화」, 293쪽.

생활을 공유할 수도 없었다. 고비노는 이 견해를 인류 역사 전체에 적용시켰다. 우리가 국민이라고 부르는 것은 결코 하나의 동질적인 전체가 아니다. 그것은 혼혈의 산물이요, 이 혼혈은 세상에서 가장 위험한 일이다. 이와 같은 혼성물에 대해서 경외와 존경을 가지고 말하는 것은 인류 역사에 관한 올바른 이론의 제1원리들을 어기는 것이다. 그래서 '애국심'(patriotism)은 민주주의자들이나 선동자들에게는 하나의 미덕일 수 있지만, 결코 귀족주의적 미덕은 못되며, '인종'이 귀족주의자의 최고의 미덕이다.

애국심의 기원에 대한 논의는 그리스인과 로마인에게까지 거슬러 올라간다. 그런데 애국심은 아리안 족의 이상이 아니었다는 사실을 알 수 있다고 고비노는 주장한다. 애국심은 게르만족의 미덕이 아니었다. 게르만족의 세계에서는 인간이 모든 것이었고, 국가는 거의 아무 의미도 없는 것이었다. 이것이 게르만족과 그 밖의 인종들-예컨대 그리스인, 로마인, 킴메르인의 피가 섞인 셈족, 혼혈 백인들- 사이의 깊은 차이를 이루는 것이다. 고비노는 유럽 문명의 경우 그리스인들이 폴리스에 대한 맹목적 찬양으로 말미암아 애국심이라는 그릇된 이상을 만들어내었다고 파악한다. 때문에 결과적으로 애국심이란 "가나안의 괴물"(Canaan monstrosity)[28]에 불과한 것으로 이는 거부되어야만 하는 것이었다.

한편, 고비노는 인종주의 이론의 결말 부분에서 고귀한 인종에 속하는 사람들은 일단 자신의 기원을 알게 되면, 위험한 유전질에 대해서 자기를 지키지 않으면 안 된다고 말한다. 그리고 이 과정에서 서로 다른 인종들을 어떤 방식으로 결합시켜 나아가야 할지를 고민하였다. 그 고민의 대답으로 고비노가 제시한 것은, 나면서부터 귀족이었던 자신은 귀족으로서의 신분에 어울리는 행동을 해야 한다는 원칙이다. 그러니까 노블리스 오블리제(noblesse oblige)의 태도이다.[29] 카시러는 고비노이론의 이런 요소들 때문

---

28) Gobineau, 같은 책, II권. 29쪽. 31쪽.
29) MS, 242쪽. 『국가의 신화』. 297쪽.

에 그를 인간적 동정, 친절, 혹은 자비심이 없는 사람이라고 비난해서는 안 된다고 지적하기도 하였다.[30]

넷째로, 고비노의 인종주의 이론은 깊은 **염세주의와 관련되어 있다는 관점이다.**[31] 고비노는 오직 부자와 귀족만이 발할라(천당)의 영광을 누릴 수 있었던 옛 게르만족의 제도를 중심으로 찬성하였다. 빈궁은 천한 것이다. 아리안 인종인 게르만인은 그가 당연히 봉건 영주요 지주임으로 해서, 즉 세계의 일부분의 소유자인 까닭에 자기 자신과 세계에서의 자신의 역할에 대해서 매우 높이 평가하고 있었다.[32] 이런 점에서 고비노는 정력적인 인종인 아리안 족이 역사의 큰 무대에서 진정한 배우라면, 인류 문명의 진보에 무한한 희망을 품을 수 있다는 생각을 가지기도 하였다. 카시러의 분석에 따르면, 고비노의 저작은 일종의 도취, 그러니까 인종 숭배와 자기 숭배의 도취에서 출발하고 있는 것이다.[33]

그렇지만 최초의 낙관적 견해는 逆변증법에 의해 갑자기 심각하고 돌이킬 수 없는 비관론으로 전환하고 있음을 카시러는 지적한다. 어떤 측면 때문인가? 고비노의 이론에 의하면, 고등인종들은 그들의 역사적 사명을 완수하고 나서 필연적으로 또 불가피하게 그들 자신을 파멸시킨다는 것이다. 그들은 세상과 밀접하게 **접촉**하지 않고서는 세상을 다스리고 조직할 수 없다. 그러나 그들에게서 접촉은 위험천만한 일이며, 나쁜 영향의 영속적이고 영원한 원천이다. 그 결과는 고등 인종들에게 참화를 가져오는 것일 수밖에 없었다. 서로 다른 인종들 사이의 협동은 동거(cohabitation)를 의미하며, 동거는 혼혈(blood mixture)을 의미하며, 혼혈은 부패(decay)와 타락(degeneration)을 의미한다. 그것은 언제나 종말의 시작이다. 인종의 순수성이 사라지면 그 힘과 조직력도 없어진다. 고등 인종들은 그들 자신이 저지른 일의

---

30) S, 243쪽. 『국가의 신화』, 298쪽.
31) MS, 247쪽. 『국가의 신화』, 302쪽.
32) Gobineau, 같은 책, Ⅰ권, 388쪽.
33) MS, 245쪽. 『국가의 신화』, 301쪽.

희생이 되며, 그들의 노예의 노예가 되는 것이다.[34]

카시러는 고비노 이론의 마지막 부분을 그의 저작 전체의 정수로 파악한다. 그러니까 인종 숭배는 고비노에게 있어 최고의 숭배 형태요, 최고신에 대한 숭배였다. 그러나 이 신은 결코 패하는 일이 없는 불멸의 신이 아니다. 이와 반대로 극히 상하기 쉬운 신이다. 심기가 최고로 좋은 순간에도 고비노는 장차 올 운명, 곧 "신들의 황혼"(twilight of the gods)의 운명을 절대로 망각할 수 없었다. 신들은 죽지 않으면 안 된다.[35] 카시러는 이런 점 때문에 고비노의 이론이 종국에는 '염세주의'(pessimism)일 뿐만 아니라 완전한 '부정주의'(negativism)와 '허무주의'(nihilism)가 된다고 지적하고 있다.

고 비노의 인종주의와 니체와의 관계

고비노 인종주의에서 나타나는 '염세주의', '부정성', '니힐리즘'의 요소는 앞서 살펴보았던 '노블리스 오블리제'와 더불어 니체의 사상에 상당한 영향을 미쳤다고 필자는 판단한다. 이 부분에 대해 잠시 살펴보도록 한다. 이미 카시러도 니체가 말한 **'거리의 파토스'**(Pathos der Distanz)라는 감정에 고비노만큼 깊이 사로잡힌 사람은 없었다고 말한 바 있다.[36] 어떤 측면에서 그러한가? 니체는 인간을 지배자의 덕을 지닌 고귀한 인간과 노예의 덕을 지닌 비루한 인간의 두 유형으로 나누었다. 거리의 파토스는 전자가 후자와의 정신적 거리를 두고 자기를 지키려는 정열을 의미한다.

---

34) MS, 245쪽. 『국가의 신화』, 301쪽.
35) MS, 246쪽. 『국가의 신화』, 302쪽.
36) MS, 236쪽. 『국가의 신화』, 289쪽.

‘인간’이라는 유형을 향상시키는 모든 일은 지금까지 귀족적인 사회의 일이었다. 그리고 앞으로도 항상 그렇게 반복될 것이다. 이와 같이 사회는 인간과 인간 사이의 위계질서나 가치 차이의 긴 단계를 믿어왔고 어떤 의미에서 노예제도를 필요로 했다. 마치 혈육화된 신분 차이에서, 지배계급이 예속자나 도구를 끊임없이 바라다보고 내려다보는 데서, 그리고 복종과 명령, 억압과 거리의 끊임없는 연습에서 생겨나는 ‘거리의 파토스’가 없다면, 저 다른 더욱 신비한 파토스, 즉 영혼 자체의 내부에서 점점 더 새로운 거리를 확대하고자 하는 요구는 전혀 생겨나지 못했을 것이다.[37]

니체는 『선악의 저편』 제9장에서 주인의 도덕과 노예의 도덕에 대해 설명한 적이 있다. 먼저, 좋음(gut)의 개념을 결정하는 것이 지배자들일 때, 탁월함과 위계질서를 결정하는 것으로 느끼게 되는 것은 영혼의 고양되고 자부심 있는 여러 상태다. 고귀한 인간은 그와 같이 고양되고 자부심 있는 상태의 반대를 나타내는 인간들을 자신에게서 분리시킨다. 그는 그러한 사람을 경멸한다. 그래서 사람들은 이러한 첫 번째 종류의 도덕에서 ‘좋음’과 ‘나쁨’(schlecht)의 대립은 ‘고귀한’과 ‘경멸할 만한’의 대립과 같은 의미라는 것을 알아차리게 된다. 한편 선(gut)과 악(böse)의 대립의 유래는 다르다고 니체는 말한다. 겁쟁이, 불안해하는 자, 소심한 자, 편협한 이익만을 생각하는 자는 경멸당한다. 또한 자유롭지 못한 시선으로 의심하는 자, 스스로를 비하하는 자, 학대할 수 있는 개 같은 인간, 구걸하는 아첨꾼, 거짓말쟁이도 경멸당한다. 비천한 서민들이 거짓말쟁이라는 것은 모든 귀족의 근본 신념이다. 니체는 도덕적 가치 표시가 어디에서나 먼저 ‘인간’에게 붙여지고, 그리고 비로소 파생되어서 후에 ‘행위’에 붙여졌다는 사실은 명백하다고 말한다. 이 대목은 고비노가 말한 존재론이 도덕보다 우선한다는 주장과 정확하게 일치하는 부분이다. 결국 고귀한 부류의 인간은 스

---

37) Friedrich Nietzsche, *Sämtlich Werke, Kritische Studienausgabe* Band 5, dtv/de Gruyter, dünndruck-Ausgabe, 1980, 257, 205쪽. 번역본은 『선악의 저편·도덕의 계보』(김정현 역), 책세상, 2002, 271쪽.

스로를 가치를 결정하는 자라고 느끼게 되는 것이다. 그래서 그는 "나에게 해로운 것은 그 자체로 해로운 것이다"라고 판단한다. 그는 대체로 자신을 사물에 처음으로 영예를 부여하는 사람으로 알고 있다. 그 점에서 그는 '가치를 창조하는 자'이다.[38]

니체는 도덕의 두 번째 유형인 노예의 도덕의 경우 염세주의적 의혹이 나타난다고 파악한다. 노예의 시선은 강한 자의 덕에 대한 증오를 품는다. 그래서 그는 회의하고 불신하며, 거기서 존중되는 모든 선을 정교하게 불신한다. 그는 행복 자체란 거기서는 참된 것이 아니라고 스스로를 설득하고 싶어 한다. 니체에 따르면, 노예의 도덕은 본질적으로 유용성의 도덕이다. 여기에는 선과 악의 유명한 대립을 발생시키는 발생지가 있다. 그러니까 힘과 위험, 경멸을 일으키지 않는 일종의 공포, 정교함, 강함이 악에 포함된 것이라고 느끼게 된다. 따라서 노예의 도덕에 따르면, '惡人'은 공포를 불러일으킨다. 주인의 도덕에 따르면 공포를 불러일으키고 불러일으키고자 하는 사람이 바로 善人이며, 반면 '나쁜' 인간은 경멸할 만한 인간으로 느끼게 된다. 그 결과 자유를 향한 갈망, 행복에 대한 본능, 자유 감정의 예민함은 필연적으로 노예의 도덕과 노예의 덕성에 속한다.[39]

니체의 거리의 파토스는 적대화하지 않으면서 분리하는 기술, 즉 아무것도 섞거나 화해시키지 않는다. 끔찍한 다양성. 그럼에도 불구하고 카오스와는 정반대의 것이다.[40] 그렇기에 니체에게서 거리의 파토스는 인간의 궁극적 원리이며 궁극적 이념이다. 자기 상승과 자기극복의 전제인 거리의 파토스는 극복되어야 할 존재로서의 인간을 위한 근본 조건이다.

니체의 생성의 철학에는 '초인'(Übermensch)의 이상이 놓여 있는데, 이때 초인이란, 자기를 부단히 극복하는 존재를 말한다.

---

38) 『선악의 저편·도덕의 계보』, 276쪽.
39) 『선악의 저편·도덕의 계보』, 278–279쪽.
40) Friedrich Nietzsche, *Sämtlich Werke, Kritische Studienausgabe* Band 6, dtv/de Gruyter, Dünndruck-Ausgabe, 1980, Ecce Homo 9, 293쪽.

"나는 저희에게 초인을 가르치노라. 사람은 극복되어야 할 그 무엇이다. 너희들은 너희 자신을 극복하기 위해 무엇을 했는가?"[41]

"보라, 나는 너희들에게 초인을 가르치노라. 초인은 대지의 뜻이다. 너희들의 의지로 하여금 말하도록 하라. 초인이 대지의 뜻이 되어야 한다고! 나의 형제들이여, 맹세코 이 대지에 충실하라. 하늘나라에 대한 희망을 설교하는 자들을 믿지 말라! 그들은 그들 스스로가 알고 있든 모르고 있든 간에 독을 타 사람들에게 화를 입히는 자들이다. 그들은 생명을 경멸하는 자들이요, 소멸해 가고 있는 자들이며, 독에 중독된 자들로서 이 대지는 이런 자들에게 지쳐 있다. 그러니 하늘나라로 떠나도록 그들을 버려 두어라! 지난날에는 신에 대한 불경이 가장 큰 불경이었다. 그러나 신은 죽었고, 그와 더불어 신에게 불경을 저지른 자들도 죽었다."[42]

이처럼 자신을 부단히 극복하는 존재인 초인은 바로 거리의 파토스를 통해 끊임없이 자신을 극복할 수 있는 자며, 모든 것의 덧없음을 긍정할 수 있는 자며, 결국 자신의 한계를, 자신의 그때그때마다의 유한성을 인정할 수 있는 자다. 이러한 초인만이 자신의 제약된 해석을 절대화하지 않은 채, 어떤 해석에도 머물러 있지 않고, 부단히 변화하는 생성이 세계를 끌어안을 수가 있는 것이다.[43] 이렇듯, 니체 사상에서 볼 수 있는 많은 부분들이 고비노의 인종주의 이론과 그 지반을 같이 한다고 할 수 있을 것이다. 참고로 하이데거의 니체 해석을 보면, 니체가 말하는 니힐리즘의 핵심은 (기존의) 최고의 가치들을 (이제) 무가치하게 만드는 데 있다.[44] 그러니까 니힐리즘은 하나의 과정인 바, 그것은 최고의 가치들이 가치를 상실하고 무

---

41) Friedrich Nietzsche, *Also sprach Zarathustra* Ⅰ–Ⅳ. Kritische Studienausgabe Herausgegeben von Giorgio Colli und Mazzino Montinari, Dünndruck–Ausgabe, 1988, Vorrede. 3. 14쪽. 번역본은 『차라투스트라는 이렇게 말했다』(정동호 역), 니체전집 13. 책세상, 2000. 16쪽.

42) 『차라투스트라는 이렇게 말했다』, 15쪽.

43) 최소인, 「니체와 칸트–거리의 파토스와 사이의 로고스」, 『칸트와 현대 유럽 철학』(한국칸트학회 편), 철학과현실사, 2001. 170–180쪽.

44) 마틴 하이데거, 『니체와 니힐리즘』(박찬국 역), 철학과현실사, 2000. 45쪽.

가치하게 되는 과정이라는 것이다. 하이데거의 이러한 독해 방식은 카시러가 고비노의 인종주의를 모든 가치를 파괴하려는 시도로써 읽는 방식과 결과적으로 동일하다고 할 수 있다.

그렇다면 고비노의 인종주의 이론과 나치즘의 결합을 어떻게 보아야 하는가?

지금까지 우리는 카시러를 좇아 고비노 사상에 대한 내재적 분석을 통해서 그의 사상이 파시즘으로 대변되는 나치 독일의 국가 사회주의 이데올로기와는 직접적 관계가 없다는 사실을 살펴보았다. 그렇다면 왜 끊임없이 고비노 사상과 나치즘의 결탁설이 이어지고 그렇게 평가되는 것일까? 카시러는 이런 현상을 문화철학자의 혜안으로 시원스럽게 해명해 주고 있다. 그러니까 카시러는 **인종주의와 나치즘의 결합을 신화적 사고의 정치철학에로의 침투 현상으로 간주한다.**[45]

카시러에 의하면 신화는 기본적으로 세상에 대한 인식적 사변적 해석이 아니다. 그것은 실제의 생활 형식에 뿌리를 두고 있다. 신화는 우리가 그것을 의식상 이루어진 행위 내에서 이해할 때에 비로소 이해하기 쉽다. 원시인들에게서는 일상생활에서의 실용적 지식에 대한 합리적이며 경험적인 법칙이 존재한다. 신화와 그것에 맞는 의식적 실행들은 특히 '위기 상황'에서, 그리고 '결과가 불확실한 상황'에서, 말하자면 생명 순환적 과도기에 중요한 역할을 수행한다.[46]

---

45) 신응철, 『문화철학과 문화비평』, 철학과현실사, 2003, 116쪽.
46) MS, 279쪽, 『국가의 신화』, 337쪽.

카시러에 따르면, 신화는 공동체에 형식을 제공하며, 이 사회적 형식은 위기 발생시에 파괴되지 않는다는 점을 보증한다. 만일 엄청난 위기 상황이 벌어졌을 때, 그것이 사회 경제적 성격을 지닌다면 신화는 '정치적 기능'을 수행한다. 그래서 신화는 각 개인에게 무조건적으로 집단과의 일체감을 심어준다. 카시러는 이것을 신화의 정치철학에로의 침투라고 말한다. 카시러가 볼 때, 20세기 현대 정치사상의 발전에 있어서 가장 중요하면서도 가장 두려운 양상은 새로운 세력의 출현, 그러니까 신화적 사고를 바탕으로 하는 세력의 출현에 있다고 지적한다.[47] 그런 점에서 정치 제도들 가운데 몇몇의 경우에는 신화적 사고가 이성적 사고보다 우세하였다고 카시러는 확신하고 있는 것이다. 그런 점에서 카시러는 "원시 사회에서의 마법과 신화의 역할에 대한 기술은 인간의 정치 생활이 고도로 진보한 여러 단계에서도 잘 들어맞는다. 절망적인 정세에서 인간은 수단에 호소한다. 그리고 현대의 정치적 신화들(영웅숭배론, 인종주의, 헤겔의 국가 이념 등등)은 그런 절망적 수단이었다."[48]고 말한다.

카시러는 프랑스의 인류학자 두떼(E. Doutté)의 말을 인용한다. 신화는 "인격화된 집단적 욕망"(the collective desire personified)이다.[49] 카시러가 보기에 두떼의 이 표현은 지도력과 독재에 대한 현대적 개념의 가장 간결하고 분명한 표현으로 사용될 수 있었다. 말하자면 고비노의 인종주의와 나치즘의 결탁을 카시러는 두떼의 표현 방식을 빌어 들추어내고 있는 것이다.

지도력에 대한 요망은 오직 집단적 욕망이 압도적으로 커졌을 때, 그리고 한편 이 욕망을 정상적인 방법으로 충족시킬 모든 희망이 끊어졌을 때에만 나타난다. 이런 때가 오면 이 욕망은 절실해질 뿐만 아니라 또한 인격화된다. 그것은 인간의 눈앞에 구체적이고 가소적이고 개인적인 모

---

47) MS, 3쪽. 『국가의 신화』, 19쪽.
48) MS, 279쪽. 『국가의 신화』, 337쪽.
49) MS, 280쪽. 『국가의 신화』, 339쪽.

196 • 대학생이 알아야 할 인성·교양·윤리의 문제들

습으로 우뚝 선다. 집단적 욕망의 강렬성은 지도자 속에 체현된다. 이미
있어왔던 사회적 속박물들-법률, 정의 및 여러 조직들-은 아무 가치도 없
다고 선언된다. 오직 남는 것이라고는 영도자의 신화적인 권력과 권위뿐
이고, 영도자의 의지는 최고의 절대적인 율법이 된다.[50]

　이처럼 카시러는 나치 정권의 국가 사회주의 이데올로기는 고비노의
인종주의를 정치적으로 악용하여 형성되었다는 사실을 우리들에게 밝혀
주고 있는 것이다. 나치 정권의 등장을 생생하게 목격했고, 독일 지식인의
지적 양심을 지켜야 했던 카시러로서는 함부르크대학의 총장직을 사임함
으로써 자신의 철학함을 실천으로 옮겼다. 그리고 난후, 나치즘의 이론적
토대가 되었던 정치적 신화들의 실상을 우리들에게 낱낱이 풀어 헤쳐 놓
았던 것이다.

인 종주의, 그러나 우리에겐 학벌의 이름으로

　앞에서도 살펴보았듯이, 인종주의라는 정치적 신화는 위기 상황에서,
특히 정치적 위기 상왕이 벌어질 때 언제든지 등장하여 그 힘을 발휘할 수
있는 것임을 재차 확인할 수 있었다. 그런 관점에서, 고비노의 인종주의는
한국 사회에서 여전히 살아있고, 더욱 그 기세를 높여 가고 있는 것으로
필자는 판단한다. 프랑스를 비롯한 유럽에서 활개 치던 '인종'이라는 망
령이 한국 사회에서는 이름만 달리할 뿐, 그러니까 **'학벌'**이라는 改名으로
써 여전히 온 사회를 활개치고 다니고 있는 것이다. 이를 단적으로 표현하
면, 고비노가 말한 인종불평등이 한국사회에서는 학벌불평등으로 나타나

---

50)　MS, 280쪽. 『국가의 신화』 339쪽.

고 있는 것이다. 결국 우리에게서 인종주의의 극복이란 학벌주의의 타파에서 성취될 수 있다. 그렇다면 학벌이 인종주의와 직결될 수 있는 철학적 근거는 어디에 있는가?

첫째, '모든 가치를 파괴하려는 시도'에서 찾아볼 수 있다. 한 사회의 정상적인 의사소통의 구조를 마비시키고, 사회 구성원들 사이에 통용될 수 있는 여러 가치 기준들을 오직 단 하나의 잣대로만 재단하려는 태도를 학벌에서 찾아낼 수 있다. 그래서 이제 학벌은 우리 사회에서 가장 실질적인 영향을 미치는 중요한 사회적 이념이 되었다. 오직 학벌만이 한국 사회에서 최고의 가치요 최고선의 위치를 점유했다고 할 수 있다. 그 외의 가치는 그것에 비해 무가치한 것으로 전락되고 말았다. 학벌 그 이상의 최고선이 한국 사회에 존재하고 있는가? 분단된 한반도의 현실 앞에서, 통일의식이나 민족의식보다 학벌의식이 더욱 철저하게 그리고 강렬하게 우리의 일상의 삶과 의식을 옥죄어 지배하고 있는 것은 아주 분명한 사실임에 틀림없다.

둘째, '사회적 불평등을 조장하려는 시도'에서 찾아볼 수 있다. 고비노의 인종 찬미가 평등주의 이념에 대한 반대에서 비롯했듯이, 한국에서의 학벌은 각종 차별과 불평등의 기원이 되고 있다. 서울대 졸업생은 그가 이 땅을 떠나기 전까지는 서울대 '출신'이라는 학벌에 속하고, 연세대 졸업생은 연세대 '출신'이라는 학벌을, 고려대 졸업생은 고려대 '출신'이라는 학벌을 갖게 된다. 그렇지 않은 경우의 사람들과 이들은 분명한 차이가 있다. 그런데 중요한 것은 사람들 사이의 이러한 '차이'가 결국에 가서는 '차별'과 '불평등'의 원인이 되고 있다는 사실이다.

셋째, '사회적 신분계급의 질서를 형성하려는 시도'에서 찾아볼 수 있다. 고비노의 경우 아리안 인종 계열의 게르만 민족과 백인종은 세계라는 무대의 주인공으로서 사회적 신분 구조에서 최상위에 위치한다. 한국에서는 학벌이 사회적 신분을 결정하는 기준이며, 계급적 불평등의 재생산 장치로 작동한다. 한국에서 한 사람의 사회적 신분은 그의 출신 학교에 따라 결정된다. 한국 사회의 학벌을 철학적 논의의 장으로 이끌어내는 데 성공한 김상봉의 표현을 빌리면,[51] 우리 사회의 신분 피라미드는 서울대가 '왕족'으로서 맨 위에, 다음으로 연대·고대를 비롯한 소수 명문 대학이 '귀족'으로서 그 아래에, 그리고 중상위권 대학, 중위권 대학 이런 식으로 형성되어 있다는 것이다.

넷째, '염세주의적 가치관의 형성'에서 찾아볼 수 있다. 고비노에게서 아리안 인종은 세계를 지배하고 다스리기 위해서라도 다른 인종들과 접촉해야만 했다. 그런데 이 접촉은 다른 인종들과의 혼혈을 의미하고, 이것은 부패와 타락을 의미하는 것으로서 종말의 시작을 의미한다. 급기야 인종의 순수성이 사라지면 그 힘과 조직력도 사라지게 되어, 고등 인종들은 그들 자신의 노예의 노예가 된다. 현재 한국 사회의 각 분야는 서울대를 중심으로 하는 극소수의 학벌이 독점하고 있는 실정이다. 이들 학벌은 양적인 면에서 폐쇄성을, 질적인 면에서 동질성을 가지고 있고, 이것이 학벌 구성원들 사이에 강력한 유대감과 결속력을 가능하게 하고 있다.[52] 이런 이유에서 결국 특정 학벌은 자신의 지위와 권위 그리고 기득권을 유지하기 위해서 여타의 학벌을 부정하고, 그들이 지닌 가치관이나 세계관에 대해 배타적이거나 비관적인 태도를 취하게 된다. 이는 특정 학벌 내에서 '지켜내지 못하면 빼앗긴다'는 식의 염세주의적 가치관을 만드는 계기가 되고, 그 반대편에 서 있는 여타의 학벌 그룹에게는 '빼앗지 못하면 영원히 굴복당한다'는 식의 가치관을 심어줌으로써, 궁극적으로는 화해와 연결보다는 반목과 단절의 관계를 유지할 수밖에 없도록 만들어놓았다. 이 점에서 니체는 예언자적인 한 마디를 하고 있다. "차이는 증오를 낳는다."[53]라고.

---

51) 김상봉, 「안티학벌 운동의 철학적 기초」, 『진보와 보수』(사회와철학연구회), 이학사, 2002, 279–292쪽. 그 밖에 한국에서의 학벌 문제에 대한 자료는 김상봉, 『학벌사회』, 한길사, 2004. 정진상, 『국립대 통합 네트워크』, 책세상, 2004. 정진상 외, 『대학 서열체제 연구』, 한울출판사, 2004. 참조바람.

52) 김상봉, 같은 글, 284쪽.

53) 『선악의 저편·도덕의 계보』, 285쪽.

이상과 같은 네 가지 근거를 통해서 우리는 아직도 우리 사회에 인종주의(곧 학벌주의)가 남아있다는 사실을 다시 한 번 확인할 수 있었다. 이미 앞에서도 살펴보았지만, "인간은 잘 행동함으로써 선한 것이 아니라, 그가 선할 때, 다시 말해 잘 태어났을 때 잘 행동한다."라는 고비노의 이 말은 극히 단순한 소리같이 들리지만, 동시에 굉장히 유치한 소리이기도 하다. 카시러는 고비노 이론에 가장 큰 실질적인 힘과 영향력을 준 것은 바로 이 유치함(naïveté)이라고 말한다.[54] 문제는 고비노의 이 말을 합리적 혹은 경험적 증명을 통해서 반박하기가 결코 쉽지 않다는 데 있다. 우리 사회에 학벌이라는 이름의 인종주의가 여전히 활개 칠 수 있는 이유가 아마도 어쩌면 이런 이유 때문은 아닐는지? 그렇지만 어쨌거나 카시러가 누차 강조했듯이, 인종이라는 신은 불멸의 신이 아닌, 결국 사라져 죽을 수밖에 없는 신이기에 바로 이 사실에 우리의 희망을 두어야 할 것 같다.

---

54) MS, 238쪽. 『국가의 신화』, 292–293쪽.

역사를 제대로 보는
방안은 있는가?[*]

* 이 글은 「상징과 역사—카시러의 역사철학을 중심으로」, 『인문사회21』 6권4호, (사)아시아문화학술원,
  2015. 12. 351-372쪽에 수록되어 있음.

들 어가는 말

카시러(Ernst Cassirer 1874-1945)는 인간의 본성을 추구함에 있어서 가장 강력한 도구로 예술(藝術)과 역사(歷史)를 꼽은 바 있다. 인간은 역사와 예술의 위대한 작품들 속에서 관례적이고 평균적인 인간이 아닌 참 인간의 모습을 발견할 수 있다는 것이다. 그런 점에서 역사는 죽은 사실들과 사건들에 대한 단순한 해설이 아니라, 인간의 세계를 구성하는 데 없어서는 안 될 도구요, 인간의 자기인식(自己認識)의 기관이라고 그는 말한다.[1] 이제 필자는 방대한 카시러의 철학 사상 가운데 그가 역사를 어떤 안목으로 바라보고 있는지, 역사학자가 아닌 철학자로서 카시러의 입장들을 논의하기로 한다.

그런데 놀라운 것은 카시러의 다양한 수많은 저술들 가운데 역사만을 다룬 저서가 한 권도 없다는 사실이다. 역사에 대한 논의가 체계적으로 한 곳에서 이루어지고 있다면 이를 파악하기가 쉽겠지만, 아쉽게도 여러 곳에 분산되어 있고, 적어도 필자가 보기에는 그 논의들 역시 일관적이지 않다.[2] 그렇지만 카시러의 전체 사상, 특히 그의 문화철학(文化哲學)을 비롯한

---

1) Ernst Cassirer, *An Essay on Man: An Interpretation to Philosophy of Human Culture*, New Haven Yale University Press, 1944. 206쪽.(이후 EoM 으로 표기함)

2) 카시러의 '역사'에 대한 논의는 다음과 같은 자료들에 들어있다. (1) Cassirer, EoM, 171-206쪽, (2) Cassirer, *Symbol, Myth, and Culture: Essays and Lectures of Ernst Cassirer 1935-1945*, Edited by Donald Philp Verene, New Haven and London Yale University Press, 1979. 95-141쪽.(이후 SMC 로 표기함) (3) Cassirer, *The Logic of the Humanities*, translated by Clarence Smith Howe, New Haven and London: Yale University Press, 1960. 41-85쪽.(이후 LH로 표기함) (4) Cassirer, *Die Philosophie der Aufklärung*, Tübingen, 1932. 제5장.(*The Philosophy of the Enlightenment*, translated by Fritz C. A. Koelln and James P. Pettegrove, Princeton University Press, 1951. 이후 PA로 표기함) (5) Cassirer, *Das Erkenntnis Problem* Ⅳ, Wissenschaftliche Buchgesellschaft Darmstadt, 1973. 225-261쪽.(이후 EP로 표기함) (6) *The Library of Living Philosophers*, Edited by Paul Arthur Schilpp, Open Court Publishing Company La Salle, Illinois, 1949. 691-728쪽. (7) J. M. Krois, Cassirer: *Symbolic Forms and History*, New Haven and London, 1987. 172-215쪽.

상징형식의 철학을 이해하는 과정에서는 역사에 대한 카시러의 관점 자체가 매우 중요하기에 반드시 짚고 넘어가야만 하는 부분이기도 하다. 그런데 안타깝게도 국내에서는 아직 카시러의 역사철학에 대한 체계적인 연구가 전무한 상태다.

필자가 볼 때, 카시러의 역사에 대한 논의의 특징은 자신의 상징형식의 철학의 이론 내에서 문화철학으로써 역사철학을 풀어가고 있는 점이다. 때문에 필자는 여기에서 그의 문화철학의 주요 주제들 가운데 하나인 '상징' 개념을 '역사'의 문제와 연결시켜서 카시러의 역사철학의 윤곽을 분명하게 드러내 보고자 한다. 이 일을 위해서 먼저 카시러 역사철학의 형성 배경과 특징에 대해서 논의하도록 하겠다. 그리고 난 다음 본격적으로 카시러 역사철학의 주제를 살펴보도록 한다. 이 부분에서는 역사 연구의 대상에 대해, 상징과 역사의 관련성에 대해, 그리고 역사가의 역할에 대해서 집중적으로 논의하도록 한다. 그런 다음 카시러의 문화철학과 상징형식으로서의 역사철학의 상관성을 분석해 보고, 마지막으로 카시러 역사철학이 갖는 현재의 의의에 대해 언급하면서 마무리하고자 한다.

카 시러 역사철학의 형성 배경과 그 특징

우리가 카시러의 역사철학에 대해 연구할 때 항상 주의해야 할 사실 중의 하나는 카시러 자신이 전통적인 의미에서의 역사철학에는 관심을 두지 않았다는 점이다.[3] 이 말은 무슨 의미인가? 그러니까 역사적 과정 자체에 관한 사변적이고 구성적 이론인 역사철학보다는 오히려 인간 문화의 다양

---

3) Cassirer, EoM, 206쪽.

한 현상들 중의 하나인 역사의 문제를 상징과 관련시켜 문화철학적 관점에서 논의하고 있다는 점을 인식할 필요가 있다.

카시러에 따르면, 역사는 사물들과 사건들의 경험적 현실을 넘어서 나아가지 않고, 오히려 이 경험적 현실을 회상하여 이상화함으로써 그 속에다 하나의 새로운 형식(형태), 그러니까 상징형식을 만들어 내려고 한다. 이와 같은 카시러의 역사 인식은 칸트(Kant 1724-1804)와 괴테(Goethe 1749-1832), 헤르더(Herder 1744-1803)를 비롯한 계몽주의(啓蒙主義) 철학자들의 성과와 그 영향에서 비롯하고 있다고 필자는 판단한다.[4] 어떤 이유에서인가? 우리는 헤르더의 경우에서부터 그 실마리를 찾아볼 수 있다.

헤르더의『인류의 역사철학에 대한 이념』[5]을 살펴보면 사료(史料)를 다루는 방법보다 서술과정에서 나타난 역사에 대한 그의 일반적 고찰이 더 중요하다. 이러한 일반적 고찰 속에서 역사철학적 인식이 등장하게 된다. 헤르더의 역사철학적 인식의 특징을 크게 두 가지로 요약할 수 있다. 첫째는 역사의 사건은 무법칙적으로 일어나는 것이 아니라, 자연의 사건들이 진행되는 것과 같은 법칙(法則)에 따라 진행된다는 점이다. 어떤 역사적 상황에 대한 열쇠는 그 상황이 발생한 상황(狀況) 속에서 발견되어야 하며, 이러한 상황들 속에서 작용하고 있는 힘을 발견하여, 이 '힘들이 작용하는 방식' 속에서 사건들을 고려해야 한다는 것이다. 둘째는 역사의 총체적 목표를 발견하기 위해서는 '역사의 과정 전체를 바라볼 수 있는 관점'이 필요

---

4) 랜달은 카시러의 역사이론은 르네상스 사상에 대한 연구를 통해서 확립되고 있다고 주장한 바 있다. John Herman Randall, "Cassirer's Theory of History as illustrated in his treatment of Renaissance Thought", in *The Philosophy of Ernst Cassirer*, Edited by Paul Arthur Schilpp, Open Court Publishing Company, 1973. 692쪽 참조. 그렇지만, 여기서 필자의 생각은 카시러의 역사 인식은 그의 계몽주의에 대한 연구 과정에서 여러 사상가들의 역사 인식에서 그 힌트를 얻고 있다고 생각하기에 랜달의 견해에 반대한다. 말하자면, 카시러는 역사 연구에 있어서 '상상의 논리학', '감정이입', '심리적이고 미적인 판단', '생산적 재구성', '시대정신', '상징' 등의 측면을 자신의 상징형식으로서의 역사철학에서 강조하고, 이를 문화철학과 긴밀하게 연결시키고 있다고 필자는 판단한다.
5) Johann Gottfried von Herder, *Ideen zur Philosophie der Geschichte der Menschheit*, (1784-1791) (『인류의 역사철학에 대한 이념』(강성호 역), 책세상, 2002.)

하다. 역사의 목표는 인간 외부(外部)에 있는 것이 아니라 내부(內部)에 있으며, 그러한 역사의 목표는 다름 아닌 인간성(人間性)의 획득이라는 것이다. 말하자면 인간이 가장 인간다울 수 있는 상태를 획득하는 것이 '역사의 목표'라는 것이다.[6]

다음으로 18세기 계몽주의 시대의 일반적인 철학적 사유의 특징과 여기에서 비롯하는 역사관에 대해서 잠시 살펴보자. 카시러는 『계몽주의 철학』 *Die Philosophie der Aufklärung*(1932)에서 계몽주의 시대의 철학적 사유 형식의 특징을 세 가지로 들고 있다. 첫째, 계몽주의 사고에는 이성(理性)의 통일성과 불변성에 대한 확고한 믿음이 들어있다.[7] 이성은 모든 사유 주관들에, 모든 민족에, 모든 시대에, 모든 문화에 대해 동일하다. 따라서 종교적 신조나 도덕적 신념 혹은 이론적 견해들이 각기 다르다 하더라도 이들로부터 동일성과 불변성, 그리고 지속성을 지니는 이성의 참된 본질 요소를 이끌어 낼 수 있다는 것이다. 그렇지만 카시러는 자신과 같은 동시대에 들어와서는 이성이라는 말이 그 명료하고 확실한 뜻을 상실한지 오래되었다고 생각하였다. 둘째, 계몽주의 사고방식은 뉴턴의 방법론을 사용하는데, 말하자면 관찰된 사실(事實)(혹은 현상)에서 원리(原理)에로 나아가는 방법론을 채택하고 있다. 여기에서 말하는 관찰(觀察)이란 주어진 사실을 뜻하며, 원리와 법칙은 이 사실로부터 찾아내야 할 과제이다.[8] 셋째, 계몽주의 사고방식에서의 이성은 진리(眞理)를 발견하고 진리를 확증하는 정신의 근원적인 힘을 뜻한다. 그런데 이와 같은 이성을 계몽주의에서는 '지식'이나 '원리' 내지 '진리의 내용'으로 보는 것이 아니라 '가능적(可能的)인 힘'으로 본다.[9] 이 힘은 이것이 실제로 작용하는 행위(行爲)에서만 온전히 이해될 수 있다. 이성이라는 이 힘이 무엇을 할 수 있는지는 그것이 만들

---

6) Herder, 같은 책, 84–85쪽.
7) Cassirer, PA, 6쪽.
8) Cassirer, PA, 8쪽.
9) Cassirer, PA, 13쪽.

어낸 결과물들에서가 아니라 그것의 '기능(機能)'을 통해서만 완전하게 알려질 수 있다는 것이다. 그런 점에서 이성의 가장 중요한 기능은 '분해'하고 '연결'하는데 있다. 카시러는 '분석(分析)'과 '종합(綜合)'이라는 이성의 이중적 행위를 인식할 때에만 우리는 '존재'가 아니라 '행위'로서의 18세기 계몽주의에서의 이성 개념을 제대로 이해하게 된다고 주장한다.

계몽주의 사상은 이성을 근거로 하는 '인간의 자기 확신', '역사의 진보(進步)에 대한 믿음', '자연법사상' 이상 세 가지를 기본 원리로 삼고 있는데, 이것이 18세기 '역사적 사고'와 '역사 서술'에 어떠한 영향을 미쳤는지에 대해서 잠깐 살펴보도록 하자.[10] 첫째, 이성을 중시하는 합리주의적 태도는 역사에 대한 신학적 파악이나 순환론 그리고 정체론 등과 같은 전통적 역사관을 부인하도록 만들었다. 그 결과 인류 역사에서의 모든 것을 원인과 영향의 관계 속에서 파악하려고 했다는 사실이다. 둘째, 이성 중심의 합리주의적 사고는 역사가 진보한다는 '진보 사상'을 만들어냈다. 따라서 계몽주의자들은 인간이 이성에 근거해서 고대시기에 대한 숭배와 교회의 도그마적 신앙에서 벗어나 진보하고 있다고 생각하게 된 것이다. 셋째, 계몽주의 사상가들은 현실 역사에 대하여 더 긍정적이고 적극적인 자세를 취하게 되었다. 여기에는 자연법사상에 근거한 강한 도덕적 욕구, 즉 인도주의가 작용했으며, 그 결과 이들은 역사 서술 속에서 계몽과 개혁의지를 부각시킴으로써 역사의 교훈성과 실용성을 중시하게 되었다. 넷째, 역사 서술의 형식과 범위에 있어서 변화가 일어났는데, 말하자면 정치사와 교회사의 범위 이외에도 여러 민족의 습관과 풍속에 관한 언급이 증가했다. 그 결과 처음으로 문화사적 서술이 등장하게 되었다. 그러니까 역사에 있어서 중세적인 보편사가 아닌 18세기적인 세계사적 서술이 등장하게 되었고, 민속학과 지리학이 역사 서술에 자리매김 하게 되었다.

---

10) 이상신, 『서양사학사』, 신서원, 1993, 289–293쪽. 헤르더, 앞의 책, 75–76쪽.

이제 카시러는 사상사적 측면에서 자신의 역사철학의 직접적인 배경을 암시하고 있다. 그러니까 카시러는 계몽주의 사상가들의 논의 속에서 나타나는 반합리주의적(反合理主義的) 요소들을 자신의 상징형식으로서의 역사철학의 단초로 삼고 있다는 점이다. 계몽주의 사상가들에게서 나타나는 반합리주의적 요소들에 대해서는 아래에서 제시해 보도록 하겠다.

카시러는 역사 분야에서 근본적인 철학적 물음들, 예컨대 역사의 가능성과 조건을 문제 삼았던 시기는 19세기 낭만주의(浪漫主義)라기보다는 18세기 계몽주의 시대라고 주장한다.[11] 18세기는 역사에 대한 명석(明晳) 판명(判明)한 개념을 추구하고, 보편과 특수, 이념과 현실, 법칙과 사실 간의 관계를 확립하고 이들 사이의 한계를 확실히 함으로써 역사적인 것의 의미를 찾으려 했다는 것이다.[12] 위에서도 살펴보았듯이, 18세기 계몽주의 철학의 특징은 이성의 보편적 방법을 각 분야에 적용시키는 데 있다. 그런데 이러한 방식은 17세기 데카르트주의에서 표방하는 합리주의 노선에 뿌리를 두고 있다고 카시러는 생각한다.

주지하듯이, 데카르트주의에 따르면[13] 사실적인 것(factual)은 참된 진리가 될 수 없으며, 사실에 관한 지식의 가치는 논리학, 순수 수학 그리고 엄밀한 자연과학이 지니는 명석 판명한 지식에 결코 비교될 수가 없다. 또한 데카르트(René Descartes 1596-1650)가 말하는 회의(doubt)는 한 번이라도 우리를 속였거나 속일 가능성이 있는 지식의 원천을 결코 신뢰해서는 안 된다는 원리이다. 이러한 척도에서 보자면, 감각지각뿐만 아니라 엄밀하게 논증될 수 없는, 그러니까 자명한 공리와 논리적 연역으로 환원될 수 없는 모든 지식은 받아들일 수 없는 것들이다. 그와 같은 관점에서 볼 때, 우리가 지금 논의하고 있는 역사적인 것 일체는 데카르트적 방법론의 영역에서는

---

11) Cassirer, PA, 197쪽.
12) Cassirer, PA, 197쪽.
13) Cassirer, LH, 49-52쪽.

배제(排除)되게 된다.[14]

한편 데카르트의 방법론에 대해서 정면으로 반박한 이가 있는데 바로 베일(Pierre Bayle 1647–1706)이라고 카시러는 말한다. 베일은 사실 자체를 부정적으로 보지 않고, 오히려 그것을 과학 일반의 모범으로, 원형으로 간주하였다. 그래서 정말로 확실하고 확고한 사실의 획득이야말로 그에게 있어서 모든 지식의 관건이 되는 아르키메데스의 점으로 간주되었다. 베일에 의하면, 데카르트적인 개념적 인식이 정확성과 엄밀성에 있어서 역사적 지식을 훨씬 능가하지만, 바로 이러한 장점 때문에 결정적인 단점을 갖게 된다고 말한다.[15] 그는 엄밀한 개념적 특성으로 말미암아 개념적 인식은 '현실(現實)'과 직접 접촉할 수 없을 뿐만 아니라, 현실을 자신의 지식의 영역에서 배제해 버린다는 것이다. 이러한 측면에서 수학적 논증의 형식적 확실성과 견고성은 구체적 실재 세계에 대한 수학의 적용을 원칙적으로 의심스럽게 만들어 버린다. 때문에 이러한 이유에서 역사적인 것은 수학과는 다른 또 하나의 확실성의 유(類) 개념으로 자리매김하게 된다. 그렇지만 베일이 말하고 있는 역사적 인식은 개별적인 것들을 한데 모아놓은 것에 불과할 뿐 이것들의 내적 연관은 아직 밝혀지지 않은 상태라고 카시러는 지적한다. 이러한 베일의 입장을 대체적으로 수용하면서, 역사철학의 길을 최초로 제대로 닦은 인물로 카시러는 비코(Giambattista Vico 1668–1744)를 들고 있다.[16]

비코는 데카르트에 반대하는 입장[17]에서 역사 서술에 있어서의 합리주의를 제거하려 하였고, 명석 판명한 개념의 논리학보다는 '상상력(想像力)'의

---

14) Cassirer, PA, 201쪽.
15) Cassirer, PA, 203쪽.
16) Cassirer, PA, 209쪽. EoM, 172쪽. SMC, 103쪽. LH, 52–54쪽.
17) 데카르트의 합리주의를 비판하는 비코의 입장에 대해서는 나종석, 「데카르트 합리주의와 근대 초기에서의 수사학의 위기–비코의 수사학적 전통의 복권 시도를 중심으로」, 『고전 해석학의 역사』(한국해석학회), 철학과현실사, 2002. 10. 133–174쪽.

논리학'(The logic of phantasy)을 강조하였다[18]고 카시러는 파악한다. 한편 카시러는 계몽주의 사상가들 중에서 몽테스키외(C. Montesquieu 1689-1755)를 가장 강력한 '감정이입(感情移入)의 능력'을 가진 인물로, 그리고 역사적 존재의 다양한 형식들에 대한 참된 '직관력(直觀力)'을 가진 인물로 간주한다.[19] 특히 몽테스키외는 고대의 역사를 탐구할 때 역사가 자신이 고대의 정신 속으로 들어가서 스스로 고대인이 되도록 시도하는 것을 중요하게 다루었다고 말한다. 그리고 카시러는 계몽주의 사상가 중에 볼테르(Voltaire 1694-1778)에 주목한다. 볼테르는 역사 연구에 있어서 일회적이고 개별적인 것을 묘사하기보다는 '시대정신'(sprit of the times)과 '민족정신'(sprit of nations)을 밝혀내는 데 주안점을 두었다[20]고 카시러는 말한다. 특히 볼테르는 역사에 있어서 사건들의 연속보다는 '문화의 발전과정'과 문화의 개별적 계기들이 어떻게 '내적으로 연관' 되는지에 관심을 두었다고 한다. 그러한 맥락에서 역사 속에서의 정치적 사건, 제국의 흥망성쇠, 왕조의 멸망만을 주목하기보다는 '인간'을 주목해야 한다고 주장했고, 이렇게 함으로써 비로소 역사 연구는 인간 정신의 역사를 그 대상으로 삼게 되었다고 카시러는 파악한다.

다른 한편, 카시러는 18세기 계몽주의 시대는 분석(分析) 정신이 강조되었고, 역사 분야에서도 그러한 경향이 수그러들지 않았지만, 특별히 흄(David Hume 1711-1776)에게서는 이러한 경향과는 사뭇 다른 태도가 엿보인다고 말한다. 흄은 역사의 변천 과정에서 그 어떤 이성도 추구하지 않고 믿지도 않았다. 그는 역사의 변천 과정을 합리적 관심사가 아닌 '심리적'(Psychological)이고 '미적(美的)'(aesthetic)인 관심사로 살폈다는 것이다. 때문에 흄은 추상적인 '이성' 개념 대신에 '상상력' 개념을 가지고 왔고, 그 결과 흄에게서는 모든 역사적 고찰에 있어서 '상상력'이 근본적인 힘으로 간주되

---

18) Cassirer, PA, 209쪽.
19) Cassirer, PA, 215쪽.
20) Cassirer, PA, 216쪽.

었다고 한다.[21] 그래서 흄은 역사적 사건들의 내적인 연관 관계를 밝히려는 시도들, 예컨대 역사가 끊임없이 발전한다든가, 아니면 역사 전개의 이면에는 어떤 이념이 도사리고 있다고 주장하는 것에 회의를 나타낸다. 말하자면 흄은 역사의 궁극 목적을 미리 규정하는 것이 아니라, 단지 구체적이고 풍부한 사실 내용에만 주목하고 있다. 이러한 흄의 태도는 역사 연구에 있어서 개체(個體)의 일회적(一回的) 특성과 고유성(固有性)을 옹호하고, 개체를 승인하는 새로운 길을 마련하게 되었다[22]고 카시러는 평가한다.

이상에서 우리는 카시러 자신이 파악하고 있는 계몽주의 철학 사상의 특징과 역사 문제와 관련된 각 사상가들의 입장들을 개략적으로 살펴보았다. 여기서 카시러는 이성 중심의 역사 인식 및 역사 서술의 장·단점을 이미 『계몽주의 철학』을 통해서 상세하게 인식하고 있었음이 드러난다.

필자가 보기에 이러한 계몽주의 사상가들에게서 나타나는 (어쩌면 역설적인 측면으로 보일 수도 있는) 반합리주의적 전통과 역사관이 카시러의 역사철학에 상당히 많이 반영되고 있으며, 이들에게서 카시러는 역사철학의 논의를 자신의 상징형식의 철학과 연결시키는 매개 고리를 찾아내어 발전시켜 나아가고 있다고 필자는 판단한다. 그러면서도 카시러는 한편으로는 (칸트의 문화의 진보 사상에 영향 받아) 역사의 발전 혹은 역사의 진보에 대한 믿음을 굳게 가지고 있었으며, 다른 한편으로는 역사의 전개 과정에서의 인간 이성의 기능과 변화에 주목하였다고 할 수 있다. 그 과정에서 카시러는 역사 인식 혹은 인간 문화에 대한 인식에 있어서 퇴색해 버린 '이성'의 의미를 '상징'이라는 개념을 통해서 새롭게 복원하려는 의도를 가지고 있었다고 필자는 생각한다. 그러니까 인간의 역사나 문화 현상들에 대한 인식에 있어서 상징에 대한 언급이 곧장 감성적 측면에 대한 강조라기보다는, 오히려 이성만으로는 해

---

21) Cassirer, PA, 226쪽.
22) Cassirer, PA, 227쪽.

결할 수 없는 다양한 측면들을 상징이라는 개념을 통해서 보완하려는 것이 신칸트 철학자로서 카시러의 기본적인 입장이라고 할 수 있을 것이다.

카 시러의 역사철학

역사 연구의 대상과 역사적 인식

카시러는 역사에 대한 논의를 할 때 자연과학과의 차이점을 말하면서 시작한다. 빈델반트(Wilhelm Windelband 1848-1915)의 경우 역사적 인식과 자연과학적 인식의 형식에는 근원적인 차이가 있다고 주장한 바 있다. 말하자면 자연과학적 인식은 보편성을 향해 있고, 역사적 인식은 개별성을 향해 있다는 것이다. 그래서 자연과학적 인식이나 판단은 법칙적(nomothetic)인데 반해, 역사적 인식과 판단은 개성 기술적(記述的)(idiographic)이며, 전자는 일반적 법칙을 추구하지만 후자는 개별적 사실들을 기술한다는 것이다.[23] 카시러는 빈델반트와는 달리, 모든 개념과 판단에는 보편성(普遍性)과 개별성(個別性)의 계기가 함축되어 있다고 말하면서 그러한 구분에 반대하였다. 모든 개념과 판단은 우리에게 일반적 명제나 일반적 규칙을 제공해 준다. 그런데 이러한 규칙은 특수하거나 특별한 경우에도 적용되어야만 한다. 그래서 모든 경험적 인식은 양 계기들 간의 상관관계나 연쇄관계, 말하자면 이것들의 논리적인 종합에 의존해 있다는 것이다. 그런데 이러한 상관관계는 역사적 인식의 경우와 수학적 인식(혹은 자연과학적 인식)의 경우에 서로 동일하지가 않을 뿐이라는 것이다. 역사도 어쨌든 인간 경험의 영역 안에 속해 있는 한, 역사에 대한 인식에도 자연과학적 인식에서와 마찬가지로 논리

---

23) Cassirer, SMC, 122쪽. EoM, 186쪽.

성 내지 인과성이 확보되어야 한다는 것이다.[24] 문제는 역사적 인식과 자연과학적 인식에서의 그것에는 차이가 있는데, 그 점을 인식하는 것이 대단히 중요하다. 이러한 차이점은 역사적 인식의 대상 문제와 관련이 있다.

역사 연구에 있어서 가장 중요한 것 중의 하나가 바로 역사 연구의 '대상'을 무엇으로 삼을 것인가 하는 문제다. 대상이 있어야 그것에서 비롯되는 지식이 나올 수 있다. 그런데 전통적 인식이론에 있어서 진리의 확보는 인식 행위와 인식 대상 사이의 일치 여부에 달려있다. 이러한 관점에서 괴테도 모든 사실적 진리는 이미 이론적 진리를 내포하고 있다고 말한 바 있다. 이러한 견해에 비추어 본다면, 역사적 진실 또는 역사적 진리는 '사실들과의 일치'(*adaequatio res et intellectus*)가 이루어질 때 확보될 수 있다고 생각할 수 있다.[25] 때문에 역사도 '사실들'(facts)을 가지고 시작해야 하며, 어떤 의미에서 이 사실들은 우리들의 역사적 인식의 알파와 오메가라는 것을 부정할 수가 없게 된다. 카시러는 여기에서 그렇다면 도대체 역사적 사실이란 무엇인가? 라고 묻는다. 이러한 카시러의 물음은 우리가 자연과학적 인식에서도 '사실'을, 그러니까 '물리적 사실'을 출발점으로 삼고 있기 때문에, 역사적 사실과 물리적 사실의 차이가 어디에 있는가 하는 물음이다.

물리적 사실(physical fact)이나 역사적 사실(historical fact) 모두 하나의 '경험적 현실'(empirical reality)의 부분들로 생각되고 있고, 또한 이것들 모두에는 '객관적 진리'가 있다고 생각하게 된다. 그런데 만일 우리가 이 진리의 성질을 확실하게 알고자 할 경우에는 서로 다른 방식[26]을 따르게 된다고 카시러는 말한다. 카시러의 설명을 따라가 보자. 우선, 물리적 사실은 '관찰'과 '실험'에 의하여 결정된다. 이러한 객관화(客觀化)의 과정은 우리가 주어진 현상을 수학적 언어, 즉 수의 언어로 기술하는데 성공할 때 그 목적을 달

---

24) Cassirer, SMC, 126쪽.
25) Cassirer, EoM, 174쪽.
26) Cassirer, EoM, 174-175쪽.

성하게 된다. 만일 그처럼 기술할 수 없을 경우, 그러니까 측정의 과정으로 환원될 수 없는 현상은 우리의 물리적 세계의 일부가 되지 못한다. 물리학의 경우, 직접 측정할 수 없을 때에는 간접적 검증이나 측정 방식에 의존하고, 다른 현상들과의 인과법칙에 의존하게 된다.

반면에 역사적 사실의 경우는 좀 복잡하게 된다. 역사적 사실들은 과거에 속하고, 또 과거는 영원히 지나가 버렸다. 우리는 그것을 재건할 수도 없고, 물리적이고 객관적인 의미에서 그것이 생명을 가지게끔 불러일으킬 수도 없다. 그것을 '회상(回想)'하는 것, 그러니까 그것에 새로운 관념적 존재를 부여하는 것이 우리가 할 수 있는 전부다. 그 결과 경험적 관찰이 아니라 '관념적 재구성'(ideal reconstruction)이 역사 인식의 첫 단계가 된다.[27] 역사가들도 사료(史料)를 분석 검토한다. 사료들도 어떻게 보면 일차적으로는 물리적 사실이다. 카시러가 예로 들고 있는 파피루스[28]도 처음에는 한 조각의 물건에 지나지 않았다. 하지만, 이것이 언어학적, 문헌학적, 미학적 분석 등의 복잡한 과정을 거친 후에는 더 이상 단순한 물건이 아니었다. 그것은 의미를 가진, 하나의 '상징(象徵)'이 되었다는 것이다. 여기에서도 알 수 있듯이, 역사적 사실과 물리적 사실에는 결정적인 차이가 있다.

카시러가 볼 때, 역사적 사실들, 즉 사료들은 하나의 새롭고 특별한 계기를 내포하고 있는데, 말하자면 사료들은 단순한 물리적 사실이 아니라 하나의 '상징들'(symbols)이라는 사실이다. 그래서 역사가는 비록 물리적 세계에 살고 있기는 하지만, 그가 자신의 탐구의 최초의 출발점에서 발견하는 것은 물리적 사물의 세계가 아니라, 하나의 '상징적 우주'(symbolic universe), 말하자면 '상징들의 세계'(world of symbols)라고 주장한다.[29] 그래서 역사가는 이러한 상징들을 읽을 수 있는 능력을 가지고 있어야만 한다. 때문에

---

27) Cassirer, EoM, 174쪽.
28) Cassirer, EoM, 175쪽.
29) Cassirer, EoM, 175쪽.

역사적 사실들은 아무리 단순한 것이라 하더라도 상징들을 분석함으로써만 결정될 수 있고 이해될 수 있다고 카시러는 주장한다. 결국 역사적 인식의 최초의 직접적 대상은 사물들이나 사건이 아니라, 문서들과 기념물들이 된다. 그러니까 '인간의 삶'(human life)과 '인간 문화'(human culture)가 역사가의 연구 대상이 된다는 말이다.[30] 우리는 이러한 상징적 자료들의 매개와 개입을 통해서만 진정한 역사적 자료를 파악할 수 있다는 뜻이다.

이상에서 우리는 카시러 자신이 역사 연구의 대상인 사료들에서 그것의 '상징적 특성'을 밝혀내고 있으며, 또한 역사적 인식은 관찰이나 실험이 아닌 역사가의 관념적인 재구성 과정, 그러니까 상징적 자료들의 분석을 통해 가능하다는 사실을 강조하고 있음을 확인할 수가 있었다. 그런데 카시러는 역사적 인식에서의 이와 같은 상징적 측면이 그 당시 역사학계에서의 논의, 말하자면 역사적 방법과 역사적 진리에 관한 논의에서는 간과되고 있었음을 지적하면서 이를 강하게 비판하고 있다.

상징과 역사

카시러는 인간에게서 역사적 인식[31]이든 과학적 인식이든 간에 인식의 형식은 언제나 내적 통일성과 논리적 동질성을 보여주고 있다고 말하면서, 역사적 사고와 과학적 사고는 '논리적 형식'에서 구별되는 것이 아니라, 그 '목표'와 '주제'에 의해서 구별된다고 말한다.[32] 이 말은 무슨 의미인가? 카시러가 보기에, 진리 탐구에 있어서는 역사가도 과학자와 마찬가지로 똑같은 형식적 규칙에 매여 있다. 추리와 논증의 양식에 있어서, 귀납추리에 있어서, 그리고 원인에 대한 탐구에 있어서, 역사가는 물리학자

---

30) 이 점에 있어서는 리쾨르(Paul Ricoeur)도 카시러의 생각과 동일하게 자신의 책 『역사와 진리』 제1장 '역사의 객관성과 주관성'에서 역사가 설명하고 이해하고자 하는 마지막 영역은 바로 '인간'이라고 말하고 있다. 리쾨르, 『역사와 진리』(박건택 역), 솔로몬출판사, 2002. 35쪽.

31) 신응철, 「카시러의 인식이론 고찰」, 『칸트와 현대 유럽철학』(한국칸트학회 편), 철학과현실사, 2001. 218-223쪽.

32) Cassirer, EoM, 176쪽.

나 생물학자와 마찬가지로 일반적인 사유법칙을 따르게 된다. 그렇지만 역사가가 밝혀내고자 하는 것, 그러니까 역사 탐구의 목표는 물리적 세계의 예전 단계에 있는 것이 아니라, '인간 생활과 인간 문화의 예전 단계'에 있다.[33] 이러한 목표를 위해서 역사가는 과학적 방법을 이용할 수는 있으나, 이 방법에 의하여 얻을 수 있는 자료에만 스스로를 국한 시킬 수 없게 된다. 앞에서도 언급한 바 있지만, 역사적 대상들도 어떤 면에서는 물리적 대상들 속에 포함되어있다. 하지만 역사적 대상들은 물리적 대상들에 비하면 '보다 높은 차원'(higher dimension)에 속한다고 카시러는 주장한다. 보다 높은 차원이란 무슨 의미인가?

예컨대 우리가 어떤 돌에 대해서 말할 때, 돌의 형태나 색깔을 보듯이 역사적 대상들을 바라보자고 카시러는 제안한다. 그대로 따라 하게 된다면, 우리는 그 돌에 의해서 어떤 '물리적 세계'(physical world) 뿐만 아니라 '인간의 세계'(human world) 속으로 인도된다고 카시러는 말한다. 이 말은 우리가 단순히 '사물들의 세계'(world of things)로 인도되는 것이 아니라, '상징들의 세계'(world of symbols)로 인도됨을 의미한다.[34] 이렇게 하기 위해서 역사가는 '인간의 세계'를 '이해'하기 위해서 상징들을 해석해야만 한다. 이러한 역사적 대상들에 대한 해석 과정에서 역사가는 '역사적 경험'을 하게 된다.

역사가들은 소위 문서들, 기념물이라고 일컬어지는 것에 의존한다. 그런데 여기서 중요한 사실 한 가지는 역사가들은 문서와 기념물들을 과거의 죽은 유물로서가 아니라, '과거로부터 살아 있는 메시지', 그러니까 우리에게 그들 자신의 언어로 호소하는 메시지로 읽고, 또 해석한다는 점이다. 이 말은 역사가들이 그들의 역사 탐구에 있어서 항상 현실적이고 경험적인 재구성 위에 '상징적 재구성'을 하나 더 보태고 있다는 의미가 된다.[35]

---

33) Cassirer, EoM, 176쪽.
34) Cassirer, SMC, 136쪽.
35) Cassirer, EoM, 177쪽. SMC, 136쪽.

카시러는 그러한 의미에서 역사가가 탐구하고 있는 것은 이전 시대의 '정신의 구현물'이라고 말한다. 말하자면 역사가는 법률과 성문법 속에서, 헌장과 인권선언 속에서, 사회제도와 정치조직 속에서, 종교행사와 의식 속에서 그와 같은 정신을 찾아내고 있는 셈이다. 그래서 진정한 역사가에게서는 이러한 재료들이 '굳어져 있는 사실'(petrified fact)이 아니라, '살아있는 형식(형상)'(living form)[36] 즉 상징이 된다. 인간은 문자적 상징들, 종교적 상징들, 신화적이고 예술적인 이미지 등을 만들어 낸다. 그리고 인간이 사회적 삶을 유지할 수 있고, 또한 다른 사람들과 의사소통할 수 있는 것은 바로 이러한 상징들의 체계나 이미지들을 통해서만 가능하게 된다. 이러한 상징들의 세계는 자연세계와 비교해 볼 때 커다란 차이가 있다. 상징적 표현들은 자연 대상들보다 훨씬 더 불안정하고 변덕스런 특성을 가지고 있다. 그래서 우리는 상징적 세계 속에서 지속성이나 영원성 같은 것을 발견하기가 어렵다. 인간은 상징들 속에서 자신의 생각과 감정, 욕망, 사상, 신조 등을 표현하고, 이것들은 늘 의미의 변화를 겪기 때문에 우리가 이것들을 이해하기가 상당히 어렵다. 때문에 역사는 바로 이 지점에서 진정한 임무를 시작해야 한다고 카시러는 말한다.[37] 이런 관점에서 카시러는 역사란 과거의 모든 흩어진 흔적들과 상징들을 한데 융합시키고, 종합하여 새로운 형상을 가지게 하려는 시도라고 말한다.[38]

역사 연구와 역사가의 역할

역사가는 어떤 일련의 사건들을 '연대기적'으로 서술하는데 그치지 않는다. 역사가에게서 사건들은 그저 껍질에 지나지 않으며, 이것의 밑바닥에서 인간적이고 문화적인 생활, 말하자면 행동과 정열, 논쟁과 해결, 긴

---

36) Cassirer, EoM, 177쪽.
37) Cassirer, SMC, 138쪽.
38) Cassirer, EoM, 177쪽.

장과 이완의 생활을 그는 찾아내야 한다. 역사가는 이 모든 것을 위한 하나의 새로운 언어, 하나의 새로운 논리를 발명할 수는 없다. 하지만 역사가는 자신의 개념과 말에 자기 자신의 내적 감정을 불어 넣으며, 또 그렇게 함으로써 그것들에다 새로운 음성과 새로운 색체를 부여한다. 그런데 바로 이 지점에서 역사 연구, 더 정확히 말해서 역사적 사고의 근본적 딜레마에 봉착하게 된다. 말하자면, '역사적 진리의 객관성'(the objectivity of historical truth)과 '역사가의 주관성'(the subjectivity of the historian) 사이의 대립[39]이 그것이다. 이 딜레마는 역사가의 역할은 어디까지인가라는 문제와 직결된다. 카시러는 이 딜레마를 해결하는 방식으로 랑케(Leopold von Ranke 1795-1886)와 텐(H. Taine)의 입장을 소개하면서 그것의 장·단점을 살핀다.

랑케는 과거 역사의 진실을 파악하기 위해 역사가는 어떤 태도를 취해야 하는가에 관심이 있었다. 랑케는 진리를 추구하는데 있어서 어떤 개념을 통한, 그리하여 필경은 사변적이 되어버리는 철학적 방법을 반대했고, 진리에 접근하는 데는 실재의 인식을 전제해야만 하며, 이를 통해서 가능해진다는 입장을 취했다.[40] 그래서 역사가의 현실인식, 현재적 관심을 강조하기도 하였다. 그러나 랑케는 역사가의 역사 연구에서 역사가 자신의 현재적 관심이나 정치적 견해가 역사 연구에 작용하는 것에 대해서는 강력하게 반대하였다. 그 이유는 역사가 자신의 현재적 관심이나 정치적 견해가 과거를 현재의 관점에서 해석하게끔 만들고, 그렇게 함으로써 결국에는 역사를 흐리게 만들 수 있다는 이유에서였다. 그래서 랑케는 역사가는 모든 종류의 관심들로부터 '초연'해야 하며, 역사 연구에는 그 어떤 목

---

39) Cassirer, EoM, 187쪽. 한편 이 대립과 관련하여 리쾨르는 역사는 역사가의 주관성을 반영하고 있고, 역사가의 직업이 역사가의 주관성을 단련한다고 말한다. 그는 역사가의 좋은 주관성과 나쁜 주관성을 말하면서, 역사가의 주관성은 좋은 주관성(카시러가 말하는 당파심과 이해관계를 초월한 주관성)의 승리를 구현해야 한다고 말한다. 그런 측면에서 역사의 '객관성'의 정의는 '논리'에서가 아니라 '윤리'에서 찾아야 한다고 주장한다. 리쾨르, 같은 책, 37-39쪽.

40) 이상신, 『19世紀 獨逸歷史 認識論』, 고려대출판부, 1989. 117쪽.

적도 부여되어서는 안 된다는 원칙으로까지 나아가게 되었다.[41] 이것이 말하자면 역사가의 '객관적 태도'다.

랑케의 객관적 연구 태도에는 많은 문제점이 들어있는 것이 사실이지만, 그의 방식은 경험주의적 방식이나 실증주의적 방식과 동일하지 않은 독특한 측면이 있었다. 경험주의에서의 인식이란, 감각으로부터 얻어지는 것이고, 그로부터 얻어진 사실을 근거로 하여 결론이 성립한다. 여기에서 실재란, 곧 현상이고, 이 현상을 초월하는 인식이란 존재하지 않는다. 그렇지만 랑케의 경우, 현상의 내면에 있는 생동하는 힘을 인식하고자 했으므로, 경험론적, 실증주의적 태도와는 근본적으로 달랐다고 할 수 있다. 랑케는 인식 과정에 있어서 주체의 작용과 그 주관성을 주로 부정적으로 이해함으로써, 주체의 긍정적 역할을 언급한 바는 없지만, 그럼에도 불구하고 역사학이 과거 사실을 파악하는데 있어서는 '예술'과 같다는 견해를 표명한 바 있고, 사건에 내재하는 힘을 파악하는데 있어서는 '직관적 이해'를 스스로 갖고 있었던 것이다. 이것이 바로 연관관계를 이해하는 역사가로서의 랑케의 방법이었다.[42]

랑케는 세계사의 큰 시련 속에서 역사가가 할 일은 심판을 준비하는 것이지 심판을 선고해서는 안 된다고 주장한다.[43] 역사가는 피고를 위한 검사도 아니고 변호인도 아니라고 그는 말한다. 만일 역사가가 판사로서 말하는 일이 있다면, 그것은 예심(豫審) 판사로서 말할 뿐이라는 것이다. 사건들의 모든 자료를 최고 재판소, 그러니까 세계의 역사에 제출하기 위하여 이를 수집하지 않으면 안 된다. 만일 그가 이러한 임무에 실패한다면, 만일 그가 당파심을 가지고 어떤 한쪽을 좋게 여기거나 혹은 증오한 나머지, 단 하나의 증거라도 은폐하거나 왜곡한다면, 그는 자신의 최고의 의무를

---

41) 이상신(1989), 119쪽.
42) 이상신(1989), 129–130쪽.
43) Cassirer, EoM, 189쪽.

소홀히 하는 것이 된다. 여기에서 카시러는 랑케가 말하는 역사가의 연구 방식과 자기 임무, 역사가의 권위와 책임에 대한 생각을 매우 긍정적으로 평가하고 이를 수용하고 있다.

한편 텐은 역사가는 박물학자처럼 행동해야 한다고 주장한다.[44] 또한 역사가는 모든 인습적 편견에서 벗어나야할 뿐만 아니라 또한 모든 개인적 편견과 모든 도덕적 기준으로부터 자기 자신을 자유롭게 하지 않으면 안 된다고 말한다. 이러한 주장은 역사적 인식과 자연과학적 인식의 차이를 인정하지 않고, 역사를 자연과학으로 환원시키려는, 그래서 역사의 객관성의 문제를 해결하려는 텐의 의도에서 비롯되었다고 할 수 있다.[45]

텐은 역사가에게는 오직 두 가지 임무가 있다고 주장한다. 하나는 '사실들'을 수집하는 일, 다른 하나는 이 사실들의 원인을 탐구하는 일이다.[46] 이러한 텐의 입장에 대해서 카시러는 다음과 같이 비판한다. 역사적 사실들은 물리적 혹은 화학적 사실들처럼 관찰될 수 있는 것이 아니라 재구성되는 것인데, 텐은 이 점을 놓치고 있다는 것이다. 또한 역사의 객관성 문제를 해결하기 위해서 사물들의 가치를 판단하는 것 대신에 사물들의 원인을 탐구하게 되면 이는 곧 '역사 결정론'(historical determinism)의 형태를 띠게 된다[47]고 비판한다. 역사 진행의 방식을 바라보는 카시러의 기본적인 입장은 역사 결정론 또는 운명론이 아니라, 인간의 자유 의지의 선택의 결과로, 인간의 해방의 과정으로 인식하고 있다.[48] 카시러에 의하면 역사가는 단일하고 단순한 사실에 접근하기 위하여 자기가 가지고 있는 자료들을 읽고 기념물들을 이해하는 것을 배워야만 한다. 그런 의미에서 역사에 있

---

44) Cassirer, EoM, 192쪽.
45) Cassirer, SMC, 139쪽.
46) Cassirer, SMC, 133쪽.
47) Cassirer, EoM, 193쪽.
48) 카시러에게서 역사를 포함한 문화 해석의 방식에 대한 상세한 논의는 신응철, 「문화 해석의 두 입장: 자유의지론과 문화결정론의 논쟁」, 『고전 해석학의 역사』(한국해석학회), 철학과현실사, 2002. 10. 209-229쪽.

어서 역사가의 '상징들의 해석'이 '사실들의 수집'에 앞선다고 카시러는 말한다.

카시러의 입장을 요약하자면, 역사 탐구에 있어서 역사가의 탐구 방식은 과학자와 똑같이 엄밀한 규칙에 매여 있음은 틀림없는 사실이다. 역사가는 모든 경험적 탐구 방법들을 이용해야만 한다. 또한 구할 수 있는 모든 증거를 수집하고, 그의 모든 자료를 비교하고 비판해야만 한다. 또한 그는 그 어떤 중요한 사실도 망각하거나 무시해서는 안 된다. 그런 면에서 카시러는 텐보다는 랑케의 입장을 지지하고 있다. 그렇지만 카시러는 역사가에게서 최후의 결정적인 행위는 언제나 '생산적인 상상의 행위'(act of the productive imagination)라고 주장함으로써,[49] 랑케와 일정한 거리를 두고 있다. 그러니까 역사가의 탐구 방식의 마지막 부분에는 결국 상징들에 대한 해석 혹은 의미부여 행위가 들어있게 된다는 사실을 카시러는 강조하고 있다.

카 시러 사상에서 역사철학과 문화철학의 관계

이제 위에서 살펴본 카시러의 역사철학과 문화철학의 관계에 대해서 살펴보도록 하자. 이 문제는 카시러 문화철학의 전체 범위와 방향, 말하자면 카시러의 철학의 체계에 있어서 내적 상관성의 문제로서 빼놓을 수 없어 잠시 짚어보려는 것이다.

카시러의 문화철학의 전체 구성은 상징형식의 철학을 밑바탕으로 하고 있다. 카시러 상징형식의 철학의 기본 골격은 인간에 대한 정의에서 비롯한다. 그러니까 전통적인 서구의 인간관이었던 '인간은 이성적 동물이다'

---

49) Cassirer, *The Philosophy of Symbolic Forms*, Vol 3: *The Phenomenology of knowledge*, translated by Ralph Manheim, New Haven and London, Yale University Press, 1957, 134쪽.

라는 관점을 '인간은 상징적 동물이다'라고 수정함으로써, 그는 인간에게 서의 상징적 측면, 인간 문화의 상징적 특성을 자신의 철학의 토대로 삼고 있는 것이다.[50]

카시러는 이 세상의 모든 생물들의 세계는 인지계통과 작용계통 두 가지를 가지고 있고, 이것의 협동과 평형으로 인해 유기체들이 살아갈 수 있다고 주장하는 웍스퀼의 학설을 받아들인다. 그리고 인간에게는 이 두 가지 이외에 '상징계통'이라는 것이 하나 더 추가되어 있다고 카시러는 주장한다. 인간은 이 상징계통을 통해서 여타의 동물들보다 더 넓고, 깊은 '새로운 차원'(new dimension)을 경험할 수 있고, 또한 그 속에서 살아갈 수 있다고 말한다.[51] 말하자면 인간은 동물들처럼 물리적인 시간, 공간의 세계에만 머물러 사는 것이 아니라, 상징계통으로 말미암아 '상징적 우주'에서도 살 수 있게 되었다는 것이다. 이러한 상징적 우주를 구성하는 요소로서 카시러는 신화, 종교, 언어, 예술, 과학, 그리고 역사를 들고 있다. 이러한 제 요소들은 서로 제 각기 고립되어 있거나 제멋대로 만들어진 것이 아니라, 하나의 '공통의 유대', 즉 '상징'에 의해 결합되어 있다는 것이다. 이들 제 요소들은 유기적 전체로서 이해되어야 하며, 이러한 상징들 배후 깊숙이 파고들어가 그 근본기능을 밝혀내는 것이 상징형식의 철학의 과제라고 카시러는 말한다.[52]

이러한 상징형식의 철학의 과제는 자신의 문화철학 속에서도 그대로 되풀이되고 있다. 말하자면 신화, 종교, 언어, 예술, 과학, 역사의 논의를 통해서, 카시러는 인간 정신의 상징적 기능의 측면을 집중적으로 부각시켜 나아가고 있는 것이다. 이러한 전체적인 방향에서 볼 때, 위에서 논의한 역사철학에 나타난 상징적 요소 내지 상징형식으로서의 역사라는 카시

---

50) 이 부분에 대한 상세한 논의는, 신응철, 『카시러의 문화철학』, 한울아카데미, 2000. 제3장 "카시러 문화철학에 나타난 인간관", 63–86쪽.

51) Cassirer, EoM, 24쪽.

52) Cassirer, EoM, 71쪽.

러의 입장은 대체로 자신의 문화철학적 입장에서 벗어나지 않고 있으며 일관성을 유지하고 있다고 해야 할 것이다.

카시러는 역사가란 지나간 과거의 사건들을 우리들에게 말해주는 한갓 해설자(narrator)가 아니라, 과거 우리들의 삶에 대한 발견자(discoverer)요 해석 자(interpreter)라고 말한 바 있다.[53] 이 말은 어떤 특정한 시기 동안 발생했던 사건들을 연결시키려고만 하는 사람은 분석가이지 결코 역사가가 될 수 없다는 뜻이다. 카시러가 볼 때, 진정한 역사가라면 과거를 해설해 줄뿐만 아니라 과거를 재구성할 수 있어야만 한다. 그러니까 역사가는 과거 속에 다 하나의 새로운 생명을 불어넣고 있는 것이다. 그런 의미에서 역사란 삶의 재탄생(rebirth of life)이며, 역사에 대한 해석이 없다면 인간의 삶은 매우 빈약하게 된다.[54] 여기에서도 나타나듯이, 카시러의 역사철학의 대체적인 논의 방식은 상징형식의 철학의 범위 안에서 이루어지고 있고, 그 방향은 문화철학의 방향, 그러니까 인간의 자유의 문제, 점차적인 자기 해방의 과정, 궁극적으로는 인간의 '자기인식'(self-knowledge)의 문제에 맞추어져 있다고 보면 무리가 없을 것이다.[55]

부연하자면, 카시러는 인간에게서의 문화를 자연에서 자유로의 이행 과정으로 파악한다. 이는 신적 존재가 아닌 인간의 관점에서 본다면, 문화란 에덴동산에서 인간의 세계로 나아가는 인간의 자기 해방의 점차적인 과정이 되는 것이다. 이러한 과정에서 인간에 의해, 인간 스스로 만들어낸 정신적이고 물리적인 모든 산물들이 이른바 문화라는 얘기다. 이러한 문화의 개별 요소를 이루는 것은 다양한 상징형식들이며, 이러한 상징형식들을 통해서 인간은 자신의 삶을, 세계를 인식하게 된다. 결국 문화적 설명의 과정을 결정하고 조직하는 역동적인 중심은 바로 상징형식이며, 상징

---

53) Cassirer, SMC, 138쪽.
54) Cassirer, SMC, 139쪽.
55) 신응철(2000), 같은 책, 42-50쪽.

형식은 한 마디로 문화의 모체라 할 수 있다.[56] 우리가 지금 논의하는 역사도 이러한 상징형식들 중의 한 가지이기에, 카시러의 문화철학의 전체 기획 속에서 역사의 논의를 이해하는 것이 올바른 파악 방식이 될 것으로 필자는 생각한다. 아래에 인용하는 크로이스(Krois)의 말은 카시러에게서 역사와 상징형식의 관계를 보다 명확히 이해하는데 많은 시사점을 던져 주고 있다.

역사적인 삶이란 상충하는 문화의 힘들과 관계되어 있고, 또한 항상 관련될 것이다. 그래서 공포로부터의 해방, 불의로부터의 해방, 무지로부터의 해방은 한없는 노력을 요하는 무한한 과제로 남아있게 될 것이다. 상징형식의 철학에서 카시러가 보여주려고 애쓴 것은, 비록 이러한 과제가 완성되지는 않을지라도, 상징형식의 철학은 역사가 어떤 의미를 가지고 있는가 라는 문제에 대해 긍정적인 답변을 줄 수 있다는 점이다. 카시러에게서 역사적 삶의 기원과 목표는 '상징'이라는 근원 현상 속에서 시간을 통해 지속된다. 상징적 형식들은 인간의 자기-해방(self-liberation)의 과정을 위한 매개(수단)이다. 상징형식의 철학은 상징의 기원과 상징의 현상학적 전개에 관한 이론을 제공하고 있다.[57]

크로이스에 따르면, 카시러의 상징형식의 철학은 상충하는 사회적 힘에 관한 이론이다. 구체적인 사회적 실재로서, 서로 다른 상징적 형식들은 합의(concord)와 갈등(conflict)을 만들어낸다. 이러한 갈등들 중 가장 근원적인 것은 세계를 파악하는 방식에서 나타나는데, 그러니까 '신화적 방식'과 '非신화적 방식' 간의 대립이 그것이다.[58] 그런 측면에서 카시러는 '체험'(lived experience)과 '과학적 인식'(scientific knowledge) 양자에 대해서 체계적인 이해를

---

56) 하인츠 파에촐츠, 『카시러』(봉일원역), 인간사랑, 2000. 60쪽.
57) John Michael Krois, Cassirer: *Symbolic Forms and History*, Yale University Press, New Haven and London, 1987. 214쪽.
58) John Michael Krois, 같은 책, 172쪽.

도모하려고 하였다. 우리는 역사에 대한 카시러의 논의에서도 이러한 측면이 강하게 나타나고 있음을 확인할 수 있다. 결국 크로이스는 카시러의 상징형식의 철학은 현대 철학에서의 이들 두 가지 방향을 연결시키려는 시도라고 파악한다. 모든 문화 속에서 카시러가 발견하고자 했던 것은 '모순 속의 조화'(harmony in contrariety)의 측면이다. [59]

카 시러 역사철학의 현재적 의의

앞에서도 언급했듯이 카시러는 역사철학자로서가 아닌 문화철학자로서 인간의 문화현상의 하나로서 역사를 다루고 있다. 때문에 그가 말하는 역사는 인간이 만들어낸 상징형식들 중의 하나이며, 역사적 사고나 역사적 대상, 역사 연구의 방식과 목표에는 공통적으로 상징적 요소들이 포함되어 있음을 확인할 수 있었다. 이제 이미 반세기가 지나버린 카시러의 역사철학이 지금의 우리에게 어떤 의미가 있는지 이를 생각해 보고자 한다.

첫째, '학(學)'으로서의 역사가 지니는 고유한 특성을 매우 설득력 있게 제시하고 있는 점을 들 수 있다. 주지하듯이, 카시러의 역사철학은 계몽주의 사상의 전형인 칸트의 철학[60]과 계몽주의 사상가들의 역사관에 영향받고 있지만, 이들과의 차별성이 분명하다고 할 수 있다. 칸트는 인간의 본질을 이성으로 규정하고, 인류의 역사를 이성의 실현이라는 진보적 과정으로 보았다. 계몽주의는 인간의 '이성'에 대한 신뢰와 '역사의 진보'에 대한 믿음 위에 기초한다. [61] 칸트는 이성의 본질을 '자유'와 '도덕성'으로

---

59) John Michael Krois, 같은 책, 215쪽.
60) 백종현, 「계몽철학으로서 칸트의 전통 형이상학 비판」, 『칸트와 정치철학』(한국칸트학회 편), 철학과현실사, 2002, 11~17쪽.
61) 이한구, "칸트와 역사 세계", 『칸트의 역사철학』, 서광사, 1992, 186쪽.

규정했고, 때문에 이성에 의한 진보의 역사는 자유의 실현 과정이었고, 도덕성의 실현 과정이 되는 셈이다. 카시러의 역사철학도 어떤 면에서는 이러한 칸트의 입장에서 출발하고 있다. 그렇지만 결정적으로 구별되는 부분은 이성의 기능 내지 역할, 그러니까 실증주의 사관이나 자연과학적 인과관계를 강조한다기보다는, 카시러에 와서는 상징의 기능 혹은 상징의 역할이 강조되고 있다는 점이다. 그러니까 역사를 다양한 상징형식들 중의 하나로서 파악하는 점, 그래서 역사를 문화현상으로 인식하는 방식, 그리고 역사적 사실이나 사료 속에 들어있는 상징적 요소를 강조하는 부분, 나아가 역사가의 인식행위 안에 들어 있는 상징적 재구성 과정이나 생산적 상상력의 행위 등은 카시러 역사철학만이 가지는 고유한 특징이자 차별성이라고 할 수 있다.

둘째, 역사와 상징의 관계를 밝혀냄으로써, 역사 결정론 혹은 왕조 중심의 역사 이해의 방식에서 탈피할 수 있는 이론적 근거를 제시했다는 점이다. 역사 이면에서 작용하는 신적 존재에 의한 작용, 말하자면 종말론적인 기독교적 역사이해 방식에 제동을 걸 수 있다는 말이다. 이는 역사의 전개 과정에서 인간 자신의 주체성 확립과 인간의 자유의 측면을 강조할 수 있는 계기를 마련했다고 할 수 있다. 나아가 역사를 상징형식의 하나로 봄으로써 인간의 삶 속에서 목적론적 사고나 결정론적 사고보다는 오히려 문화현상의 하나로서 역사를 설명할 수 있는 계기를 카시러는 제공해 주고 있다는 점이다.

셋째, 카시러가 볼 때 역사가의 사료에 대한 해석은 물리적 세계에 국한되는 것이 아니라, 궁극적으로 과거의 인간의 삶, 인간의 문화에 대한 해석이 된다. 이러한 해석에 있어서 카시러는 예심판사로서의 역사가의 역할을 강조한다. 카시러는 역사가가 현실 관심이나 당파심에 의해 좌우될 때 나타날 수 있는 역사의 왜곡 현상을 이미 예견하였고, 이를 극복할 수 있는 방안으로 카시러는 역사가 자신의 철저한 윤리의식 혹은 도덕의식을 강조하였다. 역사가의 역할에 대한 카시러의 견해는 최근에 계속해서 논란이 되고 있는 한국과 일본 사이의 역사 교과서 왜곡 사건들을 염두에 둘 때, 많은 시사점을 제공해 주고 있다고 하겠다.

다섯째, 그렇지만 카시러의 역사철학 안에서는 '지금 여기에'라는 현실의 정치·경제 상황에 대해서는 역사가의 태도가 미온적이라는 평가를 받을 수도 있다. 말하자면, 역사적 현안에 대해서 정당한 판정을 역사가 자신이 내리기보다는 오히려 그 문제에 대한 판단을 유보하거나 다가올 미래 세대에 맡겨두는 식이 되기 때문이다. 이는 자칫 정당하지 않은 역사적 사건이나 사실에 대해서조차도 역사가 자신이 침묵으로 일관해야 하는 경우를 유발시킬 수도 있게 된다. 우리는 한국의 현대사에서도 이 같은 현상들을 수 없이 많이 경험해 왔기 때문에, 이 부분과 관련하여 카시러의 역사철학이 제시하는 시대 문제에 대한 '느린 답변' 방식은 즉답이 요구되는 상황에서는 다소 인내를 요구하고 있다고 할 수 있다.

다문화시대에 적합한 세계관은 무엇일까?*

* 이 글은 「문화융합시대 문화연구 방법론에 대한 검토와 제언」, 『인문사회21』 7권5호, (사)아시아문화학술원, 2016.10. 711~725쪽에 수록되어 있음.

왜 로컬일까?

글로벌 시대를 살아가는 오늘 우리의 삶은 여러 관계망에 의존하고 있다. 국가와 국가, 지역과 지역, 인종과 인종, 종교와 종교, 문화와 문화가 이제 더 이상 독립적 상태로 존립하기가 어렵게 되었다. 어떤 형태로든지 간에 서로 관여하고, 소통하고, 영향을 주고받게 되었다. 이런 현상을 일컬어 다문화 시대, 다원화 세상이라고 한다. 우리를 둘러싼 주위의 여러 관계망이 그만큼 복잡해졌다는 말이다.

지구촌 시대에 우리나라의 경우도 수많은 외국인들이 더불어 사는 다문화 사회, 다인종 사회가 되었다. 시간이 흐름에 따라 예전에 경험하지 못했던 많은 고민거리들이 하나씩 등장하기 시작했다. 바야흐로 다문화 시대의 출산, 보육, 의료, 교육, 주거, 복지 등의 분야에서 새로운 정책과 대안이 요구되고 있다. 단군 신화를 교육받은 세대들이 가지고 있었던 단일민족이라는 환상적 우월감과 폐쇄적 민족주의는 이제 색 바랜 가치와 이념이 되었다.

우리의 문화적 현실은 배타성과 배제성을 넘어서서, 다문화주의와 상호문화주의를 받아들일 수밖에 없게 되었다.[1] 어떤 말로 표현하든 간에, 그런 상황 속에서 우리는 적어도 '관용'과 '인정', '대화'와 '소통'의 측면을 주목하고 강조해야 한다. 거대 보편문화나 단일문화에서 벗어나 개별문

---

1) 주광순은 '다문화주의'와 '상호문화주의'를 구별한다. 즉 다문화주의가 관용과 인정의 차원에서 여러 문화들의 공존을 말한다면, 상호문화주의는 각 문화들 간의 대화와 소통 그리고 상호변혁을 주장한다는 것이다. 다문화주의가 문화를 어느 정도 고정된 것으로 보는데 비해, 상호문화주의는 문화적 교류를 강조한다. 따라서 문화적 정체성이란, 고정되어 있지 않고, 잠정적이다. 한 문화의 생성과 변천은 타문화의 연관 속에서 이루어지는 것이다. 주광순, 「Mall의 유비적 해석학과 Gadamer의 철학적 해석학」, 『가다머의 해석학과 수사학』(2014년 제108차 한국해석학회 동계 학술발표회 자료집, 2014.12,), 2014.12, 한국외국어대 본관 109호), 6쪽.

화와 특수문화가 눈앞에 전개되고 있기에, 인문학자나 문화연구가들은 그것의 가치와 의미에 대해 재빨리 포착해내고 대응해야만 한다.[2]

　그래서 자연스럽게 문화연구는 중앙이 아닌 지방에, 다수가 아닌 소수에, 남성이 아닌 여성에, 중심보다는 주변부에 관심을 두게 되었다. 철학적으로 표현하면, 같음보다는 다름에, 자아(自我)보다는 타자(他者)에, 동일성보다는 차이성에, 이성보다는 감성에 집중하게 되었다. 국가, 영토, 혈통, 경계로 나누어진 현실이지만, 우리는 어떤 측면에서는 그것을 넘나들고 있기도 하다. 이런 우리의 문화적 현실을 파악하기 위한 강력한 방법적 도구는 일차적으로 로컬(local), 로컬리티(locality)에 관한 연구가 대세였다고 할수 있다. 이러한 경향이 여러 연구기관과 연구자들을 중심으로 정부의 지원 아래 상당히 진행되었고, 나름의 성과를 거두기도 하였다. 그러면서도 동시에 몇몇 문제점을 노출하게 되었다고 필자는 생각한다.

　이 글에서는 먼저 다문화시대 문화연구 방법론으로서 로컬리티(locality) 연구의 의미를 되짚어보고자 한다. 여기서는 로컬리티 연구의 목표, 경향, 문제점 등을 지적할 것이다. 이를 바탕으로 필자는 문화연구 방법론에서 인식론적 전회가 필요하다는 입장을 시론적으로 제시할 것이다. 말하자면, '로컬'(local)에서 '글로컬'(glocal)로 인식론적 전회를 하자는 주장이다. 이 주장을 뒷받침하기 위해서, 글로컬한 문화현상의 한 사례, 즉 두 시간관에 투영된 문화현상과 그 의미를 검토할 것이다. 마지막으로 시간관에 따른 제반 문화현상에 대한 해석을 통해서, 우리시대의 문화연구 방법론은 로컬한 입장보다는 글로컬한 입장이 보다 더 설득력 있는 현실적 대안이 될 수 있다는 점을 재차 강조할 것이다.

---

2)　이와 연관하여 최성환의 「다문화주의와 타자의 문제」, 『다문화콘텐츠연구』(문화콘텐츠기술원, 2009.), 그리고 「다문화 인문학과 해석학」, 『철학탐구』40집(중앙철학연구소, 2015.)은 시사하는 바가 크다.

다 문화시대 문화연구 방법론으로서 로컬(local), 로컬리티(locality)

굳이 문화연구 분야로 제한하지 않더라도, 로컬 혹은 로컬리티 연구의 목적은 분명해 보인다. 그것은 바로 '로컬의 재발견'[3]에 있다. 그러니까 자본주의의 위력을 앞세운 신자유주의와 국가중심주의가 실현되고 구현되는 타자로서의 로컬이라는 위치에서 탈피하여 주체성과 능동성을 회복하자는 데 있다.[4] 그럼 어떻게 이 목표에 도달할 것인가?

현재 로컬리티 연구를 수행중인 많은 연구자들 가운데 이 연구의 쟁점 현황을 정확히 짚고 있는 조명기의 주장에 필자는 주목하고자 한다.

> 로컬은 기존의 경계 짓기 혹은 구별 짓기 방식과는 다른 층위나 방식으로 그 존재가 구성되어야 한다. 대안적 성격의 로컬리티 연구는 동질성/위계성으로 설명되면서 구획되었던 **특정 공간이 이질성과 혼종성의 공간임을 '주장'하는 것이 아니라 '발견'하는 것**이며, 발견의 대상을 주체로 재 위치시키는 작업이라 할 수 있다. **'발견'이라는 단어가 함유하고 있는 실재성, 역사성과 주체의 재정립이라는 운동성 사이에는 아직 길을 내지 못한 긴 황무지가 있는데, 이 막막하고 거친 거리에 대한 도전**이 로컬리티 연구의 당면 숙제인 셈이다.[5]

조명기에 따르면, 근대 민족국가가 실체 없는 상상의 공동체라면 그와 똑같은 이유로 로컬 역시 상상의 공동체라는 것이다. 로컬리티 연구가 재현해내는 로컬이란 있는 그대로의 실재가 아니라, 사후적으로 구성하려는 이데올로기적 효과의 일종이다. 그렇지만 로컬이라는 이 허상적 공간이

---

3) 이명수외, 『다문화와 인정의 로컬리티』, 소명출판, 부산대한국민족문화연구소, 2015.
4) 주광순, 「Mall의 유비적 해석학과 Gadamer의 철학적 해석학」, 『가다머의 해석학과 수사학』(2014년 제 108차 한국해석학회 동계 학술발표회 자료집, 2014.12,), 2014.12, 271쪽.
5) 조명기, 「로컬에 대한 두 가지 질문: 로컬은 실재하는 소수인가」, 『로컬리티 인문학』 11집, 부산대 한국 민족문화연구소, 2014.4, 272쪽.(진한 표시 및 밑줄은 필자의 강조 부분임.)

234 • 대학생이 알아야 할 **인성·교양·윤리의 문제들**

가치 있는 이유는 거대담론, 거시서사의 기획력과 각종 소수자, 저항 주체들이 갈등하고 경쟁하면서 새로운 질서와 관계를 형성해가는 유동적이고 역동적인 장(場), 다시 말해 여러 층위에서 분할된 소수자들의 각종 차이와 세계인식의 틀을 그대로 인정하면서 변증법적으로 관계 맺을 수 있는 장이 될 수 있기 때문이다. 또한 로컬이라는 허상적 공간은 산발적이거나 파편적으로 발현되는 기존의 저항 주체들에 구체적인 물리적 기반을 제공함으로써 소수자로서의 저항 주체들을 담아내는 연대(連帶)의 장이 될 수도 있다는 것이다.

이 장에서 체험하는 연대는 각종 물화와 소외 현상에 대한 반성의 기회를 제공할 수 있을 것이다. **개인은 선험적인 공간 경계 내에 내던져진 존재가 아니라, 계층이나 계급, 젠더, 종교, 문화 등 각종 차원에서 다양한 충돌과 조화를 통해 자신만의 로컬을 중층적으로 구성해 가는 존재다.** 이 중층적 관계망은 불규칙적이고, 비정형적인 운동성을 띠는 동시에 자기 유사성을 갖는 반복적 구조에 의해 직조되면서 자신의 로컬을 형성해 간다. 이런 개인의 중층적 관계망은 타인의 중층적 관계망과 연결되면서 각종 경계를 넘어 확장해 간다.[6]

로컬이 거대자본, 국민국가, 권력관계의 중심으로부터 소외되고 배제된 타자였다는 점을 상기한다면, 그리고 로컬의 주체성과 독자성에 대한 자각의 당위성을 고려한다면, 소수성 담론의 전유는 충분히 납득할 수 있을 뿐만 아니라 실제로 효과적이기도 하다. 왜냐하면 로컬을 연구하는 행위 자체가 거대 담론, 기존 권력에 대한 문제의식의 고취, 그리고 저항으로 직결되는 듯한 효과를 불러올 수 있었기 때문이다. 국민국가나 권력의 중심과 대립각을 세우는 데 있어 소수성 담론은 그 유용성을 의심할 수 없을 만큼 매혹적이었다.[7]

---

6) 조명기, 같은 글, 273쪽.(진한 표시 및 밑줄은 필자의 강조 부분임.)
7) 조명기, 같은 글, 274쪽.

그렇다면 로컬리티 연구가 가지고 있는 장점과 유효성에도 불구하고 한계나 문제점은 없는 것일까?

첫째로 로컬과 국민국가·권력 중심 사이의 대립, 그리고 후자의 일방적 우위를 강조하는 것은 로컬을 동일한 성격을 지닌 하나의 대립 항으로 간주하는 것을 전제한다. 이때 로컬이라는 공간은 이질적인 것들이 충돌하고 갈등하는 공간이 아니라 내부의 차별이 무화된 균질적인 공간으로 낭만화 된다. 로컬의 낭만화[8]는 국민국가와 권력 중심의 호명을 내면화하여 이데올로기를 실천하는 로컬 구성원들을 배제함으로써 성취된 것이다. 따라서 로컬은 대안공간으로서의 성격을 획득하기 위해 내부 차별과 배제를 묵인하는 자기모순을 범하게 된다.[9]

둘째로 로컬리티 담론이 소수성 담론과 절연하지 못한 채 연구방향이나 방법을 지속적으로 차용할 경우, 로컬이 가리키는 공간적 범위는 로컬리티 연구가 지향하는 목표를 저해할 정도로 왜곡될 수 있다. 심지어 로컬리티 연구의 진정성이나 독자성마저 의심받을 수 있다. 예컨대 로컬을 국민국가, 권력 중심의 대립 항으로 설정할 경우, 수도권은 로컬의 범위에서 제외되는 듯 오해될 소지가 있다. 이때 로컬은 지방의 유의어로 변질되고, 국민국가, 권력의 중심과 로컬의 갈등은 수도권과 지방의 갈등으로 왜곡된다. 더욱이 지방으로 변형된 로컬은 수도권이나 타 로컬과의 비교를 통해 확인되는 주변성, 특이성에 의지해 재현되는데, 이때의 재현은 권력관계의 재현으로 왜곡될 소지가 다분해진다.[10]

그렇다면 이제 우리는 문화연구와 관련하여 로컬, 로컬리티 연구의 내재적 문제점을 확인한 이상, 그 해결책을 모색해야할 시점에 서 있다.

---

8) 이와 연관하여 장세용은 로컬리티 연구에서 '만물로컬론'을 교리로 자리 잡게 하려는 경향이 있었음을 지적하고, 심지어 어디에 깃발만 꽂으면 로컬이라고 생각하는 장소 마니아들에게 만물로컬론은 여전히 마음이 끌리는 상황이 아닌가라고 반문하고 있다. 장세용, 「로컬, 주체, 타자」, 『로컬리티 인문학』 11집, 부산대 한국민족문화연구소, 2014, 280쪽.
9) 조명기, 같은 글, 274쪽.
10) 조명기, 같은 글, 274쪽.

다 문화 시대 문화연구의 인식론적 전회
: '로컬'(local)에서 '글로컬'(glocal)로

위에서 우리는 주로 국내에서 유행하거나 적극 수용되고 있는 로컬, 로컬리티의 입장에 근거한 문화연구의 대체적인 흐름을 살펴보았다. 따지고 보면, 이러한 문화연구 방법론은 대부분 서구의 철학사상과 문화이론에 터하고 있음을 간파하게 된다. 오늘날 진행되고 있는 서구의 문화연구 방법론의 주된 흐름은 해석학, 좁게는 문화해석학의 전통 위에 있는 것이다. 넓은 의미에서 로컬, 로컬리티에 대한 연구도 이런 맥락에서 태동했다고 할 수 있다. 문화적 차이로 인해 소통이 되지 않는 상황에서 해석학은 오해를 줄이고 이해를 증진시키기 위한 나름의 방법론을 모색해 왔다.

다소 거칠긴 하지만, 우리는 이러한 방법론을 크게 두 가지 흐름으로 설명할 수 있을 것이다. 그 첫 번째 흐름은 '동일성의 해석학' 차원이다. 이것은 서구의 전형적인 이해방식으로서, 완벽한 이해란 동일자의 동일자 이해이다. 나와 전혀 다른 것을 어떻게 이해할 수 있는가? 내가 이해했다고 믿을 경우, 그것이 어떻게 오해가 아닌지 알 수 있는가? 이런 물음에 대해 답하기 위해 소위 유럽중심주의는 타자를 또 다른 자아로 바라보든지, 다시 말해 타자를 자기로 동화시켜 이해하거나 오해하든지, 그것이 불가능하다면 문화가 아니라고 단정하여 배제(排除)해 버리는 방식을 택하였다. 서구인의 눈에 비친 비서구인들은 자기 자신의 반향일 뿐이다. 결국 이렇게 되면 이해는 항상 일종의 폭력과 결부되게 된다는 사실이다.[11] 이 입장

---

11) 이러한 동일성의 철학(해석학) 전통은 데카르트, 헤겔을 비롯한 근대철학자들과 슐라이어마허, 딜타이에 이르는 해석학자들에 이르기까지 면면히 이어지고 있다고 할 수 있다. 유럽중심주의를 비판하는 이들은 문화해석의 방법론에서도 이 점을 더욱 부각시키고, 이러한 연구 방식에서 탈피하기 위한 전략을 모색해 왔다. 동일성의 차원을 달리표현하면 글로벌한/지구적 관점이라 할 수 있는데, 여기에 대한 반작용으로서 로컬한 관점이 제기되었다고 필자는 판단한다.

은 오늘날 지구화 시대의 다문화 현장에서 진정한 이해방식이 될 수가 없을 것이며, 여러 문제를 안고 있다고 할 수 있다.

그럼에도 불구하고 '동일성의 해석학'이 오랜 기간 동안 서구의 주된 입장이 되었던 것은 그 설득력 때문일 것이다. 이러한 동일성의 해석학에서 말하는 이해는 이해를 이론적으로 모순 없이 해명하게 해주며, 상대주의를 극복하고, 이해의 보편성을 주장할 수 있다는 장점을 가지고 있다. 가다머(H.G. Gadamer) 같은 해석학자도 해석학(Hermeneutik)이라는 단어의 어원과 관련된 역사적 고찰에서, "문자로 기록된 것의 해석자는 신적이거나 인간적인 말의 통역자와 마찬가지로 낯설음을 지양해야 하고, 통합을 가능하게 만들어야 한다."[12]고 말한다. 결국 낯설음의 지양과 통합은 동일성의 해석학이 가지고 있는 이해의 전형적인 두 특징이며, 어떤 면에서는 이해의 가능성의 조건일 수가 있다.[13] 이러한 가다머의 입장이 다문화적 해석학 혹은 상호문화적 해석학에 직접적으로 해로운 것은 아닐 수 있다. 하지만 자신의 사유체계 속에서만 그 일이 일어나며, 자신을 통해서만 모든 것을 이해할 수 있다고 주장하는 월권이 문제이다.[14] 자신의 전통 속에 모든 것을 포괄할 수 있는 일자가 있다고 하는 월권적 전제 하에서, 힘의 극심한 격차라는 현실 속에서, 소위 이해는 이해가 아니며, 오히려 타자를 자기 자신의 반향으로 만드는 폭력이 되고, 이해가 아니라 오해에 불과하기 쉽다.[15]

두 번째 흐름은 '차이의 해석학'의 입장이다. 여기에서는 다양한 문화

---

12) Gadamer, H.G., *Wahrheit und Methode*, Tübingen: J.C.B. Mohr(Paul Siebeck, 1972.) 508쪽.
13) 가다머의 해석학적 입장을 궁극적으로는 동일성의 해석학에 해당된다고 주장하는 이(인도의 상호문화 철학자로 알려진 Mall의 경우)도 있지만, 필자는 가다머 해석학의 핵심 주제인 '지평융합', '영향사', '이해' 등의 개념은 상호주관적 요소 때문에 동일성의 해석학에 해당되지 않는다고 판단한다. 예를 들어 가다머는 "이해란 주체성의 활동이라기보다는 과거와 현재가 부단히 상호매개 작용하는 전통의 전승 사건 속에 참여하는 것을 뜻한다."고 말한다. Gadamer, 위의 책, 171쪽. Claudia Bickmann, R.A. Mall 외 지음, 『상호문화 철학의 논리와 실천』(김정현 엮음), 시와 진실, 2010, 81쪽.
14) 주광순(2014), 같은 논문, 8쪽.
15) 주광순(2014), 같은 논문, 8쪽.

현상들 사이에는 개별적, 특수한, 임의적 차원이 있어서, 그 각각은 상대적 가치가 있고, 서로간의 완전한 이해란 불가능하다는 입장이다. 그렇다고 해서 '차이의 해석학'의 입장이 전폭적인 지지를 받고 있는 것도 아니다. 왜냐하면 이 입장이 극단적으로 되면, 이해 자체가 불가능하게 되기 때문이다. 말하자면, 여러 다양한 문화들 사이에 가다머의 표현대로 지평융합의 가능성이 거의 없어 보일 정도로 심각한 차이가 있을 수 있기 때문이다. 그렇게 되면 차이점들을 절대화하게 되고 완전한 통약 불가능성을 주장하기에 이른다. 그런 측면에서 전적으로 다르기만 하다면, 도대체 어떻게 이해가 가능하게 될 것인가? 라는 의문이 남게 되는 것이다.

그렇다면 이제 남는 문제는 다문화 시대, 상호문화적 시대에 문화해석의 방법론으로 제3의 방식이 요구되는 것은 아닐까? 단순하게 표현해서, 문화해석에서 '동일성의 해석학'이 '글로벌한'(global) 접근방식이라면, '차이의 해석학'은 로컬한(local) 접근방식이라 할 수 있다. 동일성의 해석학은 하나의 문화 밖에 또 다른 가능성들이 있음을 인정하지 않는다. 보편적 이해를 강조할 뿐이다. 차이의 해석학은 차이점들만을 부각시켜 절대화하고, 그것들 사이의 통약 불가능성을 강조할 뿐이다. 또 다른 종류의 폭력일 수 있다.

여기서 인도 출신의 상호문화철학자 말(Ram Adhar Mall)은 제3의 길로 '유비의(analogisch) 해석학'을 제시한다. 이 입장은 서로 다른 문화들 사이에서 소통을 통한 완전한 이해에 이르기는 어렵다 하더라도, 각 문화들 사이의 비교와 대화를 비롯한 모든 노력을 기울인 뒤, "우리가 서로 다르지만, 네가 이해는 된다."라는 목표에 도달하고자 한다.[16] 필자는 말(Mall)이 주장하는 '유비의 해석학'을 글로컬한(glocal) 접근방식이라 부르고자 한다. 필자는 이 지점에서 글로벌한 입장과 로컬한 입장을 통합한 글로컬한 입장을 모색하

---

16) 주광순(2014), 같은 논문, 18쪽.

려는 것이다. 필자는 문화연구 방법론에서도 이제 '글로벌'에서 '로컬'로,
다시 '로컬'에서 '글로컬'로의 인식론적 전회가 있어야 한다는 점을 주장[17]
하면서, 그 이유를 유비의 해석학의 특징을 살펴보는 것으로 대신하고자
한다.

유비의 해석학의 특징 가운데 하나는 '생성된 장소에 묶여있음-생성된
장소를 벗어남'(Standortaftigkeit-Standortlosigkeit)이라는 점이다. [18] 이를 가다머 식
으로 풀어보면, 이해의 선구조를 인정하면서도 그것을 벗어남이다. 부정
적으로 표현하자면, '자신의 문화의 무시 혹은 전적인 폐기'도 아니고, 그
렇다고 해서 '자신의 문화의 장소를 절대화 하는 것'도 아니다. 한마디로
유비의 해석학은 자신의 전통을 절대화하지 말자는 것이다.

유비적 해석학의 두 번째 특징은 다양한 문화들 사이에 차이만 있는 것
이 아니라, '**겹침**'(Überlappung)이 있다고 믿는다. 유비적 해석학은 여러 가지
이유로 인해서 존재하는 겹침 현상에서 출발하는데, 이 겹침이야말로 소
통과 번역을 가능하게 한다. 겹침은 생물학적이고 인간학적인 것에서부
터 정치적인 것에까지 미친다.[19] 가다머의 철학적 해석학에서 역사가 이
해의 가능성이듯, 유비의 해석학에서는 겹침이 그렇다. '겹침'이라는 개념
은 문화들의 다양성의 현실과 보편적 진리의 이념이 서로 모순되지 않을
수 있게 만들어줄 수 있다. 이른바 겹침의 개념은 보편주의·다원주의, 통
일성·다수성, 고향 세계·낯선 세계를 단순한 대립으로 보지 않는다.[20] 어
떤 의미에서 유비의 해석학은 가다머의 철학적 해석학을 지구화의 현실

---

17) 필자가 주장하는 문화연구 방법론의 인식론적 전회의 요구, 즉 '글로벌'(global)→'로컬'(local)→'글로컬'
(glocal)적 접근방식의 통찰의 모티브는 2014년 한국해석학회 동계학술대회에서 발표한 주광순교수의
논문, 「물(Mall)의 유비적 해석학과 가다머의 해석학」에서 많이 영향 받았음을 밝혀두는 바이다.
18) Mall, Ram Adhar, *Philosophie im Vergleich der Kulturen-Interkulturelle Philosophie-eine neue Orien-tierung*, Darmstadt: Wissenschaftliche Buchgesellschaft, 1995. 22쪽. 주광순(2014), 같은 논문, 14쪽.
19) Claudia Bickmann, R.A. Mall외 지음, 『상호문화 철학의 논리와 실천』(김정현 엮음), 시와 진실, 2010.
53쪽.
20) Mall(1955), 같은 책, 46쪽.

속에서 적용한 것이라 말할 수 있다.[21] 기억과 전통과 역사가 진리를 규정한다는 것이 맞다고 한다면, 진리의 구속성은 이러한 전통이나 저러한 전통 내에서가 아니라 겹침들 속에서 찾아져만 한다.[22] 그러므로 유비의 해석학은 세계의 철학들을 비교해 봄으로써 겹침을 긍정하고 찾고 발견하고 증가시킨다. 말하자면, 유비의 해석학의 작업은 실제로 존재하는 **겹침들을 단지 발견하여 확정하는 것이 아니라, 당위로서 긍정하고 찾고 발견하고 증가시켜 가는 과정**인 것이다. 그렇기에 겹침을 개인들, 문화들 사이에서 보이는 확고부동한 공통분모처럼 생각해서는 안 된다. 겹침들은 상황에 따라 커질 수도 있고, 작아질 수도 있는, 커다란 차이들을 보여준다.[23] 예컨대 전통이 조금 달라도 언어가 같다거나 종교가 같다거나 한다면 더 커질 수도 있고 그렇지 않다면 작아질 수도 있는 것이 겹침이다. 또한 상황과 노력을 통해서 증가시켜 갈 수도 있는 것이다.

유비의 해석학의 세 번째 특징은 '**거리**'(Distanz) 개념이다.[24] 낯설음은 경직된 경계라는 의미라기보다는 거리의 의미에서 이해될 수 있다. 거리가 있음이라는 사고는 낯선 것을 다른 것, 자신의 것이 아닌 것으로 반드시 규정하지 않고, 오히려 낯선 것을 '우선 미지의 것', '우선 거리가 떨어진 것'으로 파악한다. 낯선 것은 더 이상 단지 모르는 것이 아니라 비록 알기는 하지만 나의 것에 비교해서 다른 것이고, 별개의 것이다. 그런 측면에서 유비의 해석학은 **낯선 것에 거리를 좁혀 가는 과정**이라 규정할 수 있다.[25] 이와 같은 유비의 해석학의 과정 속에서 비로소 타자의 차이는 동화나 배제의 대상이 아니고, 그대로 남아 있으면서도 소통과 상호변혁의 가능성이 열릴 수 있게 된다. 이러한 측면에서 자기 것이 낯선 것에 의해서,

---

21) 주광순(2014), 같은 논문, 16쪽.
22) Mall(1955), 같은 책, 46쪽.
23) Mall(1955), 같은 책, 46쪽.
24) Claudia Bickmann, R.A. Mall외 지음(2010), 같은 책, 67쪽.
25) 주광순(2014), 같은 논문, 18쪽.

낯선 것이 자기 것에 의해서 변화되어 갈 수 있는 것이다. 즉 낯선 것에 거리를 좁혀 가는 과정은 자기 것에 거리를 두는 과정이기도 하다.

글 로컬한 접근 : 두 시간관에 투영된 문화현상

지금까지 필자는 문화연구 및 문화 해석에서 유비의 해석학을 글로컬한 접근방식으로 간주하였다. 그러면서 '생성된 장소에 묶여있음-생성된 장소를 벗어남'이라는 첫 번째 특징에서는 이해의 선구조를 인정하면서도 벗어나려는 점, 그런 측면에서 자신의 전통을 절대화하지 않으려는 점을 확인하였다. 그리고 문화들 사이에 차이만 있는 것이 아니라 '겹침'이 있다는 두 번째 특징에서는 문화들 사이의 소통과 번역 가능성을 확인하고, 다양한 문화들 간의 겹침들을 발견하여 확정하는 것이 중요한 것이 아니라, 이 겹침들을 인정하고, 긍정하고, 발견하여, 증가시키는 과정이 중요함을 확인하였다. 마지막으로 문화들 간의 낯설음을 '거리' 개념으로 파악하였는데, 결국 문화 간의 소통이란 낯선 것에 거리를 좁혀가는 과정이 되며, 이렇게 되면 타자의 차이는 동화나 배제의 대상이 아니라 소통과 상호변혁의 가능성으로 열리게 된다는 사실을 확인할 수 있었다.

이제 필자는 이러한 글로컬한 문화이해 방식을 에드워드 홀이 제시한 두 가지 시간관과 거기에서 비롯하는 문화 현상에 접목시켜 확인해 보고자 한다. 그러니까 서로 다른 두 가지 시간관의 특징을 살펴보면서, 거기에서 파생되는 생활방식과 문화적 삶은 분명 서로 다를 수밖에 없다. 그런데 이러한 시간관의 차이를 인정하지 않은 채, 특정한 어느 하나의 입장에서 다른 문화권의 생활방식이나 세계관, 문화현상 등을 판단하고, 재단(裁斷)하는 일은 가능한 것일까? 또한 그런 일이 의미있는 것일까?

홀에 따르면, 문화를 논의할 때에 제일 먼저 다가오는 방식은 서구인의 논리적인 사고방식이다. 논리적으로 사고하는 방식은 매우 다양하지만, 서구인들은 소크라테스 이래 사용해 온 이른바 '로직' *Logic*이라는 선형(線形)의 사고체계[26]를 무엇보다도 중시하고 있었다고 한다. 그래서 그들은 자신들의 논리체계를 진리와 동의어로 간주하게 되었다. 논리는 그들이 실재(實在)에 도달하는 유일한 통로였다. 그런데 이러한 태도는 프로이트의 꿈에 대한 분석과 연구의 결과, 선형적 사고방식과는 전혀 다른 차원의 정신의 과정도 존재한다는 사실이 알려지게 되었다. 이는 서구의 전통적인 논리 중심의 사고에 치명타를 가하게 되었고, 논리의 '선형적 세계' 이외에도 꿈과 같은 '통합적 세계', 즉 비선형적 세계가 존재함을 인정하게 되는 계기가 되었다.

이렇게 대비되는 두 가지 사고방식의 차이는 문화의 모델을 설정할 때에도 그대로 적용되었다. 드러나는 것(overt)과 드러나지 않는 것(covert), 내재적인 것(implicit)과 외재적인 것(explicit), 언급된 대상과 언급되지 않은 대상, 의식적인 요소와 무의식적인 요소 등을 고려하여 문화의 모델을 말하게 되었다.

여기에서는 두 가지 시간관을 예로 들어서, 특히 홀이 분석하고 있는 북유럽 전통의 모노크로닉한 시간관과 라틴아메리카, 중동, 아시아 지역의 폴리크로닉한 시간관을 대조해 봄으로써 거기에서 비롯되는 문화 현상의 특징을 살펴보고자 한다.[27]

일반적으로 볼 때 모노크로닉한 시간은 선형적 사고와 일맥상통한다. 무슨 일을 하더라도 대개 한 번에 하나씩 해나가는 편이며, 그러기 위해서는 마음속으로든 구체적으로든 일종의 스케줄, 시간표, 프로그램이 요구된다. 이러한 시간에 익숙해 있는 서구인들은 사회생활, 경제생활, 심지어

---

26) 에드워드 홀, 『문화를 넘어서서』(최효선 역), 한길사, 2000, 29쪽.
27) 신응철, 『문화철학과 문화비평』, 철학과현실사, 2003, 제3장 참조바람.

성(性)생활에까지 철저하게 시간에 지배되는 경향이 있다. 북유럽의 모노크로닉한 시간(M-Time으로 표기함) 체계에서 성장한 사람들에게서 시간이란 미래와 과거를 선후로 하여 이어지는 길이나 띠에 눈금을 표시한 '직선'과도 같다.[28] 그래서 이들에게서 시간이란 구체적인 실체이다. 때문에 그들은 시간을 두고 말할 때 시간을 '절약한다', '쓴다', '낭비한다', '잃어버린다', '낸다', '쏜살같다', '느리다', '기어간다', '떨어지다' 따위로 표현한다. 홀은 여기에서 이러한 비유적 표현들을 대단히 중요하게 생각한다. 왜냐하면 그러한 표현들 속에는 모든 것을 구축하는 무의식적인 결정인자나 틀로서 상정되고 있는 시간에 대한 기본적인 태도가 드러난다고 보기 때문이다.

홀에 의하면, M-Time에 의한 시간 짜기는 삶을 질서 짓는 분류체계로서 이용되고 있다. 출생과 사망을 제외한 일생의 모든 중대사가 시간으로 짜인다. M-Time의 이런 체계가 없었다면, 인간에게서 공업문명은 발달하지 못했을 것이라고 홀은 진단한다. 그런데 M-Time은 장점뿐만 아니라 치명적인 결함도 동시에 가지고 있다. M-Time은 개인을 집단으로부터 '격리' 시키고, 특정 개인, 기껏해야 두세 사람과 관계 맺는 관계를 강화시켜 놓았다. 그런 측면에서 M-Time은 사생활을 보장해 주는 '밀폐된 방'과 같다고 홀은 말한다. 또한 M-Time은 자의적이고 강제적인 성격을 가지고 있다고 홀은 말한다.[29] 그러한 시간 관념은 인간 고유의 리듬이나 창조적 충동에 내재하는 것도 자연에 내재하는 것도 아니다. 그것은 철저하게 습득된 것이다. M-Time에 익숙한 사람들은 대개 시간표를 실재하는 것으로 연상하고, 자아 또는 자신의 행동을 생활과 분리된 별개의 것으로 여기는 공통된 실수를 범하게 된다. 그렇게 때문에 M-Time은 우리를 자아로부터 소외시키고, 넓은 의미에서 전체의 맥락을 파악하지 못하도록 만든다. 마치 M-Time은 '대롱을 통해서 사물을 바라보는 것'과 흡사하게 우리의 시야를

---

28) 에드워드 홀(2000), 같은 책, 43쪽.
29) 에드워드 홀(2000), 같은 책, 44~45쪽.

편협하게 만들며, 우리가 생각하는데 미묘한 방식으로 깊숙이 영향을 미침으로써 우리의 사고를 단편화시킨다.

만일 M-Time의 체계가 행정 기능적인 측면에 활용될 경우, 이 곳에서 사람들은 활동을 시간표화 하고 각 부분의 업무 분석은 개인에게 일임한다.[30] M-Time체계의 사람들은 일이 구획화되어 있기 때문에 자신의 활동을 보다 큰 전체의 일부로서 맥락 속에서 살피는 경우가 비교적 적다. 이는 그들이 '조직'을 지각하지 못한다는 말이 아니라, 업무 그 자체나 더욱이 조직의 목표를 보다 큰 맥락 속에서 살필 경우가 거의 없다는 말이다.

한편 폴리크로닉한 시간(P-Time으로 표기함)은 비선형적 사고와 비슷하다. 폴리크로닉한 시간의 특징은 몇 가지 일이 동시에 발생한다는 점이다. 이 체계에 속한 사람은 미리 계획을 세워 그것을 지켜나가기보다는 사람끼리 이루어지는 '관계'나 일 처리 과정에서의 '성취도'에 역점을 둔다. 그리고 P-Time에 익숙한 사람들은 한꺼번에 여러 사람들과 교제하면서 끊임없이 서로 간섭한다. 이들이 시간표에 맞춰 생활한다는 것은 거의 불가능한 일이다.

만일 P-Time에 익숙한 사람들이 사회 조직을 구성할 경우, 거기에는 강력한 통제의 집중화가 요구되고, 그 조직은 비교적 천박하고 단순한 구조를 그 특징으로 한다.[31] 그 이유는 상위의 인물이 항상 많은 사람들을 거느리며 그 사람들은 대개 일이 돌아가는 상황을 파악하고 있기 때문이다. 그들은 같은 공간에서 지내면서 서로 깊이 개입하도록 양육되며, 상황을 파악하기 위해서 끊임없이 질문을 주고받는다. 그러한 환경에서는 권력기관의 대표를 파견하거나 관료제적 차원의 강화를 위해 과도한 양의 업무처리를 요구해서는 안 된다. 한편, P-Time 체계의 관료기구가 안고 있는 중대한 결함은 업무 기능이 늘어남에 따라 작은 관료기구가 증식하고 그

---

30) 에드워드 홀(2000), 같은 책, 48쪽.
31) 에드워드 홀(2000), 같은 책, 47쪽.

와 더불어 외부인과의 문제를 다루는데 곤란을 겪게 된다는 점이다. 예컨대, P-Time 체계를 가진 국가에서는 무슨 일이 됐건 성사시키려면 그 나라 사람이든지 아니면 '연줄'이 있어야 한다. 관료기구는 대부분 배타적이기는 하지만 P-Time 체계에서는 특히 더 그러하다.

P-Time의 체계에 익숙하게 되면, 행정기능 수행의 측면에서도 여러 가지 특징들이 나타나게 된다.[32] 여기에서의 행정과 통제는 주로 '업무분석'을 중요시한다. 행정은 각 부하직원의 업무를 파악하고 그 일에 따른 활동을 확인하는 것으로 이루어진다. 그런 다음 명칭을 정하고 행정관으로 하여금 일의 진척 상황을 확인할 수 있도록 잘 정리된 차트를 가지고 종종 점검하기도 한다. 그러한 방법으로 개개인에 대한 완벽한 통제가 가능하다고 생각한다.

이상에서 우리는 두 종류의 시간관에 대한 살펴보았는데, 각각의 시간관은 사회생활에 직·간접적 영향을 미치며, 인간관계에서도 장·단점이 다르게 나타남을 알 수 있었다.[33] P-Time 체계의 관리자는 일을 분석할 수 있는 속도에는 한계가 있지만 일단 분석이 되면 적절한 보고를 통해 놀라우리만큼 많은 수의 부하직원을 다룰 수 있다. 그럼에도 불구하고 P-Time 모델에 의해 운영되는 조직은 그 규모에 한계가 있고, 재능 있는 특정 관리자에 대한 의존도가 크며, P-Time 체계 이외의 외부 업무를 취급할 경우에는 일이 더디고 번거로워진다. 재능 있는 특정 인물이 부재 하는 P-Time 체계의 관료제는 많은 사람들이 경험하듯이 재난을 만난듯하게 된다. 한편 M-Time 체계의 조직은 그와 반대로 움직이게 된다. 이 조직은 P-Time 체계보다 훨씬 더 대규모화될 가능성이 있고 사실 그렇다. 그러나 M-Time 유형의 조직은 관료기구를 증식시키는 대신 통합한다. M-Time 조직의 맹점은 그 구성원의 비인간화에 있다. 반면, P-Time 조직은 우발적인 사건이

---

32) 에드워드 홀(2000), 같은 책, 48쪽.
33) 에드워드 홀(2000), 같은 책, 49–50쪽.

벌어졌을 때 전적으로 우두머리에게 의존해야 하기 때문에 그가 모든 일을 관장해야 한다는 점이 맹점이다. 때문에 M-Time 유형의 관료기구는 대규모화될수록 자신의 구조에 맹목적이 됨으로써 폐쇄적으로 변한다. 그 결과 갈수록 경직화되며, 그 본래의 목적이 지닌 비전(Vision)을 상실하는 경향마저 나타나게 된다.

이제까지 우리는 두 가지 시간관을 통해서 나타날 수 있는 서로 다른 문화 유형, 삶의 방식 등을 살펴보았다. 이러한 논의를 통해서 우리는 문화가 하나의 기준, 절대적 기준에 의해서는 파악될 수 없으며, 또한 드러난 문화에 대해 특정한 하나의 입장에서만 접근해서는 안 된다는 사실을 간접적으로 확인할 수 있었다. 시간관을 예로 살펴보았지만, 동일한 시간 현상이라 하더라도 P-Time과 M-Time의 서로 상이한 모습을 발견할 수 있었듯이, 우리의 문화 속에도 결국 특정한 관점에서는 이해되지 않는 서로 다른 모습들이 들어 있다고 유추할 수 있을 것이다.

문화를 바라보는 홀의 기본적인 입장은 문화의 다양성, 다시 말해 다양한 문화를 인정해야 한다는 것이다. 문화는 제 각기 의미를 가지고 있을 뿐이다. 문화는 언제나 사물과 사물을 구분하는 경계선이 어디에 그어져야 하는가를 규정해 왔다. 그 경계선은 자의적임에도 불구하고 일단 습득되고 내재화되면 실재하는 것으로 다루어지게 된다. 그런데 문제는 그러한 구분을 위한 '타당한 경계선(valid line)'이 애매하다는 사실이다. 이 점에서 홀은 문화상대론자라고 할 수 있다. 결과적으로 우리가 우리 자신의 문화적 속박에서 벗어날 길은 없는 셈이다.[34]

문화적 다양성에 대한 논의는 철학적으로 볼 때 상대주의적 관점에서 태동되어 나왔다고 할 수 있다.[35] 상대주의는 객관주의에 대한 반작용의

---

34) 에드워드 홀(2000), 같은 책, 326쪽.
35) Richard J. Bernstein, *Beyond Objectivism and Relativism: Science, Hermeneutics, and Praxis*, University of Pennsylvania Press, 1983. 『객관주의와 상대주의를 넘어서』(정창호외 역), 보광재, 1996. 25-47쪽.

결과이다. 그러면 먼저 객관주의에 대해서 살펴보자. 객관주의(Objectivism)란, 합리성이나 인식, 진리, 실재, 선, 옳음 등의 본성을 결정하는데 궁극적으로 호소할 수 있는 영원하고 초역사적인 어떤 기반이나 구조 틀이 존재하며, 존재해야 한다는 기본적인 확신을 뜻한다.[36] 객관주의자들의 주장에 따르면, 그러한 기반이 존재하기에 철학의 과제란 그것이 무엇인지를 '발견'하는 것이며, 가장 강력한 논거를 동원하여 자신이 발견했다고 주장하는 기반을 변호하는 데 있다. 객관주의는 토대주의(土臺主義)와 아르키메데스적인 점에 대한 추구와 밀접하게 연결되어 있다. 객관주의자들은 철학, 지식, 언어를 엄밀하게 근거 지을 수 없다면, 우리는 필연적으로 회의주의(懷疑主義)에 빠질 수밖에 없다고 단언한다.

반면, 상대주의자들은 객관주의자들의 적극적인 주장들을 부정할 뿐만 아니라 한 걸음 나아간다. 상대주의자들은 환원 불가능한 다수의 개념 도식들이 존재한다고 믿기 때문에 이 개념들이 결정적인, 일의적인 의미를 가질 수 있다는 주장에 반대한다. 상대주의자들이 볼 때, 예를 들어 '합리성'을 말한다 하더라도 그 때 사용되는 합리성의 기준이 '우리 자신의' 기준이거나 아니면, '그들의' 기준에 불과하다고 이들은 주장한다.

우리가 상대주의자들의 인식방식을 따라 이러한 논의를 문화의 영역에 확대 적용하게 되면 문화상대주의로 귀착하게 된다. 이에 반해 우리가 객관주의자들의 입장을 고집한다면, 우리는 보편문화에 근거해서 개별문화를 논의해야 한다. 필자의 기본적인 입장은 적어도 인간의 세계에서 보편문화란 존재하지 않으며, 다만 개별문화만 존재한다는 입장이다. 다시 말해 우리는 우리자신의 개별문화 속에서 보편문화로 나아가려는 노력과 시도만 할뿐이라는 것이다. 보편문화가 무엇인지? 어떤 형태인지? 그 모든 것은 베일 속에 가려져 있다. 보편문화라는 것은 결국 문화 주체인 우리가

---

36) 신응철, 『해석학과 문예비평』, 예림기획, 2001. 118쪽.

어떻게, 무엇을 만드느냐에 따라서 그 형태가 규정될 뿐이다. 그와 같은 노력의 강도와 폭이 어느 정도냐에 따라 우리가 마주 대하는 세계문화의 양상이 달라질 것이다. 그렇다면 이제부터 이와 같은 필자의 주장에 대한 철학적 근거를 제시하도록 하겠다.

우리는 하이데거(M. Heidegger), 가다머(H.G. Gadamer), 리쾨르(P. Ricoeur)로 이어지는 현대 해석학의 전통을 잘 알고 있다. 이들의 공통점은 한결같이 '선판단', '선이해', 자신의 '고유한 지평'을 인정하는 입장에 있다. 이 입장을 지지한다는 것은 인간은 자기가 살아가고 있는 '지금 여기'(now and here)를 결코 벗어나지 못한다는 사실을 뜻한다. 이는 인간의 유한성(有限性)에 대한 자각이기도 하다. 해석학은 기본적으로 이와 같은 해석학적 상황에 대한 인식에서 출발한다. 그런데 이 같은 해석학적인 태도가 다문화 시대 문화 연구 방법론에 확대 적용될 경우, 우리는 '자민족(自民族) 중심주의' 혹은 '자문화(自文化) 중심주의', 달리 표현해서 '로컬 중심주의'의 한계에서 벗어나지 못하게 되는 결과를 초래할 수도 있다. 그렇게 되면 결국 우리는 다문화 시대에 로컬한 문화인식에 머무를 수밖에 없게 된다.

로 컬에서 글로컬로

여기서 심각하게 고려해 볼 문제가 있다. 우리 자신의 실존적 한계를 인정하고 인식한다고 해서, 거기에서 비롯되는 문화의 이해나 문화의 해석도 개별문화, 특수문화의 형태만을 인정해야 하는 것인가? 만일 그렇다면, 인류의 문화의 미래는 과연 어떤 모습이 될 것인가? 서로 구별되는 문화, 상이한 문화, 그러한 문화 상황에서는 필연적으로 문화적 갈등, 나아가 문화적 충돌이 일어날 가능성이 있게 된다. 이러한 인류의 미래상을 예측해 본다면, 우리는 누구와도 공존할 수 있는 하나의 공동의 문화, 문화의 통일성에 대해 희망하게 된다. 그렇다면 인간에게서 공동의 문화란 어떤 형태이며, 그러한 문화에서 나타나는 문화의 통일성이란 도대체 무엇인가?

가다머와 리쾨르에게로 다시 시선을 돌려보자. 가다머에 따르면 우리 인간은 누구든지 자신만의 고유한 선판단을 지니고 있는데, 이것은 다름 아닌 자신의 지평(地平)[37] 속에서 살아가고 있음을 뜻한다. 그런데 이러한 개별적인 지평은 이해 행위 속에서 하나로 융합(融合)을 일으키게 된다. 이해행위란 만남의 과정을 통해서 가능하다. 만남이란 두 사람 사이에, 즉 나와 타인, 주체와 객체, 자아와 타자의 관계 맺음을 뜻한다. 그러한 만남이 이루어져 그 속에서 상호간에 의사소통이 이루어지는 순간 이해 작용이 이루어진다. 지평간의 융합에 있어서 중요한 사실은 어느 한 쪽이 다른 한 쪽을 일방적으로 수용한다든지, 흡수하여 이루어지는 융합이 아니다. 가다머가 말하는 지평융합은 개별 지평이 언제나 함께 동시에 참여하여 이루어지는 것을 말한다. 예컨대 대화상황을 연상해 보자. 한 사람이 말을 걸면, 그 질문에 대해 다른 한 쪽이 응답하고, 그 응답에 대해 다시금 질문하고, 이러한 일련의 과정들이 반복되다보면, 맨 처음 질문을 한 사람의 지평은 대화가 지속되면 될수록 어느덧 새로운 지평으로 변화되기에 이른다. 그것은 응답을 하는 다른 한 쪽의 경우에도 마찬가지로 나타난다. 대화과정 속에 질문자와 응답자가 온전히 참여할 때, 진정으로 그 대화에서는 하나의 합의(合意), 하나의 이해(理解)가 생겨날 수 있게 되는 법이다. 가다머는 이러한 지평융합을 개인과 개인의 관계에서, 독자와 작품의 관계에서, 인간과 세계의 관계에서 추구하고 있는 것이다.[38]

리쾨르의 경우는 대체로 가다머의 입장을 수용하는 편이다. 다만, 그는

---

37) Gadamer, H.G., *Wahrheit und Methode*, J.C.B. Mohr, Tübingen, 1986, 271쪽.
38) 가다머의 해석학에 대한 이해는 신응철, 「해석학과 문예비평」, 『철학연구』 제54집, 2001년 가을호, 255-271쪽 참조바람.

가다머가 말하는 지평융합에 있어서 그 용어를 '친숙화(親熟化)'[39]라는 용어로 대체한다. 리쾨르는 우리가 작품을 읽거나 대할 때 그렇게 하는 궁극적인 목적은 텍스트의 이해를 통해서 간접적으로 자기 자신을 이해하는데 있다. 말하자면 작품 앞에서의 자기이해(自己理解)이다. 작품을 앞에다 두고 그것을 읽음으로써, 그 작품은 우리에게 말 걸어오게 된다. 이에 독자는 그 말 걸어옴에 대해 자기 식으로 답하게 되는데, 이것이 말하자면 친숙화이다. 친숙화 과정에서 리쾨르가 강조하고 있는 점은, 작품이나 텍스트는 언제나 우리에게 말 걸어오고 있기에, 독자인 우리 스스로가 우리만의 환상에서 벗어나, 그리고 우리 자신의 지평에서 벗어나 텍스트 앞으로 나아가야 한다는 것이다. 이는 텍스트 앞에서, 세계 앞에서의 독자의 자기변화, 자기변신이 전제될 경우에만 진정한 의미에서 친숙화가 이루어진다는 말이 된다.[40]

이러한 가다머와 리쾨르의 입장은 하이데거의 이해의 선구조[41]에 빚지고 있는 것이기도 하다. 말하자면, 선취(先取), 선견(先見), 선파악(先把握)에 근거해서 이해 행위가 일어난다는 것이다. 이는 인식에 있어서 아무런 전제가 없는 상태에서 본질 직관을 해야 사태의 본질을 제대로 파악할 수 있다고 주장한 후설(Husserl)의 견해를 뒤집어엎는 것이라 할 수 있다. 말하자면, 인간의 인식이나 이해에 있어서 무전제적인 인식이나 이해는 결코 불가능하다는 하이데거의 선언이라고 보면 된다. 따라서 우리의 이해는 이해의 선구조에서 비롯되는 '해석학적 순환'에 의해 수행되는 것이다. 이러한 하이데거의 인식 태도는 인간의 유한성을 인정하는 것에서 비롯되고 있다. 가다머나 리쾨르 둘 다 하이데거의 이러한 측면을 받아들이고 있는 것

---

39) Ricoeur, Paul., *Interpretation Theory: Discourse and The surplus of Meaning*, The Texas Christian University Press, Fort Worth, Texas, 1976, Sixth Printing, 91쪽.
40) 리쾨르의 텍스트 해석의 원리에 대해서는 신응철, 『해석학과 문예비평』(예림기획, 2001.)의 제 2장, 55-82쪽 참조.
41) Heidegger, Martin., *Sein und Zeit*, 『존재와 시간』(이기상 역), 까치, 1998, 206-221쪽.

이다. 여기서 중요한 사실은 해석학에서의 최종 단계는 '상호이해(相互理解)'에 있다는 점이다. 그것이 '지평융합'이라는 용어로 표현되든, 아니면 '친숙화'라는 개념으로 표현되든 간에 말이다.

　이러한 해석학적 발상이 다문화 시대 문화 연구 방법론으로 적용되어야 한다고 필자는 생각한다. 로컬한 방식의 한계를 극복하고 글로컬한 방식으로 나아가고자 하는 이유가 거기에 있다. 결국 우리가 지향해야 할 태도는 이해의 선구조를 인정하되 벗어나려는 자세, 상호이해, 지평융합, 친숙화에 대한 희망이라고 본다. 앞에서 논의한 것을 떠올려 보면, 다양한 문화들 간의 겹침들을 긍정하고, 인정하고, 발견하고 증가시켜 나아가는 과정, 그리하여 낯선 것에 거리를 좁혀가는 과정이 필요한 것이다. 문화이해에 있어서도 우리는 이러한 해석학적인 인식방식을 그대로 유지해야 한다는 것이 필자의 최종적인 생각이다.

제11장

한국기독교는 왜 대중의 조롱거리가 되었는가?*

* 이 글은 「기독교 문화의 사회적 역할과 책임 −중심의 상실에서 중심의 회복으로−」, 『기독교철학』 4집, 한국기독교철학회, 2007.6. 49−72쪽에 수록되어 있음.

들 어가는 말

지난 2007년의 한국 사회의 단면을 그려보면 대통령 선거를 목전에 둔 정치의 풍경화가 잘 어울릴 법하다. 여야 정당은 제각기 대통령 후보를 내고자 고심하였고, 일반 국민들의 관심과 이목(耳目)도 이 부분에 맞추어져 있었다. 기독교계에서도 여러 형태의 시민단체들(예컨대, 뉴라이트연합, 기독교사회책임 등)이 꾸려져 제각기 정치활동을 펼쳤다. 이들 단체의 정치활동에서 엿보이는 이념과 목표는 약간씩의 색의 농도만 다를 뿐 큰 그림에서 일치하는 부분이 있었다. 그것은 기독교계가 정치활동을 통해서 각자 자신의 사회적 책임을 감당하려 한다는 점에서 그러했다.

기독교인으로서 인간이 만들어낸 다양한 문화현상들에 관심을 갖고 있는 필자의 경우도 '기독교(학자)의 사회적 책임'이라는 부분에 관심을 갖는 것은 어쩌면 자연스러운 일인지도 모른다. 이런 관심을 바탕으로 필자는 이 글에서 주제를 좁혀 문화비평의 차원에서 기독교 문화의 사회적 역할과 책임에 대해 논의하고자 한다. 굳이 문화비평적 논의를 하려는 이유는 이 글이 논거에 의한 논증형식의 성격이기보다는 시대비평의 성격에 가깝기 때문이다.

필자는 이 글에서 기독교 문화의 사회적 역할과 책임을 '중심의 상실' 對 '중심의 회복'이라는 틀에 맞추어 살펴보려고 한다. '중심의 상실' 對 '중심의 회복'이라는 틀을 세 가지 장면을 통해서 비춰볼 것이다. 하나는 신약성서 마가복음 2장에 나타나는 예수와 바리새인의 논쟁 장면이고, 다른 하나는 기독교 문화비평가 로마노프스키의 현대 예술과 대중문화비평 장면, 그리고 마지막 하나는 우리 자신의 교회 공동체 문화의 장면이다. 이 세 장면은 신앙(信仰)의 측면, 학문(學問)의 측면, 생활세계(生活世界)의 측면과 관련된 것으로서, 모든 기독학자들은 이 세 부분들과 직접적인 관계를 맺고 있다고 해도 과언이 아닐 것이다. 따라서 필자는 이 세 가지 국면을 통해서 우리 시대에 시급하게 요구되는 기독교인의 사회적 책임, 나아가 기독교 문화의 사회적 역할과 책임을 모색해 보고자 한다.

장 면 하나 : 마가복음 2장에 나타난 예수와 바리새인의 논쟁

첫째 장면은 '신앙적 관점'에서 접근한 것으로서 성경 마가복음에서 읽어 본 '중심의 상실' 對 '중심의 회복' 부분이다. 스스로를 그리스도인으로 고백하고, 나아가 이 고백을 바탕으로 학문의 제 영역에서 연구하는 기독학자들이 제일 먼저 성서를 주목하는 것은 당연한 순서일 것이다.

> 1) 풍경 하나(바리새인의 질문) : 왜 예수는 죄인(罪人)과 세리(稅吏)들과 함께 식사하는가?
>
> (예수의 답변) : 건강한 자에게는 의원이 쓸데없고, 병든 자에게라야 쓸 데 있느니라 내가 의인을 부르러 온 것이 아니요 죄인을 부르러 왔노라.(마 2:16~17)[1]

첫 번째 장면은 '정결(淨潔)'에 관한 논쟁이라 할 수 있다. 당시 유대 종교 지도자들과 대제사장 그리고 바리새인들은 인간이 의(義)로운 다음에야 하나님과 관계가 이루어질 수 있다는 생각을 하였던 것으로 보인다. 그래서 그들은 '병자'와 '죄인' 對 '온전한 자'와 '죄 없는 자'라는 구별의식(區別意識)을 갖게 된 것이다. 그들의 이런 관점에서라면 예수가 죄 없는 정결한 자들과 식사하는 것이 온당한 처사였을 것이다. 결국 그들의 이러한 정결

---

1) 한·영 성경전서(새영어흠정역판, 개역한글판), 대한성서공회, 1985.

예법에 관한 생각에는 폐쇄적이고, 수직적이며, 의례적인 측면이 자리하고 있었던 것이다.

이에 반해 예수께서는 병자나 죄인들, 세리와 창녀를 위하여, 특별히 그들을 회개시켜 하나님 나라의 식탁에 동참시키기 위하여 이 땅에 오셨다. 병자나 죄인들을 대하는 예수의 생각 속에는 개방적이고, 수평적이며, 의례적이지 않는 진정성의 측면이 들어 있었다. 하나님은 우리 인간이 의(義)로워서가 아니라 우리 스스로 죄인일 때, 연약할 때, 원수 될 때, 우리의 그런 모습을 사랑하셔서 예수를 이 땅에 보내셨음을 다시 한 번 각인할 필요가 있다. 이 점이 정결의 참 의미가 아닐까 한다.

> 2) 풍경 둘(바리새인의 질문): 요한의 제자들과 바리새인의 제자들은 금식(禁食)하는데, 어찌하여 당신(예수)의 제자들은 금식하지 않는가?
>
> (예수의 답변) : 혼인집 손님들이 신랑과 함께 있을 때에 금식할 수 있느냐? 신랑과 함께 있을 동안에는 금식할 수 없나니 그러나 신랑을 빼앗길 날이 이르리니 그날에는 금식할 것이니라. 생베 조각을 낡은 옷에 붙이는 자가 없나니 만일 그렇게 하면 기운 새 것이 낡은 그것을 당기어 헤어짐이 더하게 되느니라.
> 새 포도주를 낡은 가죽 부대에 넣는 자가 없나니 만일 그렇게 하면 새 포도주가 부대를 터뜨려 포도주와 부대를 버리게 되리라 오직 새 포도주는 새 부대에 넣느니라. (마 2:18~22)

두 번째 장면은 '금식(禁食)'에 관한 논쟁이라 할 수 있다. 우리는 두 번째 장면을 통해서 금식의 참 뜻을 생각하게 된다. 당시 유대인들과 바리새인들은 금식과 기도와 십일조 이 세 가지를 가장 중요한 경건의식으로 보았고, 이것이 그들에게 하나의 전통이 되어 있었다. 이러한 유대인들의 종교적 전통에서 보면, 하나님을 섬기는 일은 '기쁨'이기보다는 '구속감'과 '얽매임'을 가져다주는 일이었다. 예수는 사람들 앞에서, 사람들에게 보이기 위해서 행하는 그들의 경건의식을 외식적 생활이라고 비판하고, 그들의 이런 전통적 신앙 생활을 낡은 부대에 비유하였던 것이다.

그러면서 예수께서는 새 포도주는 새 부대에 담는 것이 마땅하다고 일컫는다. 예수 자신을 일컫는 새 술이 하나님 나라를 상징하는 새 부대에 담겨야 한다는 것은 우리 자신의 신앙생활이 혼인잔치의 비유에서처럼 이제 '잔치' 생활이 되어야 함을 강조하고 있는 것이다. 다시 말해서 하나님 나라 안에서 구속감과 얽매임을 느끼는 '수동적(受動的)' 신앙보다는 사랑과 기쁨을 맛보는 '능동적(能動的)' 신앙생활의 중요성을 일깨워 주는 대목이라 할 수 있다.

> 3) 풍경 셋(바리새인의 질문) : 안식일에 제자들이 밀밭 사이를 지나가다가 이삭을 자른 일과 예수가 안식일에 손 마른 병자를 고친 일에 대해서, 저희가 어찌하여 안식일에 하지 못할 일을 하나이까?
>
> (예수의 답변) : 다윗이 자기와 및 함께 한 자들이 핍절되어 시장할 때에 한 일을 읽지 못하였느냐. 그가 아비아달 대제사장 때에 하나님의 전에 들어가서 제사장외에는 먹지 못하는 전설병을 먹고 함께 한 자들에게도 주지 아니하였느냐.
> 안식일은 사람을 위하여 있는 것이요, 사람이 안식일을 위하여 있는 것이 아니니 이러므로 인자는 안식일에도 주인이니라.(마 2:23~28)

마지막 세 번째 장면은 '안식일(安息日)'에 관한 논쟁이다. 유대인들과 바리새인들은 안식일을 지키는 것과 안식일에 행해서는 안 되는 일들에 대해 철저한 의식을 가지고 있었다. 예컨대 그들은 안식일에 불 사용을 금하고, 그릇을 사용하지 않고, 매듭을 풀지 않았으며, 씨를 뿌리지 않는 등등의 여러 경우들을 철저하게 지켰다. 그런 그들의 눈에 비친 예수의 제자들이 밀 이삭을 자른 일과 예수 자신이 손 마른 병자를 고친 일은 안식일에 대한 그들의 전통적 가치 체계에 큰 도전이 아닐 수 없었다. 그 이유로 그들은 예수를 고발하기에 이른다.

하지만 하나님이 인간에게 안식일을 주셨을 때, 그것이 인간에게 멍에 같은 것은 아니었음을 알 수 있다. 그러니까 인간에게 안식일을 주신 것은 인간으로 하여금 창조와 회복의 힘을 주시고자 허락하신 것이다. 어떤 면에서 보면, 유대인과 바리새인들에게는 안식일이 목적이고, 인간은 단지 수단에 불과한 것이었다. 그러나 예수에 따르면 안식일은 사람을 위하여 있는 것이며, 사람이 안식일을 위하여 있는 것이 결코 아니었다. 다시 말해서 안식일은 수단이고 인간이 목적인 것이다. 그리고 손 마른 병자를 고친 것은, 선(善)을 행하고, 생명(生命)을 구하는 안식일의 참 정신을 가장 잘 구현한 사건임을 알 수 있다.

우리는 이상의 세 풍경을 '중심의 상실'과 '중심의 회복'이라는 안경으로 들여다 볼 수 있어야 한다. 유대 종교지도자들과 대제사장 그리고 바리새인들이 예수와 제자들에게 제기한 질문을 통해서 그들 자신은 죄(罪)와 무관하다고, 남보다 거룩하다고 생각한 '신앙적 교만(信仰的 驕慢)'을 우리는 볼 수 있어야만 한다. 그리고 전통적 관습을 철저하게 지키고, 금욕적 경건생활을 하면 구원을 얻을 수 있다고 본 '율법주의적 태도(律法主義的 態度)'를 보아야만 한다. 또한 계명의 참 뜻(사랑)을 망각한 채 오직 외적인 복종만을 고집한 '형식주의적 태도(形式主義的 態度)'를 보아야만 한다. 결국 그들의 신앙생활 및 신앙 속에는 중심의 상실이 있었던 것이다. 이것에 대해서 예수는 철저하게 중심의 회복을 주장하고 있었음을 알 수 있다.[2]

---

2) 사람이 의롭게 되는 것은 율법의 행위에서 난 것이 아니요, 오직 예수 그리스도를 믿음으로 말미암는 줄 아는 고로, 우리도 그리스도 예수를 믿나니 이는 우리가 율법의 행위에서 아니고 그리스도를 믿음으로서 의롭다 함을 얻으려 함이라. 율법의 행위로서는 의롭다 함을 얻을 육체가 없느니라. (갈2:16)

장 면 둘: 로마노프스키(W.D. Romanowski)의 눈에 비친 현대 문화[3]

둘째 장면은 '학문적 관점'에서 접근한 것으로서 문화비평가에게서 읽을 수 있는 중심의 상실 對 중심의 회복 부분이다. 이 부분은 기독교 문화학과 문화철학 분야에서 최근에 논의되고 있는 중심 주제로서, 현대 문화 속에서 기독학자의 소명이 무엇인지를 짐작해 볼 수 있는 논거를 제공해 준다.[4] 여기서는 특별히 기독교 문화비평가로 명성이 높은 로마노프스키의 입장을 중심으로 다루어보고자 한다.

성경에 근거한 문화 이해

기독교문화비평가로 잘 알려져 있는 윌리엄 로마노프스키(William D. Romanowski)[5]는 대중문화를 하나의 대중예술의 차원으로 다루고 있다. 그러

---

3) 현대 문화에 대한 로마노프스키의 논의는 신응철, 『기독교문화학이란 무엇인가』, 북코리아, 2006. 71~83쪽의 내용을 본 주제에 맞추어 수정하여 재구성한 것임.

4) 학문적 관점에서 중심의 상실을 논의한 학자로 미술사학자 제들마이어(Hans Sedlmayr 1896~1984)도 있다. 그는 『현대 예술의 혁명』 Die Revolution der modernen Kunst(1957)에서 현대 예술은 '무성한 해석의 숲 속에서 대책 없이 길을 잃고 헤맬 것'이라고 예견한 적이 있다. 그는 무엇 때문에 그와 같은 전망을 하였던 것일까? 제들마이어는 현대 예술에서 '중심(中心)의 상실'을 목격하였던 것이다. 그는 현대 예술에서 나타나는 '중심의 상실' 현상을 인간에게서 본질적으로 불가능한 神적인 것과 인간적인 것의 '분리'에서 그 원인을 찾아내었다. 그러니까 인간과 神 사이의 '균열'과 인간과 神, 神人을 이어주는 '중재자의 상실'이 원인이다. 인간이 잃어버린 중심이란 바로 神이다. 그리고 질병의 가장 깊은 핵심은 허물어진 神과의 관계에 있다. 그렇다면 어떻게 예술의 영역에서 중심의 상실을 극복할 수 있을까? 제들마이어에 의하면, 그 처방은 새로운 상태 안에서 인간의 영원한 상(像)을 확립해 재형성시키는 길밖에 없다. 그러나 이런 영원한 상은 인간 자신이 생각해 낼 수 있는 것이 아니다. '인간적'이라는 것은 인간이 잠재적으로 神의 닮은꼴이며, 하나의 세계 질서에 편입되어 있다는 신념 없이는 확립될 수가 없다고 제들마이어는 보았다. 그러니까 그런 신념은 우리 모두가 神에 의해 창조된 자라는 의식을 지녀야 비로소 가능하다는 것이다.

5) 윌리엄 로마노프스키(William D. Romanowski)는 미국 미시간 주 그랜드 래피즈에 있는 칼빈대학교의 언론학과 교수로 재직 중이며, 기독교 문화비평가로 명성이 높다. 국내에 소개된 저서로는 Pop Culture Wars: Religion & the Role of Entertainment in American Life, Inter Varsity Press, 1996.(『대중문화전쟁』(신국원 역), 예영커뮤니케이션, 2001.)과 Eyes Wide Open, Brazos Press, 2001.(『맥주 타이타닉 그리스도인: 기독교 세계관으로 대중문화 읽기』(정혁현 역), IVP, 2004.)가 있다.

면서 기독교적 관점에서 대중문화를 어떤 식으로 수용하고 비판해야 하는 가의 문제를 고민하였다. 우선 로마노프스키는 문화란 무엇인가의 문제를 논의한다.

그에 따르면, 문화는 신앙과 깊은 관계가 있다. 문화는 하나님의 형상 안에서 "오묘하고 놀랍게" 지어진 존재의 일부이다. 문화는 하나님이 인간에게 내린 첫 명령이자 기본명령, 즉 "생육하고 번성하여 땅에 충만하라, 땅을 정복하라"(창 1:28)는 명령에 대한 인간의 응답(應答)이다. 하나님은 평범한 인간들에게 창조의 과정을 이어가는 임무를 맡기셨다. 그러므로 우리가 하나님의 '창조의 동역자'라는 사실은 성경에서 가장 우선시 하는 주제며, 그리스도인이 문화에 접근하는 기본 전제가 되어야 한다고 로마노프스키는 주장하고 있다.[6]

성경에 따르면, 하나님은 존재하는 모든 것을 창조하셨을 뿐만 아니라 그 모든 창조물에 대한 소유권도 주장하고 계신다. 우리는 모든 창조물들이 하나님의 영역 안에 있다는 사실을 알 수 있다. 그러므로 '만물', 즉 모든 피조물들은 하나님의 종(servant)이다.(시 119:91) 이 사실은 그리스도인이 문화에 어떻게 접근해야 하는지를 다시 한 번 보여주는 기본 전제가 된다고 로마노프스키는 말한다. 그러니까 인간은 하나님이 창조한 것들에 대한 '소유자'가 아니라 '관리자'(steward)일 따름이다. 하나님만이 그것에 관한 소유권을 가지며, 인간은 의무와 책임을 지니고 있을 뿐이다.[7] 그렇다면 인간은 어떤 의무와 책임을 가지고 있는 것일까? 모든 사물은 하나님 나라에서 '섬기는 역할'을 하도록 지음 받았다. 그 같은 목적은 그 사물의 의미이자 존재이유가 된다. 인간이라는 피조물은 고유하고도 특별한 목적을 갖고 하나님의 형상대로 창조되었다. 그것은 바로 '문화를 수행하

---

6) 윌리엄 D 로마노프스키, 『맥주 타이타닉 그리스도인』(정혁현 역), IVP, 2004. 47쪽.
7) 윌리엄 D 로마노프스키(2004), 같은 책, 48쪽 참조.

라'는 명령에서 확인할 수 있다.[8]

그런데 하나님이 인간에게 내린 첫 명령은 인간의 타락과 죄에 빠진 창조 세계로 인해 쉽게 퇴색되었다. 따라서 구속사에서 성경의 초점은 그리스도에게 중점적으로 맞춰지는데, 이 때 구속의 의미는 '회복'을 뜻하며, 창조된 실재에 그 '본래의 자유를 부여'하는 것이다. 여기서 자유란 죄에서 벗어나는 것을, 섬김으로 나아가는 것을 말하고 있다.

대중문화의 위기의 징조, '대중' 對 '고급'의 벽 쌓기

한편 로마노프스키는 언론학과 교수답게 대중문화를 대중예술의 차원에서 논의한다. 그는 대중문화는 네 가지 중요한 기능을 가진 것으로 보았는데, 첫째 교화와 오락의 기능, 둘째 공동체의 경험과 전통을 보존하며 전수하는 기능, 셋째 사회를 비판하는 기능, 넷째 문화를 전달하고 신념과 가치관을 소통시켜 사회적 연대의식을 형성하여 공동체를 만들어내는 기능이 그것이다. 이와 같은 대중문화의 기능을 로마노프스키는 예술이 지니는 본래적 기능과 유사하다고 보았다.

로마노프스키는 대중문화를 '현실의 지도'(maps of reality)라고 말한다.[9] 그러니까 대중문화는 인간의 관점에서 읽고, 해석하고, 평가한 우리 자신의 현실의 지도인 셈이다. 이런 대중문화를 바라보는 기독교적 시각이 우리의 궁극적 관심사다. 이 문제와 관련하여 로마노프스키는 먼저, 일반인들을 포함하여 기독교인들에게서도 통용되고 있는 하나의 중요한 편견(偏見)을 지적한다. 그것은 다름 아닌 '대중문화'와 '고급문화'를 나누는 '구별의식' 나아가 '차별의식'이다. 흔히 사람들은 이러한 구별을 위해서 고급문화 앞에는 '예술'이라는 수식어를, 대중문화 앞에는 '오락'이라는 수식어를 붙이고 있다. 그래서 이른바 회화, 조각, 연극, 교향악, 오페라, 시 그

---

8) 윌리엄 D 로마노프스키(2004), 같은 책, 49쪽 참조.
9) 윌리엄 D 로마노프스키(2004), 같은 책, 79쪽 참조.

리고 특정한 형태의 문학에 대해서는 '예술'이라는 명칭을, 이에 반해 영화나 대중음악, 텔레비전 또는 연애소설이나 탐정소설에 대해서는 '오락'이라는 이름을 붙이기를 선호한다. 이렇게 되면 베토벤과 바흐, 셰익스피어, 디킨스, 렘브란트, 르누아르, 피카소의 작품은 예술의 영역인 반면, 마돈나, 스프링스턴, 루카스, 스필버그 등의 작품은 오락의 영역이다. 이를 우리식으로 적용하면, 윤이상, 백남준, 조수미, 정명훈의 작품은 예술성이 가미된 고급문화이고, 조영남, 나훈아, 남진, 이미자의 작품은 오락성이 들어있는 대중문화가 된다.

이와 같은 구별의식(차별의식)을 갖는 것은 고급문화와 대중문화 사이에 분명한 차이가 있다는 것을 암시해 준다. 많은 사람들은 고급문화가 뚜렷한 목적을 갖는 대중문화보다는 더 고매한 높은 가치를 지닌 것으로 생각한다. 그러나 사회적 실천이라는 관점에서 보면, 고급문화와 대중문화는 실제로 많은 것을 공유하고 있고, 그 경계는 점점 모호해지고 있는 현실이다. 또한 예술적 가치에 근거해서 고급문화와 대중문화를 구별하는 것은 점점 더 어려운 일이 되고 있다.[10]

그렇다면 도대체 왜 언제부터 고급문화와 대중문화 사이에 틈이 벌어진 것일까?[11] 이것에 대한 로마노프스키의 대답은 대단히 흥미로우면서도 우리로 하여금 사태의 본질을 파악하게 하는 힌트를 제공한다. 부유층이면서 교양이 있고, 사회적 지위가 높았던 미국 앵글로 색슨계 백인 개신교인(White-Anglo-Saxon Protestant)들은 영국과 유럽에서 그들과 비슷한 지위에 있

---

10) 윌리엄 D 로마노프스키(2004), 같은 책, 102쪽.
11) 고급예술과 대중예술의 구별 그리고 고급문화와 대중문화의 구별과 관련하여 프래그마티스트들의 예술에 대한 논의는 그리스도인들에게도 생산적인 관점을 제공하고 있다. 특히 수잔 손탁(S. Sontag)과 리차드 슈스터만(R. Shusterman)의 예술에 대한 해석은 결국 고급예술이 지닌 고립된 난해성과 절대화된 주장들에 대한 비판일 뿐만 아니라, 고급예술의 산물들과 대중문화의 산물들 사이에 놓은 본질적인 구분 자체를 무력하게 만들어 놓았다. 나아가 대중문화나 대중예술에 대한 긍정적인 평가를 할 수 있는 계기를 마련해 주었다. 이에 대한 상세한 논의는, 신응철, 『문화철학과 문화비평』, 철학과현실사, 2003. 제8장 참조바람.

는 사람들처럼 자신들의 특권적인 사회적 지위를 정당화하기를 원하였다.[12] 그래서 20세기의 전환기에 미국으로 이주해 온 대중들과 자신들을 구분하기 위해서 자신들의 문화적 전통이 우월하다는 주장을 펴기 시작했는데, 바로 이것이 대중문화와 고급문화의 구분의 시작이고, 틈이 벌어진 계기가 되었던 것이다.[13]

이런 맥락에서 로마노프스키는 실제로 교양 있는 예술과 교양 없는 예술의 구별, 그리고 고급문화와 대중문화의 구별은 따지고 보면 예술 자체와 관련 있는 것이 아니라 '계급'과 관련 있다고 결론짓고 있다.[14] 그래서 그는 대중문화 속에 들어있는 계급적 요소와 연관시켜 대중문화들 사이의 '전쟁'이라는 표현을 쓰기까지 하였다. 이렇게 하여 고급문화는 특권 계급의 독점적 영역이 되었으며, 오직 특권 계급에게만 관련된 고급문화를 추구하는 것은 이제 많은 사람들에게 일종의 종교가 되었다고 로마노프스키는 진단하고 있다.

그럼 왜 사람들은 고급문화에 대해 집착하고 그것을 소유하고자 할까? 고급문화에 대한 애착이 마치 구원의 길인 것처럼 생각하기 때문이다. 그런데 따지고 보면, 우리가 고급문화를 추구하는 이유는 신성의 분담자가 될 수 있다고 추정하기 때문인데, 그런 의미에서 문화는 하나님의 형상을 간직한 우리 인간에게 주어지는 보편적인 과제가 아니다. 오히려 문화에 대한 추구, 특히 고급문화에 대한 추구는 '하나님과 같아지려는' 피할 수 없는 유혹의 또 다른 형태에 불과하다.[15] 그렇기 때문에 고급문화 자체가 우리를 구원해 줄 수는 없다. 아무리 세련된 미학적, 지적 감수성을 개발한다할지라도 우리는 결코 죄에서 벗어날 수가 없기 때문이다.

---

12) William D. Romanowski, *Pop Culture Wars: Religion & the Role of Entertainment in American Life,* Inter Varsity Press, 1996. 번역본으로 「대중문화전쟁」(신국원 역), 예영커뮤니케이션, 2001. 78쪽.
13) 윌리엄 D 로마노프스키(2004), 같은 책, 104쪽 참조. 신국원, 「변혁과 샬롬의 대중문화론」, IVP, 2004. 54-55쪽.
14) 윌리엄 D 로마노프스키(2004), 같은 책, 104쪽.
15) 윌리엄 D 로마노프스키(2004), 같은 책, 105쪽.

대중문화 끌어안기, 기독교의 이름으로

기독교적 문화, 나아가 기독교적 대중문화란 가능할까? 대중문화는 매일 우리와 함께 하시는 하나님에 대한 성경적인 설명을 제공하는 유쾌한 '현실의 지도'를 공급해 주어야 한다.

그렇다면 기독교적 대중문화는 어떤 특징을 가져야 할까? 로마노프스키는 기독교적 확신과 관점, 태도와 정서 등이 예술적 노력의 바탕이 되어야 한다고 주장한다. 예술가와 비평가는 일상생활에서 일어난 선(善)과 악(惡) 사이의 우주적인 투쟁 속에서 길을 찾도록 노력해야 하며, 다른 사람들이 그 길을 볼 수 있도록 도와주어야 한다. 기독교적 특징을 갖는 예술작품은 하나님의 세상에서 사는 삶이 어떤 것인지에 대한 실마리를 제공해야 한다. 그리고 작품의 성격이나 표현 방식은 그와 같은 주제에 부합되어야만 한다. 다시 말해, 예술가 자신의 기독교적 신념과 관점, 그리고 태도와 감정 등이 작품의 양식, 구성, 접근 방식 등에 영향을 미쳐야만 한다.[16)]

그리스도인들은 신앙에 기초한 삶의 비전을 긍정하고 재현함으로써 대중예술과 문화를 새롭게 만들어가야 한다. 대중문화나 대중예술을 기독교적인 것으로 만드는 것은 '주제'가 아니라, 오히려 주제에 담긴 '관점(觀點)'이라고 로마노프스키는 말한다. '성경적 관점'을 예술가와 비평가 그리고 후원자 모두에게 적용하여 현실의 지도 속에 펼쳐 놓아 그것을 문화적인 의미로 구성해야 한다. 여기서 말하는 성경적 관점이란, 하나님이 세상을 선하게 창조하였지만, 타락한 세상에서 살고 있는 사람들의 모습이 어떠한지, 따라서 사람들이 가져야할 이상(理想)은 무엇이며, 바른 신념(信念)과 가치(價値)는 어떠해야 하는지를 제시하는 관점을 말한다. 그런 측면에서 그는 대중문화에 대한 성경적 관점을 다음의 네 가지로 요약하여 제시한다. 첫째, 하나님은 세계 가운데 활동하신다. 그리고 눈에 보이지 않는 영

---

16) 윌리엄 D 로마노프스키(2004), 같은 책, 126쪽.

적 영역이 존재한다. 둘째, 믿는 사람들은 이러한 풍경 속에 거한다. 그러므로 신앙은 모든 삶에 필수적이다. 셋째, 인간의 죄(罪)는 실재하며, 따라서 악(惡)도 존재한다. 넷째, 하나님은 용서를 베푸시고, 구속(救贖)의 기회를 주신다.[17]

대중문화와 함께, 기독교적 비전

로마노프스키에 따르면, 대중문화나 대중예술에서도 '용서'와 '구속'의 능력은 심금을 울리는 강력한 흡인력이 있다. 그래서 그는 대중문화에 대한 기독교적 전망은 타락한 세계에도 구속의 근원이 필요하다는 사실을 보여주는 데 있다고 주장한다.[18]

성경이 가르치는 바와 같이 구속(救贖)은 가장 암울한 곳에서, 가장 가능성이 없어 보이는 사람들을 통해서 온다. "죄가 더한 곳에 은혜가 더욱 넘쳤나니".(롬 5:20) 그래서 구속은 혼란을 일으키기도 한다. 그리고 은혜는 갑자기 침입해 들어온다. 구속은 한 사람의 삶의 흐름과 방향을 깨뜨린다. 구속은 사람들의 성격을 바꾸어주며, 사람들에게 다른 시야를 열어줄 수 있다. 그래서 사람들은 변화된 마음과 새로운 관점을 갖는다. 자신에게 회개(悔改)를 일으킨 새로운 방식으로 자신과 타자(他者) 그리고 인생을 보기 시작하기 때문이다.

로마노프스키는 기독교적 대중문화비평이 단순히 '신앙 고백적'이거나 '도덕주의적' 특색에 머무는 것이 아니라 여기에서 벗어나기 위해서 ①대중예술의 역할과 활용, ②대중예술의 관점과 비전, ③대중예술의 구성에 기반하여 비평할 것을 제안한다.[19] 이러한 로마노프스키의 제안은 철저하게 성경적 관점에 근거해서 나온 것이라 할 수 있다.

---

17) 윌리엄 D 로마노프스키(2004), 같은 책, 134쪽.
18) 윌리엄 D 로마노프스키(2004), 같은 책, 149쪽.
19) 윌리엄 D 로마노프스키(2004), 같은 책, 200쪽.

"마지막으로 형제들아 무엇에든지 참되며 무엇에든지 경건하며 무엇에든지 옳으며 무엇에든지 정결하며 무엇에든지 사랑할만하며 무엇에든지 칭찬할만하며 무슨 덕이 있든지 무슨 기림이 있든지 이것들을 생각하라"(빌 4:8)

로마노프스키는 빌립보서 4장의 위 덕목을 대중문화를 접하는 기독교적 분별을 위한 지침으로 삼고 있다. 어떤 연구 영역에서든 기독교적 비평의 독특한 관심은 우리의 삶과 사회에 작용하는 지배적인 종교와 문화의 영향력을 벗겨내는 데 있다. 대중문화나 대중예술은 문화의 현실적 상황을 분명하게 밝혀내고, 각기 다른 관점을 가진 사람들이 어떻게 사물의 의미를 파악하고 있는지를 알 수 있게 해 준다. 따라서 대중문화의 기독교적 비평의 결정적인 역할은, 신앙의 중심성과 죄의 해악과 책략 그리고 개인뿐 아니라 삶과 사회에도 '구속'이 필요하다는 사실을 두루 밝히는 데 있다. 또한 이런 일반적인 틀 안에서 특정 예술작품이 지닌 가장 중요한 특성에 따라 독특한 접근 수단, 그러니까 성(性) 정체성, 인종(人種), 계급, 지역, 소명(召命) 등을 재현할 필요가 있다고 로마노프스키는 말해주고 있다.[20]

장 면 셋 : 삼각뿔을 지닌 한국 교회

셋째 장면은 '생활 환경적 관점'에서 접근한 것으로서, 교회 공동체에서 벌어지고 있는 일련의 현상들에서 읽어 본 '중심의 상실' 對 '중심의 회복' 부분이다. 교회가 적어도 그리스도인의 공동체라고 할 때, 세상 사람들의 공동체와 차이가 있어야 하고 구별되어야 할 터인데, 교회의 교회다움은 무엇인지를 다시 한 번 생각하도록 하는 부분이다.

---

20) 윌리엄 D 로마노프스키(2004), 같은 책, 210쪽.

나는 이 문제를 탁월한 식견을 가지고 있는 한 명의 기독교 역사학자의 눈을 좇아가면서 살펴보고자 한다. 미국 오클로호마주립대학 역사학과의 종신 교수 출신의 박정신은 최근 펴낸 『한국 기독교 읽기』[21]에서 한국 교회의 특징적인 단면을 세 가지로 집약한 바 있다. 그 첫째는 천박한 물량주의, 둘째는 이기적 기복신앙, 셋째는 전투적 반공주의이다.

먼저 박정신은 천박한 경제주의의 늪에 빠진 교회는 질보다 양을 추구하고 모든 교회가 '큰 교회'가 되고자 한다는 점을 지적하고 있다. 이런 현상은 어떤 면에서 시대정신과 이어져 있다는 사실을 그는 밝혀주고 있다. 그러니까 한국 교회의 물량주의의 시작은 1960년대부터가 아니라 6.25전쟁에서 비롯되었다고 그는 진단한다.

"6.25전쟁을 전후로 나타나기 시작한 '피난교회'에 몰려든 이들이 종교적 동료의식과 정신적 위로를 찾아온 입교 동기에 더하여, '빵과 천막'이 필요해서 교회로 들어 온, 다시 말하면 물질적 입교 동기도 있었다는 점도 주목하여야 한다고 주장하는 것이다. 이들의 입교와 이에 힘입은 교회 성장은 천박한 물질주의가 교회 안에서 암처럼 퍼져 자라남을 뜻하기도 한다."[22]

6.25 전쟁기간을 전후해 각종 구호기금과 물자가 성직자들을 우대하고, 성직자들에 의해 지급된 사실에 박정신은 주목하고 있다. 영어를 구사할 수 있는 몇몇 성직자들은 미국 교회에 줄을 대고 구호기금과 물자를 통괄하게 되었고, 이들은 이것을 자기 교회를 위해 먼저 사용하기도 하고 한국 교회 안에서 자기 영향력을 확대하는데 이용하기도 하였다. 이런 형식으로 세속적 물량주의에 물들기 시작한 성직자들과 물질적 이유로 교회에 들어온 평신도들이 함께 하는 교회가 1960년대에 시작된 경제제일주의 시대에 질보다 수량으로 신앙을 계산하는 조직으로 자리 잡게 된 것이다.[23]

---

21) 박정신, 『한국 기독교 읽기』, 다락방, 2004.
22) 박정신, 같은 책, 181쪽.
23) 박정신, 같은 책, 182쪽.

문제는 여기에 있다. 한국 교회에 스며든 이 천박한 물량주의는 세속적 이익과 행복을 추구하게 되고, 가진 물질 때문에 교회와 교인들이 자기만족과 자기과시로 나아가게 된 것이다.[24] 어디 그 뿐이겠는가? 자본주의의 절정기에 살아가고 있는 오늘의 기독교인들도 그 외의 문제들에서 여전히 물량주의적 경제주의적 가치관에 옥죄어 있는 현실이다. 각종 명목의 헌금이 강요되고, 십일조의 규모에 따라 교회 내에서의 직분과 역할이 달라지는 우리의 자화상을 확인할 수 있는 것이다.

다음으로 한국 교회에는 이기적 기복신앙이 깊이 뿌리내리고 있다는 사실이다. 기복신앙의 뿌리를 한국의 전통 무속신앙에서 찾을 수도 있겠지만, 6.25 전쟁의 체험은, 그러니까 전쟁 후 교회에서 생존 동기를 충족시켜주는 위로와 현세복락의 요소를 강조하게 만든 결정적 계기가 되었던 것이다.[25] 이러한 기복신앙이 한국교회사에는 '성령운동'으로 나타나고, 빈번히 열리는 '부흥회'에서 강조되었다는 사실을 박정신은 꼼꼼하게 밝혀내고 있다.

결과적으로 이기적 기복신앙은 교회로 하여금 예수의 삶의 교훈을 망각하게 만들어버린다는 사실이다. 예수처럼 고난에 동참하고, 희생과 봉사를 통한 이웃과 더불어 사는 삶을 강조하고, 죽은 자를, 억압받는 자를, 연약한 자를 먼저 보살피던 교회는 십자가보다는 오늘, 이 세상의 나의 축복을 갈망하는 현세적, 물질적, 이기적 기복신앙의 집단이 되고 있는 현실이다.

교회성장을 갈망하는 한국 교회의 목회자들에게 천박한 물량주의와 기복신앙은 별다른 어려움 없이 교묘하게 융합될 수 있었다. 교회성장을 말하는 이들은 모든 것을 물량위주로 평가한다. 교회성장도 정신 또는 신앙의 질보다는 교인의 수와 헌금의 액수로 측정한다. 영적 기쁨보다는 사업

---

24) 박정신, 같은 책, 184쪽.
25) 김흥수, 『한국전쟁과 기복신앙 확산 연구』, 한국기독교역사연구소, 1999, 10쪽.

번창이나 병 고침이 더 큰 축복으로 간주되고 있는 실정이다.[26]

마지막으로 한국 교회에는 전투적 반공주의가 남아있다. 이 현상도 6.25 전쟁이 큰 계기가 되었다. 전쟁 중에 이북의 기독교인들이 대거 남한으로 내려오게 되었고, 남한에서는 이승만을 비롯하여 친기독교적 분위기가 확산되면서 기독교는 점차 반공의 종교 공동체로 변화되었다.[27] 이런 상황 속에서 교회에는 '공산주의=반기독교', '기독교=반공' 등의 등식이 깊이 뿌리내리게 되었고, 이제 반공은 하나의 이데올로기가 되었다.

이제 대통령이 북한을 다녀오고, 남북이 경협을 추진하는 상황에서, 분단된 민족의 통일시대를 대비한다면, 전투적 반공주의는 심각한 걸림돌이 될 수 있다. 나아가 가장 큰 문제는 교회가 특정 이념만을 받아들이거나 배척하는 세상의 공동체로 변질되어 가고 있는 현실이다.

나 오는 말 : 길트기와 맛내기

지금까지 우리는 기독교 문화의 사회적 역할과 책임을 세 장면들을 통해 고찰해 보았다. 결론부터 말해보면, 그것은 한마디로 빛과 소금의 역할, 다시 말해 사회를 향해, 대중을 향해, 길트기와 맛내기의 역을 담당하는 것이라 할 수 있다.

그럼 구체적으로 어떤 태도와 방식을 동원할 것인가? 박정신은 지금 한국 기독교의 무기력함은 1세기 팔레스타인에서 태어나 '예수운동'을 펼친 그 예수의 가르침을 상실한 데서 잉태되었다고 진단한다. 잠시 그의 생각에 귀기울여보자.

---

26) 박정신, 같은 책, 190쪽.
27) 박정신, 같은 책, 191쪽.

"헤롯의 질서에 안티테제로서의 예수, 헤롯 세상의 군림의 가치를 거부하는 안티테제로서의 예수의 종 됨과 섬김을 오늘의 한국기독교가 상실하였다고 나는 진단하고 있다. 다시 말하면 거대한 종교로 성장한 한국기독교는 중세 로마교회의 웅장함, 화려함, 풍요함을 바라보며 가고 있다고 나는 생각하고 있다. 1세기 팔레스타인의 가난한 예수, 초라한 예수, 핍박받는 예수를 바라보기보다 로마교회의 성직자들의 권위를 한국교회의 지도자들이 갖고 싶어 한다는 데 한국교회의 무기력이 나타나게 되었다고 나는 지적하는 것이다."[28]

그렇기 때문에 박정신은 이제 한국 교회가 1세기 '예수 운동꾼들'의 삶과 가르침으로 돌아가야만 한다고 역설한다. 군림, 웅장, 풍요와 같은 로마제국의 가치를 따르지 말고 섬김, 종 됨, 근검, 절약의 가치를 따라야 된다는 것이다. 예수의 '하나님 나라'와는 거리가 먼 이 세상의 것들을 버려야한다는 것이다.[29]

나는 기독교 역사학자 박정신이 내리고 있는 한국 기독교의 모습에 대한 진단과 그 처방이 정확하다고 본다. 나의 방식으로 바꾸어 표현해 보면, 그는 일찍이 한국 기독교문화의 중심의 상실 현상을 목격하였고, 거기에서 중심의 회복을 강력하게 외치고 있었던 것이다. 그렇기 때문에 그의 이런 혜안을 기독교 문화를 생산·유통·소비하는 주체인 우리 기독교인들이 적극적으로 받아들일 필요가 있다고 생각한다. 이는 기독인으로서, 기독교 문화의 사회적 책임을 염두에 둘 때, 우리가 취할 수 있는 가장 핵심적인 태도가 될 수 있기 때문이다. 중심의 상실에서 중심의 회복을 염원하고 그 길로 나아가야 한다는 사실은 분명하다. 그러나 그 길에 들어서서 한 발 한 발 걸어가기란 결코 쉽지 않다. 그 길에 들어서려는 우리 모두에게 다시 예수정신이 필요한 이유이다.

---

28) 박정신, 같은 책, 213쪽.
29) 박정신, 같은 책, 214쪽.

제12장

지식인으로 산다는 것의
의미는 무엇일까?*

* 이 글은 「서양의 지식인 유형과 한국의 지식인, 그리고 선비」, 『한국선비연구』 제4집(동양대학교 한국선비
연구원, 2016. 12.)에 수록되어 있음.

들어가는 말

최근 우리 사회는 정치, 사회, 문화 전반에 걸쳐 극도의 혼란에 휩싸여 있다. 대통령을 비롯한 고위 공직자들의 참담한 부패와 대학교를 비롯한 지식인 집단의 무능과 기능 상실이 나라 전체를 혼란을 넘어 위기의 수렁으로 몰아넣고 있다. 이런 때일수록 각자 자신의 위치에서 본연의 역할을 제대로 감당해야할 시기라고 본다. 이 글은 국내 인문학의 심각한 위기 상황을 전제로 하고 있다. 필자는 최근 인문학의 새로운 연구 분야로 각광받고 있는 문화일반, 특히 대중문화와 인문학과의 관계에 대해 문화비평의 관점에서 논의하고자 한다. 이 과정에서 주도적 역할을 담당하는 비평가로서의 지식인에 대해 비판적으로 논의하는 데 목적이 있다. 이를 위해서 우리는 먼저 대중문화의 비판과 이해 그리고 감상이라는 관점에서 서구 철학 전통에서 찾아볼 수 있는 지식인의 유형과 역할에 대해 고찰할 것이다. 이러한 논의에 기대어 국내의 '우리' 지식인들이 그간 보여주었던 역할에 대해 반성해 보고, 인문학적 관점에서 '우리' 지식인이 지향해야 할 바람직한 모형을 시론적으로 제시하고자 한다.

이를 위해 첫째 인문학 연구의 주요 대상으로 왜 대중문화 연구가 부상하게 되었는지를 살펴본다. 여기에서는 전통 인문학과 매체시대의 인문학이 지니고 있는 그 위상과 특성에 대해 분석하고, 대중문화 연구의 목적을 인문학적 맥락과 관련시켜 고찰하도록 한다. 둘째로 대중문화의 이해 방식과 지식인의 역할에 대해 논의하도록 한다. 특히 대중문화의 비판과 이해 그리고 감상이라는 관점에서 서구 철학 전통에서 나타나는 지식인의 관계를 '유기적 지식인', '체험적 지식인', '비판적 지식인'이라는 세 가지 유형으로 각각 구별하여 살펴볼 것이다. 셋째로 시선을 안으로 돌려 '우리'의 대중문화 연구와 '우리'의 지식인의 관계에 대해 반성해 보고, 이에 근거하여 지식인이 나아가야할 바람직한 방향을 모색하고자 한다. 이 부분에서 우리는 우리 지식인들이 가지고 있는 '주류 콤플렉스', '학자 이데올로기'의 경향에 대해 철저하게 반성하게 될 것이다. 넷째로 필자는 이러한 경향을 극복하기 위한 하나의 방안으로서, 특히 지식인의 이념적 역할과 관련해서는 이 시대에도 여전히 통용될 수 있는 '선비'와 '선비정신'을 재음미하면서 논의를 마무리하고자 한다.

인 문학과 대중문화

전통 인문학과 매체시대 인문학

오늘날 우리가 체감하고 있는 인문학의 위기 상황은 인문학 영역의 내부뿐만 아니라 외부 환경의 변화를 고려할 때 비로소 그 실마리를 찾을 수 있다. 인문학 진영 내부의 원인 규명은 이미 많은 지면을 통해서 논의되었기에[1] 여기에서는 그 바깥의 변화에 대해서만 잠시 짚어 보고자 한다.

이와 관련하여 우리에게 매체이론가 문명비판가로 널리 알려진 맥루한 (H. M. Mcluhan 1911-1980)의 설명은 설득력 있게 다가온다. 그는 인류의 역사를 매체(medium)의 역사로 간주한다. 그의 설명에 의하면 인간의 역사는 구어시대(Oral age), 문자시대(Literate age), 인쇄시대(Gutenberg age), 전기시대(Electric age) 이상과 같은 네 시기로 구별된다.[2] 첫 단계인 구어시대의 사람들은 대체

---

1) 전국대학인문학연구소협의회, 『인문비평』, 월인, 창간호: "우리나라 인문학 연구의 현황과 문제점",(2000), 제2호: "국내외 인문학 동향"(2001), 제3호: "인문학의 경제적 가치와 생산성"(2002)에서 이미 심층적으로 논의되었다. 또한 국내 인문학 연구자 내부 진영의 움직임에 대해서는 신응철(2003), 앞의 글, 115-119쪽.
2) 맥루한, 『미디어의 이해-인간의 확장』(박정규 역), 커뮤니케이션북스, 1997, 518쪽. 맥루한, 『구텐베르크 은하계-활자인간의 형성』(임상원 역), 커뮤니케이션북스, 2001, 44-71쪽.

로 공동생활을 하며, 구두(口頭)로써 의사소통을 하기 때문에 시각, 청각, 후각, 촉각, 미각의 오감각을 동시에 사용하는 복수 감각형이었다. 두 번째 단계는 약 2천 년 전의 한자(漢字)나 알파벳의 발생이후부터 시작된 문자시대(필사시대)이다. 이때부터 차츰 사람들은 시각형 인간으로 변형되었지만 문자를 사용하는 사람이 극히 적었기 때문에 여전히 이전 시대와 마찬가지로 복수 감각형의 인간이 지배적이었다. 세 번째 단계는 15세기 구텐베르크의 활판 인쇄술의 발명이후부터 전기 매체가 등장하기까지의 약 4세기 동안의 시대로서 일명 구텐베르크 시대다. 이 단계의 사람들은 인쇄술에 의한 의사소통에 크게 의존하였으며, 사람들은 주로 시각에 의존하는 부분 감각형 인간이 되었다. 그래서 인간의 사고는 선형(線形) 혹은 연속적 패턴을 띠게 되었고, 인쇄 매체의 발달은 개인주의와 민족주의의 경향을 촉진하게 되었다. 마지막 단계는 20세기의 전기 매체 시대다. 전기 매체의 발달로 세계는 점차 하나의 지구촌(global village)으로 발전하게 되어 인류를 과거의 구술문화가 우세한 시대로 복귀하게끔 만들었다. 말하자면, 전기 매체는 이성적이기보다는 감성적인, 시각적이기보다는 촉각적인, 파편적이기보다는 통합적인 성격을 지닌 문자이전의 인간형을 부활시켜 놓았다. 그리하여 일종의 재부족화 현상이 일어나 사람들은 시각형 인간에서 복수 감각형으로 되돌아가게 되었다.

이상과 같은 맥루한의 설명에 따르면, 텔레비전, 라디오, 전화, 컴퓨터와 같은 새로운 전기 시대의 매체는 '새로운 환경'을 형성하여 인간의 감각지각의 방식과 삶의 방식을 근본적으로 변화시켜놓았다. 이는 또한 인간의 전체 삶의 조건까지도 변화시켜 놓았다. 그런 측면에서 이제 매체는 단순히 인식의 수단이 아니라 '인간 감각의 확장'(extensions of the senses)이다. [3] 여기서 '확장'이라는 표현은 특정 감각 기관의 고유한 기능을 수행하는 데

---

3) Marshall McLuhan, *Understanding Media: The Extensions of Man*, New York: McGraw-Hill, 1964. 8~9쪽. 번역본으로는 맥루한, 『미디어의 이해─인간의 확장』(박정규 역), 커뮤니케이션북스, 1997, 18쪽.

도움이 되는 모든 수단과 기제를 일컫는다. 그 같은 맥락에서 옷은 피부의 확장이며, 인쇄 매체는 눈의 확장이며, 라디오는 귀의 확장이다. 그리고 텔레비전은 눈과 귀의 확장이다.

이와 같은 논의의 선상에서 보면 '매체는 메시지이다'(The medium is the message). 맥루한에 의하면, 새로운 매체의 등장은 기존의 감각 균형에 영향을 주고, 이는 다시 인간의 의식을 변화시키게 된다.[4] 특정 매체(전기 매체) 때문에 일어나는 인간의 감각 균형의 재조정 현상, 그로 인한 인간 의식의 변화를 맥루한은 그 같은 말로 표현하였다. 그러니까 인간과의 만남을 통해서 비로소 매체의 의미는 생겨난다. 인간은 매체로 인하여 완전한 변화를 경험하게 되고, 이러한 변화 자체를 맥루한은 메시지로 보고 있다.

오늘 우리가 살아가고 있는 현대는 멀티미디어로 대변되는 통신 매체 기술의 발달로 인해 문자의 위상이 급격히 추락하고, 그에 반해 시각적 이미지가 강조되고 있다. **이러한 사회적 환경은 결국 인문학의 고전적 매체였던 글(문자)의 위상을 축소시켜 놓았다.**

이제 맥루한의 설명에 의존하여 우리의 관심사인 인문학과 대중문화의 관계를 유심히 들여다보자. 우선 우리는 대중문화의 발달과 확산은 결국 매체의 변화에 영향 받고 있다는 사실을 발견할 수 있다. 그 점에서 **매체와 문화, 특히 매체의 발달과 대중문화는 밀접한 관련성**을 지니고 있다. 그렇다면 인문학과 매체는 어떤 관계에 있는가? 인문학 분야의 연구 주제와 특성이 그동안 많이 변화했다는 사실은 무엇을 말해주는가? 매체의 발달은 인문학의 연구와 교육에 직접적인 영향을 미쳤다고 해야 할 것이다. 최근 우리 학계에 일어나고 있는 '매체 해석학'의 연구 경향은 이를 잘 입증하고 있다.

---

4) Marshall McLuhan, *The Gutenberg Galaxy: The Making of Typographic Man*, New York: Mentor, 1964, 281-282쪽. 번역본으로는 『구텐베르크 은하계-활자인간의 형성』(임상원 역), 커뮤니케이션북스, 2001, 308-309쪽.

먼저 매체의 발달과 인문학의 관계에 대해 살펴보도록 하자. 이러한 논의를 효과적으로 진행하기 위해서 우리는 현재 우리의 시대를 맥루한의 견해처럼 매체시대로 간주하도록 한다. 이렇게 되면 인문학도 자연스럽게 과거의 '**전통 인문학**'과 현재의 '**매체시대 인문학**'으로 구분할 수 있고, 그 개략적인 특성을 분석할 수 있다. 이를 토대로 인문학 연구의 주요 대상으로 왜 대중문화가 부상하게 되었는지를 밝혀낼 수 있을 것이다.

표 1_ 전통 인문학과 매체시대 인문학의 비교

구 분	(과거) 전통 인문학	(현재) 매체시대 인문학
① 연구의 기반	공동체 문화 (보편성, 절대성, 보편문화)	탈(脫)공동체 문화 (특수성, 상대성, 특수문화)
② 연구 영역	인쇄(활자) 문화 (고전문헌, 텍스트 분석)	영상(시각) 문화 (영화, 애니메이션, 사진 감상)
③ 강조 분야	이성(理性), 정신(精神) (전통철학의 주제들)	감성(感性), 몸 (포스트모던 철학의 주제들)
④ 경제적 관점	경제와 문화의 '분리' (예: 문화산업 비판)	경제와 문화의 '통합' (예: 문화콘텐츠진흥원 설립)
⑤ 생활세계와의 관계	생활세계와의 '연결' (토지의 경작→ Bildung(훈육, 교화, 교양, 인간성) 개념의 강조	생활세계와의 '단절' (사이버 세계→창조적 상상력, 가상현실, 체험 강조)
⑥ 문화 형태	고급문화, 엘리트의식 강조	대중문화, 대중성 강조

위의 표에서도 확인할 수 있는 것처럼, 전통 인문학과 매체시대 인문학 사이에는 연구 주제나 연구의 특성이 상당히 다르다는 사실을 알 수 있다. 이러한 차이들 가운데 우리의 관심을 끄는 점은 매체시대 인문학 연구에 있어서 대중문화 연구가 차지하는 위상이다. 매체시대를 살아가고 있는 인문학자들 자신이 연구와 교육에 있어서 전통 인문학의 연구 주제나 방

법만을 고수한다면, 이는 시대정신과도 어긋날 뿐만 아니라, 인문학의 위기 상황을 그들 스스로 심화시키는 결과를 초래할 것이 분명하다. 이런 이유에서 기존의 인문학 연구의 관행의 틀을 깨고 이제 문화연구, 특히 대중문화 연구를 인문학의 주요 연구 분야로 삼자고 제안하는 강내희[5]나 김용환[6]의 목소리를 우리는 귀담아 들을 필요가 있다.

대중문화 연구의 목적과 인문학과의 상관관계

그렇다면 대중문화 연구의 목적은 어디에 있는가? 그것이 인문학의 연구와 어떤 측면에서 만날 수 있는가? 우리에게 문화 연구의 권위 있는 학술지로 알려진 *Cultural Studies*의 공동 편집인 로렌스 그로스버그(Lawrence Grossberg)[7]는 1997년 광주비엔날레 국제회의에 참석하고 이때 가진 한 인터뷰에서 매우 의미 있는 메시지를 던져 주었다.

"문화연구는 결코 문화비평이 아닙니다. 의자에 앉아서 문화현상을 관조하는 일은 더더욱 아닙니다. 문화비평을 폄하하고 싶지는 않습니다. 문화비평도 많은 역할을 수행하고 있으며 매우 중요합니다. 문화연구가 문화비평과 다르다면 그것은 문화연구가 끊임없이 일감을 찾아 나선다는 것입니다.(중략) 문화연구는 결코 문화에 대한 연구가 아닙니다. **문화는 세상에서 벌어지는 정치적 갈등을 잘 들여다보기 위한 것에 지나지 않습니다.** 그러므로 끊임없이 문화를 정치적 상황으로 되매김질하는 작업이 필요합니다. 지금까지 많은 학문 분야가 있었지만 문화연구만큼 문화를 그런 식으로 심각하게 다루지 못했습니다. **문화연구는 문화로부터 시작하지만 궁극적으로 문화를 정치적 맥락 안으로 되돌려놓습니다. 그 맥락 안에서 어떤 권력 투쟁이 있었는지를 파악하는 것이지요.** 영화를 해석하고, 수용자가 영화나 텔레비전을 어떻게

5) 강내희, 『지식 생산, 학문전략, 대학개혁』, 문화과학사, 1998.
6) 김용환, 「문화학에서의 인문학: 문화인류학적 제언」, 『인문비평』, 창간호, 월인, 2000, 116쪽.
7) 현재 미국 노스 캐롤라이나대학교 커뮤니케이션학과 교수. 문화연구 전문 학술지 *Cultural Studies*의 공동 편집인. *Cultural Studies*(Routledge, 1991), *Marxism and Interpretation of Culture*(University of Illinois Press, 1988)의 공동 편저자.

해석하는가 하는 것을 문화연구라고 할 수는 없습니다. 그것들은 현재의 상황을 더욱 잘 이해하기 위한 과정에 불과할 따름입니다. **권력의 배분, 권력의 변화, 권력으로 인한 변화 등을 찾아내는 일이 궁극적인 문화연구의 목적입니다.**"[8]

또 다른 곳에서 그로스버그는 다음과 같이 말하고 있다.

"문화연구는 문화를 단순한 텍스트나 상품이 아닌 그 이상의 무엇으로 간주한다. 더 나아가 **문화연구는 문화 자체를 권력을 둘러싼 생산과 투쟁의 지점으로 이해한다.** 여기서 권력은 필연적으로 지배의 형태를 취하는 것이 아니라 언제나 구성원의 특정 분파들을 위하는 불평등한 힘의 관계로 이해된다."[9]

그로스버그는 이처럼 (대중)문화 연구의 목적을 분명히 제시하면서, 이와 관련하여 문화연구가 지니는 특징들을 제시하였다. 그에 의하면, 문화연구는 하나의 '분과(分科)'라는 것, 본질적으로 '맥락적(脈絡的)'이라는 것, '이론적(理論的)'이라는 것, '정치적(政治的)'이라는 것, '학제적(學制的)'이라는 것, 그리고 '자기반성적(自己反省的)'이라는 특징이 그것이다.[10] 이 대목에서 우리는 문화연구와 인문학 연구의 밀접한 연관성을 이끌어 낼 수 있다. 인문학은 그 연구 분야를 어떻게 정의하고 접근하든 간에 공통적으로 그 속에는 '나는 누구인가?', '인간이란 무엇인가?'라는 물음에 대한 다양한 숙고와 고찰 방식이 들어있다. 그런 면에서 인간의 자기-인식, 자기-검토, 자기-반성이 인문학 연구의 궁극적인 목적이라 해도 과언은 아니다. 때문에 문화(대중문화)라는 매개를 통한 간접적 방식의 인간의 자기-이해는 어떤 면에서는 인문학 연구의 핵심적인 한 가지에 해당된다고 할 수 있다.

---

8) 현대사상 기획특집 특별대담 "문화연구와 권력", 『현대사상』 제4호, 민음사, 1997, 66쪽.
9) 로렌스 그로스버그, 「문화연구: 그 이름이 의미하는 것」, 『현대사상』 제4호, 민음사, 1997, 175쪽.
10) 로렌스 그로스버그, 「문화연구: 그 이름이 의미하는 것」, 『현대사상』 제4호, 민음사, 1997, 183쪽.

비슷한 관점에서 김용환[11]은 인문학이 적어도 규범적 학문인 이상, 문화를 연구 대상으로 삼을 때 문화 기술에 충실해야 하지만 그 자체에만 그쳐서는 안 되고, 궁극적으로는 문화비평(문화비판)을 추구해야 한다고 주장하기도 한다. 덧붙여 이러한 문화비평에 있어서 객관적 잣대, 즉 인문학이 추구하는 보편적 윤리와 가치관, 그리고 현재 및 미래 사회에 부합하는 인간 상(像)을 정립할 필요가 절실하다고 그는 주장하기도 하였다.

대 중문화의 비평가로서 지식인

우리의 관심은 인문학 연구 분야의 중심 주제로 자리 잡은 대중문화를 어떻게 연구하고 이해할 것인가라는 점에 있다. 이러한 관심은 자연스럽게 대중문화의 비판과 이해 그리고 감상에 있어서 중심적인 역할을 수행하고 있는 비평가로서의 지식인에게 모아진다.

그로스버그도 문화연구에서 나타나는 지식인 상(像)에 대해 언급한 바 있다. 그에 따르면, 문화와 관련된 지식인의 등장은 부르주아와 중간계급의 부상(浮上)과 맞물려있다. **과거의 지식인들의 역할은 부르주아와 중간계급의 문화 취향 등과 같이 '제도화된 권력'을 보호하는 데 있었다.**[12] 마찬가지로 현대의 지식인들도 그와 같은 혐의에서 결코 자유롭지 못하다는 것이다. 때문에 자본주의라는 거대 권력이 대학을 넘나보고 그에 걸맞은 이론 생산을 요구하는 상황에서 이제 지식인 스스로가 그에 대응할 수 있는 지식 생산을 염두에 두어야 하고, 나아가 지식인의 참 역할을 진지하게 모색해야 할 시점이다.

---

11) 김용환, 「문화학에서 인문학: 문화인류학적 제언」, 『인문비평』 창간호, 월인, 2000, 124쪽.
12) 현대사상 기획특집 특별대담 "문화연구와 권력", 『현대사상』 제4호, 민음사, 1997, 57쪽.

매우 광범위하고 다양하게 전개되는 지식인(知識人)[13]에 관한 논의를 여기에서는 서양 철학적 전통에서 대중문화의 '비판'과 '이해' 그리고 '감상'이라는 관점에서 크게 세 가지 유형으로 구분하여 살펴보고자 한다. 이 세가지 유형은 마르크스 사상을 자본주의 사회에 적용하는 관점, 프라그마티즘에 근거한 해석학적 관점, 그리고 프랑크푸르트학파의 비판이론의 관점을 나타내는 것으로 이해해도 무방할 것이다. 먼저 마르크스 사상에 토대를 두고 실천철학적 관점에서 지식인의 역할을 논의하는 그람시와 만나보자.

그람시(A. Gramsci 1891-1937)의 유기적 지식인

대중문화 비평과 비평가로서 지식인의 관계를 염두에 두면서 그람시를 읽을 때 우리가 주의해야할 부분은 그가 사용하고 있는 '문화'와 '지식인' 개념, 그리고 지식인과 문화의 상관관계이다.

일반적으로 알려진 지식인에 대한 정의는 "뛰어난 지적 능력을 지녔거나 지녔다고 생각되는 지적인 존재"(옥스퍼드 영어사전)이다. 그런데 그람시는 지식인을 규정하는 것은 그가 소유한 "뛰어난 지적 능력"이 아니라, 지식을 생산하고 그 지식을 다른 사람들에게 주입할 사회적 책무라고 보고 있다. 지식인의 기능은 무엇보다도 "지도적이고 조직적인, 곧 교육적이고

---

13) 대중문화와 관련하여 이 글에서 말하는 '지식인' 개념은 전적으로 서양철학의 전통에서 이해된 지식인임을 전제한다. 동아시아적 전통에서 논의되는 '지식(인)' 개념은 서구적 전통과 많은 차이가 있다. 곽신환의 논의가 많은 정보를 제공하기에 잠시 그의 설명을 들어보자. 조선조(1392-1910)의 지식인은 기본적으로 儒者, 士, 선비를 일컬었다. '知識'이라는 말은 「墨子」「天志」上편에서 "然且親戚兄弟所知識, 共相儆戒"라 한 것과 「管子」「立國」편에서 "屬之其鄕黨知識故人"이라 한 것이 그 전거가 될 것이다. 이때의 知識이란 말은 사물(事物)에 대해서 아는 것을 의미했다. 지식인과 대비하여 종종 사용되는 용어가 지성인(知性人)이다. 이 단어는 아무래도 「孟子」「盡心」上편 "盡其心者 知其性 知其性則知天矣(그 마음을 다하는 자 그 본성을 알고, 그 본성을 아는 자 하늘을 안다.)"가 그 전거가 될 터인데 이는 人과 物의 본성을 아는 자를 말한다. 性은 성리학자들에게서 우주의 자연적이고 궁극적인 天理이자 인간의 당위의 원칙을 나타내는 말이다. 오늘날 지성인이라고 말할 때는 지식인보다 가치 정향적인 의미로 사용하고 있다. 곽신환, 「조선조 지식인의 정체성 갈등」, 「인문학연구」 제32집, 숭실대 인문과학연구소, 2002, 25-26쪽.

지적인" 데 있다.[14] 이런 관점에서 그람시는 지식인에 대한 관습적 정의를 확대해, 다른 사람들에게 지식을 주입하고 세계를 바라보는 특정한 방식의 재생산을 보장할 책임을 지닌 사람들까지 포함시키고 있다. 그래서 지식인은 그 용어가 흔히 가리키듯, '계층'이 아니라, 일반적으로 넓은 의미에서(생산분야, 문화분야, 행정분야 등에서) 조직적인 기능을 수행하는 사회계층 전부이다.[15] 그런 측면에서 그람시의 지식인은 '개인'이기보다는 '집단'에 가깝다고 할 수 있다. 그리고 지식인에 대한 그람시의 정의에서 절대적인 비중을 차지하는 것은 역사에서 중요한 역할을 하는 지식인들이 근본적으로 특정 계급과 연결되어 있다는 가정이다.[16] 이와 같은 가정에 근거해 '유기적 지식인'과 '전통적 지식인'으로 다시금 구분된다.

먼저 그람시가 말하는 **전통적 지식인**(traditional intellectual)이란 무엇인가? 전통적 지식인은 원래 특정 계급에 유기적으로 연결되어 있었지만, 시간이 지나자 "역사의 흐름에 방해받지 않고 면면히 이어지며 따라서 집단 투쟁과 무관하다고 자처하는 …… 박제된 사회집단을 일컫는다."[17] 그람시는 이러한 전통적 지식인의 대표적인 예로 이탈리아에서의 성직자들을 꼽고 있으며, 그밖에도 문필가, 철학자, 예술가 등을 들기도 한다. 그의 표현을 빌리면, 이탈리아에서의 성직자들은 오랫동안 그 시대의 철학이자 과학인 종교적 이데올로기를 비롯해 학교, 교육, 도덕, 정의, 자선, 선행 등 여러 가지 중요한 서비스를 독점했다. 성직자들은 자신들의 시대에 토지 귀족에 유기적으로 결합된 유기적 지식인이었지만, 시간이 지나면서 이 전통적 지식인들은 자신들이 지배적인 사회집단으로부터 독립된 자율적인 집

---

14) Antonio Gramsci, *Selections from the Prison Notebooks*, edited by Quintin Hoare and Geoffrey Nowell Smith, London: Lawrence & Wishart, 1971, 16쪽.
15) Antonio Gramsci, *Selections from the Prison Notebooks*(1971), 97쪽.
16) 케이트 크리언, 『그람시·문화·인류학』(김우영 역), 도서출판 길, 2004, 184쪽.
17) Antonio Gramsci, *Selections from the Prison Notebooks*(1971), 452쪽. 그리고 케이트 크리언, 같은 책, 193쪽.

단이라고 생각하게 되었다는 것이다. [18]

다음으로 **유기적 지식인**(organic intellectual)에 대해 살펴보자. 유기적 지식인이란 특수한 계층에 근본적·구조적으로 연결되어 있는 사람들이다. [19] 그람시가 유기적 지식인과 전통적 지식인을 구분하는 것은 개별적 지식인 자체에 관심이 있어서가 아니다. 핵심은 권력이 생산되고 재생산 또는 변형되는 과정에서 지식인들이 수행하는 역할에 있다. [20] 그런 맥락에서 그람시의 궁극적인 관심사는 정권의 창출과 그것의 재생산 또는 변혁이며, 그 정권의 결속과 기능에 결정적으로 필요한 세계관에 있다. 지식인들의 직분은 지식을 생산하는 것이지만, 사회의 혁명적 변화를 꾀하는 유기적 지식인들이 만들어내는 지식은 대중적 존재가 경험하는 삶의 조건에 대한 참된 이해에 바탕을 두는 것이어야 한다. [21] 바로 그와 같은 관점에서 그람시는 "모든 사람은 지식인이지만, 모든 사람이 사회에서 **지식인의 기능**을 떠맡는 것은 아니다" [22]라고 말한다.

이제 지식인과 문화의 상관관계를 살펴보자. 크리언은 그람시를 읽을 때 명심할 점은 그가 자본주의 사회의 근본적인 변혁에 몰두한 적극적인 운동가였다는 사실을 강조한다. 그람시는 그 변화의 궁극적인 주역이 '계급'이라고 보았지만, 계급이 어떻게 경험되는가를 규정하는 것이 '문화'라는 점에서 문화의 문제도 모든 혁명적 프로젝트에서 중요한 몫을 차지한다고 생각하였다. [23] 그래서 그람시는 무엇보다도 '**문화적 변화**'에 관심을 기울였다. 다시 말해 진보적인 문화변동을 조장하는 동시에 보수적인 문화적 힘들을 극복하는 것이 그의 관심사였다. 그런 이유에서 그는 민속을

18) Antonio Gramsci, *Selections from the Prison Notebooks*(1971), 7쪽.
19) Antonio Gramsci, *Selections from the Prison Notebooks*(1971), 6쪽.
20) 케이트 크리언, 같은 책, 196쪽.
21) 케이트 크리언, 같은 책, 180쪽.
22) Antonio Gramsci, *Selections from the Prison Notebooks*(1971), 9쪽.
23) 케이트 크리언, 같은 책, 105쪽.

찬양하고 그 보존을 주장하는 자들을 몹시 경멸하기도 하였다.[24] 우리는 그람시 자신의 문화관을 다음의 인용문을 통해 엿볼 수 있다.

"문화에 대한 나의 생각은 소크라테스적인 것으로, **문화란** 사람들이 무슨 생각, 무슨 행동을 하든지 **제대로 생각하고 제대로 행동함을 뜻한다.** 그리고 나는 문화도 사회주의의 기본 개념임을 알기 때문에, 또 문화가 사고의 자유라는 막연한 개념을 통합시켜 구체적으로 만들어 준다고 생각하기 때문에, 조직이라는 개념을 통해 문화의 개념에 생기를 불어넣고 싶다."[25]

"우리는 문화를 백과사전적 지식으로 보려는 관습에서 벗어날 필요가 있다. 또한 인간을 경험적 자료와 두서없는 사실들로 채워야 할 용기로 봐서도 안 된다. 이런 식의 문화는 특히나 프롤레타리아에게 백해무익하다. …… 문화는 전혀 다른 것이다. 그것은 **조직이며, 내면의 단련이자 고유한 인성과의 타협이다.** 그것은 수준 높은 의식의 달성을 통해 개인이 자신의 역사적 가치, 자신의 고유한 역할, 자신의 권리와 의무를 깨우치는 것이다."[26]

위의 두 인용문을 통해서 우리는 그람시의 문화관이 갖는 두 가지 주제[27]를 찾아낼 수 있다. 첫째, 문화는 행동을 동반하는 사고, 다시 말해서 사람들로 하여금 자신이 살아가는 현실 속에서 자신의 위치를 적극적으로 이해하도록 해주는 수단이라는 점이다. 둘째, 조직의 중요성에 대한 강조이다. 사람들(노동자들)에게 남겨진 것은 경험적, 원초적인 문화이지 결코 유기적인 문화가 아니다. 따라서 진보주의자들은 그러한 맹아적인 프롤레타리아 문화를 조직하고 발달시켜야 한다는 점이다.

그람시의 문화론에서 발견할 수 있는 특징적인 요소는, '창조적 정신'과

---

24) Antonio Gramsci, *Selections from the Prison Notebooks*(1971), 197쪽.
25) Antonio Gramsci, *Selections from Cultural Writings*, edited by David Forgacs and Geofferey Nowell Smith, London, Lawrence & Wishart, 1985, 25쪽.
26) Antonio Gramsci, *Selections from Political Writings*, 1910–1920, edited by Quintin Hoare, London, Lawrence & Wishart, 1977, 10–11쪽.
27) 케이트 크리언, 같은 책, 108–109쪽.

'비판적인 문화의식'이 역사를 만들어낸다는 근본 신념이다. 그런 맥락에서 그람시가 주목하는 문화는 전통적으로 문화인류학에서 논의하는, 그러니까 한 세대에서 다음 세대로 대물림되며 지속되는 것으로서의 문화가 아니다. 오히려 경제관계에 긴밀히 연결되어 있으면서 특히 헤게모니를 성취하려는 집단이나 계급이 적극적으로 창조해야 하는 문화이다. 그래서 그람시는 지식인들이 새로 부상하는 계급의 세계관을 대변하는 주류 문화가 자리 잡는 과정에서 결정적으로 중요한 역할을 한다고 보고 있다. 지식인들은 특수한 계급 입장을 경험하는 자들의 비통합적이고 단편적인 느낌들을 그들의 입장을 반영한 통합적이고 논리적인 세계관으로 변형시킨다. 그렇기에 지식인은 특히 '유기적 지식인'은 대중의 열정을 느끼고 이해해야만 특수한 역사적 상황 속에서 그것을 설명하고 정당화시킬 수 있으며, 그것을 역사법칙 및 과학적, 체계적으로 다듬어진 우월한 세계관과 변증법적으로 연결시킬 수 있는 것이다. 그런 열정 없이는, 지식인과 민중-민족 간의 심정적 유대감 없이는, 역사와 정치를 만들어낼 수 없다는 것이다.[28]

손탁(S. Sontag 1933-2004)의 체험적 지식인

이어서 살펴볼 지식인의 유형은 프라그마티스트로 널리 알려진 수잔 손탁의 해석학적 논의다.[29] 손탁은 대중문화와 지식인의 역할에 대한 체계적인 논의를 하지는 않았지만, 그녀 스스로 반전(反戰), 반핵(反核) 등의 운동의 현장 속에 깊이 뛰어들었기에[30] 그 자체를 통해서도 지식인의 역할

28) Antonio Gramsci, *Selections from the Prison Notebooks*(1971), 418쪽.
29) 가다머와 손탁의 예술작품의 해석과 관련된 논쟁 부분은 신응철, 「해석: 해방인가? 훼방인가?」, 『철학연구』 제61집, 2003.5. 그리고 신응철, 『문화철학과 문화비평』, 철학과현실사, 2003, 202~233쪽 참조 바람.
30) 수잔 손탁의 현실 참여 부분에 대해 즉각적으로 파악할 수 있는 자료로는 그녀가 쓴 『타인의 고통』(이재원 역), 도서출판 이후, 2004.가 있다.

에 대한 그녀의 입장을 읽어낼 수 있을 것이다. 여기에서는 대중문화 일반에 논의를 집중하기보다는 그 범위를 좁혀 대중예술작품의 해석의 문제를 놓고서 해석자(다름 아닌 지식인, 비평가)의 역할에 초점을 맞춘 손탁의 논의를 통해 우리는 체험적 지식인의 유형을 만나보고자 한다.

손탁의 기본적인 문제의식은 대중예술의 영역에서 여전히 커다란 영향을 미치고 있는 전통적인 그리스 예술이론의 틀에서 벗어나야 한다는 데 있다. 먼저 그녀 자신이 파악하고 있는 그리스 예술이론의 특징과 문제점을 살펴보자. 예술에 관한한 그 핵심은 언제나 '모방' 혹은 '재현'이라는 의식이다. 이러한 관점에서 예술은 '형식'과 '내용'이 분리되어 있다는 생각을 갖게 해 주며, 이 때문에 내용은 본질적인 요소로, 형식은 장식적 요소로 간주되어 왔다는 것이다. 내용을 지나치게 강조한다는 것은 끝나지 않을, 혹은 결코 완성되지 못할 '해석 작업'을 해야 한다는 의미가 된다고 손탁은 파악한다. 이러한 측면에서 현대 해석학에서의 예술작품에 대한 해석 방식에서 '이해가 곧 해석'이라는 도식이 성립하게 되었다고 손탁은 생각한다. 손탁은 예술작품에 대한 해석 행위가 '해방으로서의 해석'인지 아니면 '훼방으로서의 해석'인지를 진지하게 고민하고 있는 것이다.

결론부터 말하자면, **현대 해석학에서 주로 통용되는 예술작품의 해석 방식은 손탁이 볼 때는 작품의 의미를 훼손시키는 '훼방으로서의 해석'**이다. 그 이유는 어디에 있는가?

"예전의 해석 방법은 집요했지만 그래도 예의가 있었다. 원문 그 자체의 의미 위에 또 하나의 의미를 덧붙이는 것이다. 현대의 해석 방식은 파고들어가는 것이다. 파고들어가면서 파괴한다. 이는 진짜 텍스트인 숨은 텍스트를 찾기 위해서 '배후'를 파헤치는 것이다."[31]

---

31) Susan Sontag, *Against Interpretation and Other Essays*, New York, Dell, 1966. 번역서로 『해석에 반대한다』(이민아 역), 도서출판 이후, 2002, 24쪽.(이후 번역본의 쪽수를 표기함)

손탁은 현대 해석학에서의 해석 방식에 대해 예술작품을 가만히 내버려두지 않겠다는 잔인한 호전 행위로 간주한다. 그러니까 해석자는 예술작품을 그 내용으로 환원시키고, 그 다음에 그것을 해석함으로써 길들인다. 그렇게 해서 해석은 예술을 다루기 쉽고 안락한 것으로 만든다는 것이다. 이러한 방식에서 '이해'한다는 것 자체가 바로 '해석'하는 것이 된다. 그런데 이러한 방식에 문제가 도사리고 있다고 손탁은 파악한다. 어떤 측면 때문인가? **이해가 곧 해석이라고 주장할 때 이 때의 해석이란, 다름 아닌 작품의 세계, 작품의 의미에 숨통을 조이는, 다시 말해 하나의 '훼방 행위'가 되기 때문이다.**[32] 그런 점에서 현대 해석학에서 말하는 예술작품의 해석이란, 지식인이 예술에 가하는 복수요, 세계에 가하는 복수라고 손탁은 말한다. 그러니까 해석한다는 것은 '의미'라는 그림자를 세우기 위해 세계를 무력화시키고 고갈시키는 짓이 된다.

> "도시의 공기를 더럽히는 자동차와 공장의 매연처럼, 예술을 해석하는 사람들이 뱉어 놓은 말들은 우리의 감성에 해독을 끼친다. 정력과 감성을 희생하면서까지 비대할 대로 비대해진 지식인의 존재가 이미 해묵은 딜레마가 되어 버린 문화권에서, 해석은 지식인이 예술에 대하는 복수다. 아니, 그 이상이다. 해석은 지식인이 세계에 가하는 복수다. 해석한다는 것은 '의미'라는 그림자 세계를 세우기 위해 세계를 무력화시키고 고갈시키는 짓이다. 이는 세계를 이 세계로 번역하는 것이다."[33]

이제 손탁은 훼방적 행위로서의 해석 행위를 진정한 의미의 해방적 행위가 되기 위한 묘안을 제시한다. 그 묘안은 다름 아닌 '예술의 성애학'(erotics of Art)이다.

---

32) Susan Sontag, 같은 책(2002), 25쪽.
33) Susan Sontag, 같은 책(2002), 25쪽.

"예술에 대해 뭔가를 말하려 한다면, 우리는 예술작품이 우리에게 훨씬 더 실감나도록 만드는 것을 목표로 해야 한다. 비평의 기능은 '예술작품이 무엇을 의미하는 지를 보여주는 것'이 아니라, '예술작품이 어떻게 예술작품이 됐는지', 더 나아가서 '예술작품은 예술작품일 뿐이다'라는 사실을 보여주는 것이다. 해석학 대신 우리에게 필요한 것은 예술의 성애학이다."[34]

손탁의 예술의 성애학에서 핵심적 요소는 바로 '투명성'(transparence) 개념이다. 그녀가 말하는 **투명성**이란, **사물의 반짝임**(luminousness)**을 그 자체 안에서 경험하는 것, 있는 그대로의 사물을 경험하는 것**을 말한다.[35] 이러한 투명성 개념이 예술의 영역에서 어떻게 확보될 수 있는가? 손탁은 오늘날 비평가들(지식인들)이 초점을 맞추는 것은 '예술작품이라는 올가미에 걸려든 현실'이지, 예술작품이 사람의 마음을 끌어들여 어느 정도 변화를 일으킬 수 있느냐에 있지 않다는 점을 지적한다. 그러면서 그녀는 모든 위대한 예술은 관조, 역동적인 관조를 불러일으킨다고 주장한다.

"예술작품을 접하는 이가 작품 안에 있는 것을 일시나마 자신의 실제 삶과 동일시하면서 자극을 받는다하더라도, 그 반응은 예술작품을 예술작품으로 대하는 한, 궁극적으로 분개나 찬동을 넘어서는, 초연하고 평온하고, 감정의 동요 없이 관조적인 것일 수밖에 없다."[36]

예술작품에서의 투명성에 대한 경험은 해석자 자신의 '몰입'의 절차를 전제로 할 때 가능하다.[37] 몰입이 가능한 것은 모든 예술작품이 기본적으로 역동적인 관조를 불러일으키는 어떤 힘을 가지고 있기 때문이다. 이것을 손탁은 예술작품이 가지고 있는 '유혹의 힘'이라 간주한다. 예술작품이 아무리 뛰어난 표현력을 갖추었다고 할지라도, 그 성공 여부는 역시 작

---

34) Susan Sontag, 같은 책(2002), 34–35쪽.
35) Susan Sontag, 같은 책(2002), 33쪽.
36) Susan Sontag, 같은 책(2002), 53쪽.
37) Susan Sontag, 같은 책(2002), 55쪽.

품을 경험하는 이의 협력 여부에 달려있다. 바로 이와 같은 측면에서 손탁은 예술은 '유혹'이지 '강간'이 아니라고 말한다.[38] 예술작품은 도저히 회피할 수 없는 유형의 경험을 우리에게 제시한다. 중요한 것은 예술은 체험 주체의 공모 없이는 그 유혹에 성공할 수가 없다. 그래서 예술작품은 에로틱한 대상이 된다는 것이다. 문제는 그 에로틱한 대상이 가해 오는 유혹을 우리 자신이 느끼고, 체험하는 일이지, 그 대상을 강간하는 일, 말하자면 작품을 낱낱으로 뜯어내어 짜 맞추는 식의 분석 행위는 무의미하다는 것이 손탁의 입장이다. 손탁은 현대 해석학에서의 작품에 대한 해석 행위는 마치 예술작품을 강간하는 상황, 그러니까 작품의 의미를 제대로 드러내지 못하는 훼방으로서의 해석에 매달려 있었다는 점을 비판하고 있는 것이다.

결국 손탁이 볼 때, 예술작품을 예술작품으로 만난다는 것은 특정한 경험을 얻는 것이지, 어떤 문제의 해답을 듣는 것이 아니다. 예술은 세상 속에 있는 어떤 것이지, 그저 세상에 관해 말해 주는 텍스트나 논평이 아니다.[39] 손탁의 관점에서라면, 사진, 영화, 대중음악, 심지어 랩에 이르기까지 소위 대중문화 전체는 인간의 삶 속에 대단히 긍정적인 요소로 작용할 수 있다. 그렇기에 손탁은 오늘날 우리가 잘 보고, 잘 듣고, 잘 느낄 수 있는 방법을 예술 체험을 통해서 제시하고 있는 셈이다.

벤야민(W. Benjamin 1892-1940)의 비판적 지식인

우리에게 비판적 지식인의 전형으로 알려진 프랑크푸르트학파의 비판이론가들이 행한 문화비판의 내용은 크게 두 가지 방향에서 설명될 수 있다.[40] 하나는 혁명의 가능성 여부, 다른 하나는 프롤레타리아에 대한 평가

---

38) Susan Sontag, 같은 책(2002), 46쪽.
39) Susan Sontag, 같은 책(2002), 45쪽.
40) 문현병, 「프랑크푸르트학파의 사회철학에서 문화비판」, 『시대와철학』 제11호, 1995, 168쪽.

라고 할 수 있다. 호르크하이머와 아도르노는 혁명에 대하여 좌절감을 느꼈고, 프롤레타리아의 상황에 대해서는 비관적이었다. 때문에 이들은 더 이상의 인간의 불행을 막기 위해 현대의 테크놀로지(기술)가 문화에 미치는 악영향을 분석하고 비판하는 방향으로 논의를 전개한 반면, 벤야민은 전투적이었고 낙관적이었다고 할 수 있다.

여기에서는 프랑크푸르트학파의 비판이론가들의 입장[41]과 견주어 볼 때 '기술'과 '문화'의 관계를 비교적 긍정적으로 분석하는 벤야민의 입장에 대해서 살펴보고자 한다. 호르크하이머와 아도르노는 『계몽의 변증법』에서 "대중 기만으로서의 계몽"이라는 부제를 달아 문화산업을 분석하였다. 그들은 이 책에서 산업으로서의 대중문화를 일컬어 대중 기만의 도구로서, 대중에게서 비판적 정신을 빼앗고 우둔함과 어리석음만을 줄 뿐이라고 주장하였다. 이런 주장은 대중매체와 대중문화가 가지고 있는 대중 '조작적(操作的)' 측면과 '상업적(商業的)' 성격을 비판하는 입장에서 연유한다고 할 수 있다. 그렇지만 **벤야민의 경우, 대중문화의 생성을 문화의 몰락으로 보기보다는 오히려 새로운 문화의 등장으로 파악하면서, 특히 예술작품의 복제 기술과 문자매체에서 시각매체로의 이행, 그리고 그것의 새로운 사회적 역할에 주목하였다.**[42]

벤야민은 현대 대중문화의 특징을 「기계복제 시대의 예술작품」(1968)[43]이라는 짧은 글을 통해서 명쾌하게 제시하고 있다. 그는 이 논문의 첫 부분에서 1900년경에 이르러 전래된 모든 예술작품들의 복제가 이루어짐으로써 대중에 대한 예술의 영향력에 가장 큰 변화가 일어났다고 말한다. 그러

---

41) 프랑크푸르트학파의 문화분석 방법론에 대한 부분은, 신응철, 「프랑크푸르트학파와 신칸트학파의 문화분석(연구) 방법론—문화철학과 문화비평의 상관성의 관점에서」, 『대동철학』 제24집, 2004, 247–271쪽.

42) 심혜련, 「대중매체에 관한 발터 벤야민의 미학적 고찰이 지니는 현대적 의의」, 숭실대 대학원 철학과 2001 춘계 콜로키움—21세기 문화철학과 비평–, 자료집, 2001.5.21(숭실대) 3쪽.

43) W. Benjamin, "The work of art in the age of mechanical reproduction"(1968), in Culture; Critical Concepts in Sociology, Edited by Chris Jenks, Vol 2, Routledge London and New York, 2003, 3–27쪽. 발터 벤야민, 『문예비평과 이론』(이태동역), 문예출판사, 1997, 257–292쪽.

면서 예술작품의 복제와 영화가 전통적 형태의 예술에 어떤 영향을 미쳤으며, 나아가 그것을 가능케 한 사회적 조건에 대해 이해하고자 하였다. 벤야민의 분석에 따르면, 전통적 예술과 기계복제 시대의 예술의 가장 큰 차이점은 '아우라의 몰락'(decay of the aura)에 있다.[44] 그러니까 전통적 예술작품들은 제각기 아우라를 가지고 있었지만, 기계복제 시대의 예술작품에는 더 이상의 아우라가 존재하지 않는다는 것이다. 그렇다면 벤야민이 말하는 예술작품의 '아우라'는 무엇을 의미하는가?

벤야민은 **예술작품의 일회성**(unique existence), **원본성**(the presence of the original), **진품성**(authenticity)**이 작품으로서의 객관적 특성이 된다고** 말한다.[45] 그러면서 전통적 예술작품은 그것이 만들어진 장소에서 시간·공간의 형식으로 일회적 존재로서 나타나고, 이러한 성질이 자신의 진품성을 형성하게 되었다는 것이다. 그러니까 예술작품이 가지고 있는 대상으로서의 객관적 특성을 일컫는 말이 아우라이다. 또 다른 측면에서 벤야민은 그런 **방식으로 존재하는 예술작품을 우리 스스로 수용하여 경험하는 과정에서 일어나는 하나의 '주관적 경험과정으로서의 지각 가능성'**을 '아우라'라고 말하기도 한다.[46] 아우라는 자연의 대상을 바라볼 때 주체가 대상과의 교감 속에서 그 대상이 주는 '미묘한 분위기'의 경험이라든가, 혹은 타인과의 관계 속에서 자기가 느낀 시선을 되돌려 줄 수 있는 능력으로의 상호 작용적인 지각형식을 뜻한다. 따라서 대상에 대한 경험으로서의 아우라의 몰락은 새로운 어떤 지각의 신호를 의미하게 된다.

예술의 영역에서 일어나는 아우라의 몰락 현상에 벤야민이 주목하는 이유는 예술의 새로운 수용과 기능 때문이다. 기계복제 시대 이전의 초기의 예술작품들은 종교적 의식(ritual)을 위하여 나타났다.[47] 진품으로서의 예

---

44) W. Benjamin, "The work of art in the age of mechanical reproduction"(1968), 7쪽.
45) W. Benjamin, "The work of art in the age of mechanical reproduction"(1968), 5-6쪽.
46) 심혜련(2001), 같은 글. 4쪽.
47) W. Benjamin, "The work of art in the age of mechanical reproduction"(1968), 8쪽.

술작품의 유일 가치는 본래 그것의 사용가치가 있었던 곳, 그러니까 종교적 의식에 근거를 두고 있다. 그런 측면에서 기계복제 시대 이전의 예술작품은 종교적 숭배의 대상으로서, 주술의 도구로서 종교적 기능을 수행하였다. 그러나 예술의 종교적 기능은 복제 기술의 발전에 의해서 점차 그 힘을 상실하게 되었다. 이는 달리 생각해 보면, 복제 기술이 종교적 의식에 의존하였던 예술작품을 해방시켜 주었다고 할 수 있다.[48] 그 점에서 종교로부터 예술의 해방이 이루어진 셈이다. 예술작품이 종교에서 해방됨으로써 예술은 종교적 의식 및 숭배적 가치(the cult value)를 상실한 반면, 오늘날은 새롭게 전시적 가치(the exhibition value)를 갖게 되었다.[49] 기계복제 시대에는 전시적 가치에 절대적인 역점을 두게 됨으로써 예술의 기능 또한 많은 변화를 겪게 되고, 사진과 영화가 이런 현상에 가장 잘 부합하게 된다고 벤야민은 분석하였다.

벤야민은 **기계복제 시대의 예술작품 속에서 뿐만 아니라 대중문화 속에서 나타나는 '대중성'**(大衆性)**을 인정하면서 그 대중성이 갖는 '정치적 힘'**을 간파하고 있다.[50] 벤야민은 그것을 기계복제 시대의 예술작품에 대한 대중의 반응 변화에서 읽어낼 수 있었다. 가까이 할 수 없다는 이유에서 종교적 기능을 수행했던 전통적 예술작품과는 달리, 기계복제 시대의 예술작품은 가까이 할 수 있다는 특성 때문에 그만큼 '정치적 활용성'이 크다고 할 수 있다. 그런 의미에서 벤야민은 영화를 새로운 예술의 형태임과 동시에 정치적으로 혁명적 내용을 담고 있는 사회적 실천의 범주로 파악하였던 것이다.[51]

결론적으로 벤야민의 관점을 정리해 보자. 지식인들이 대중문화 밖에서 **대중문화를 우려의 눈길로 보기보다는 그것이 갖는 사회적 힘을 인정하**

---

48) W. Benjamin, "The work of art in the age of mechanical reproduction"(1968), 8쪽.
49) W. Benjamin, "The work of art in the age of mechanical reproduction"(1968), 9쪽.
50) 심혜련(2001), 같은 글, 22쪽.
51) W. Benjamin, "The work of art in the age of mechanical reproduction"(1968), 20쪽.

고, 나아가 그것을 사회비판의 도구로 적극 사용해야 하는 것이야말로 대중문화의 올바른 이해이고 활용인 셈이다.[52]

　이제 대중문화 연구와 지식인의 관계에 대한 논의를 우리 내부로 돌려보자. 우리 지식인들은 어떤 의식을 가지고 있으며, 그간 어떤 행태를 보여주었을까?

'우 리' 지식인에 대한 반성

'우리' 지식인의 주류 콤플렉스

　우리에게서 대중문화란 주로 미디어 매체에 의해 형성되어 불특정 다수에게로 통용되는 것을 뜻한다. 이러한 대중문화의 형성과 전달의 중심에는 신문과 방송을 포함한 대중매체가 중요한 역할을 담당하고 있고, 그 한복판에 미디어 지식인[53]들이 있었다. 강준만의 논의에 의하면, 한국 사회에서의 미디어 지식인의 탄생의 가장 큰 이유는 '인정에 대한 욕망' 때문이다. 그 욕망을 충족시켜 줄 수 있는 게 바로 미디어이다.[54] 한국 사회의 미디어 지식인의 가장 큰 특징은 그들이 '주류 콤플렉스'에 빠져 있다는 점이다. 강준만에 따르면, 두려움 때문이든, 습관 때문이든, 어떻게 해서든 '주류'에 편입되어야 한다는 강박관념이 다름 아닌 주류 콤플렉스를 형성한다. 이러한 콤플렉스로부터 벗어나기 위해서 한국의 지식인들은

---

52) 심혜련(2001), 같은 글, 23쪽.
53) 여기서 말하는 미디어 지식인이란, 미디어를 가장 중요한 사회 참여적 활동무대로 이용하기 위해 미디어의 요구와 필요에 최소한의 타협을 하는 동시에 미디어를 비교적 성역과 금기로 간주하고 그 원칙에 따라 사회이론을 개발하고 사회비평을 하는 지식인이다. 강준만,「대중매체 이론과 사상」, 개마고원, 2001, 485쪽.
54) 강준만, 같은 책(2001), 485쪽.

신문과 방송에 유착되게 된다. 그들은 자신들이 사용하는 매체에 대해 비판적 시각을 가질 겨를도 없이 신문에 통합되어 신문을 자신의 주장과 사상을 전파하는 도구로 간주하게 된다.

사실, 지식인으로서의 능력과 자질에 대한 평가는 자신의 전공 영역과 관련된 전문적인 연구 논문이나 학술서적의 출판을 통해, 그리고 이와 관련하여 학회 구성원이나 전문 연구자 그리고 강좌 수강생들의 판단을 통해 이루어져야 하는 것이 순리이다. 그렇지만 우리의 대학 사회의 현실은 많은 부분에서 왜곡되어 있다. 메이저급 신문의 출판담당 기자와의 친분 여부에 따라, 대중매체를 홍보의 수단으로 삼는 데 성공했느냐의 여부에 따라 지식인 본인의 유명세가 결정되어 버린다. 이 과정에서도 역시 주류에 편입된 지식인들은 수혜자의 처지에 있게 된다. 뿐만 아니라 이러한 과정을 통해 주례사처럼 기사화된 학술서적들과 소개된 지식인들(문인들) 그리고 쓰인 칼럼들 등은 우리의 대중문화를 이끌어가는 보이지 않는 핵으로 작용한다.

심지어 한국 사회에서 좌파적, 진보적 지식인들조차도 (역설적으로 들릴지 모르지만) 자신들의 글을 메이저급 극우 신문에 기고하고, 자신들의 행태를 아무런 문제의식 없이 당당하게 생각하고 있다. 강준만은 한국 사회의 지식인들의 주류 콤플렉스에서 가장 문제가 되는 부분은 바로 다음과 같은 점이라고 지적한다. 그러니까 한편으로 그들은 문화적으로는 '좌파'로 행사하면서 대중들로부터 명분과 존경을 얻고, 다른 한편으로 정치, 경제적으로는 '주류'에 편입되거나 '주류'와 유착해 실리와 권력을 얻겠다는 자세를 취하고 있다는 것이다.[55] 아마도 강준만의 판단이 다소 과격한 점은 있다 하더라도, 이러한 지식인 상(像)이 지금 한국 사회 전체에 통용되고 있다고 해도 과언은 아닐 것이다.

---

55) 강준만, 같은 책(2001), 489쪽.

'우리' 지식인의 학자 이데올로기

메리 프랫(Mary Pratt)은 일반적으로 행해지는 '평론'은 저널리즘이나 소비주의에 의해 형성되지만 '학문적 비평'은 대학 및 대학의 엘리트 예술과의 결합에 의해 형성된다고 말한 바 있다. 그러면서 프랫은 대학에서 이루어지는 학문적 비평에 대해 "눈가리개를 하고 공중에 주먹을 휘두르는 강편치를 소유한 프로권투 선수들의 난투극"이 될 가능성이 있음을 염려한 바 있다.[56] 프랫의 염려는 한국의 지식인 사회에 그대로 적용되어 현실화되고 있다고 말해야할 것이다. 무슨 말인가? 프랫이 대학에서의 학문적 비평에 관해 말할 때 그것은 바로 지식인의 상황을 단적으로 묘사한 것이라 할 수 있다. 강준만은 이러한 상황에 처해 있는 지식인을 '학자 이데올로기'[57]에 사로잡혀 있다고 표현한다. 한국의 지식인 문화를 병들게 하는 주범 중의 하나로 지목된 학자 이데올로기란 무엇인가? 한 마디로, 배타적 특권을 강조하는 집단이기주의가 강한 사람들의 사고체계라 할 수 있다.

따라서 학자 이데올로기에 사로잡힌 한국의 지식인들은 절대로 대중들이 알아들을 수 있는 수준으로 글을 쓰지 않는다. 학자들끼리만 알아들을 수 있는 언어로 글을 쓴다. 심지어는 학자 자신들조차도 재미없어서 가능한 한 잘 읽지 않는 글을 쓴다. 그들은 가급적 외국어로 된 원어를 구사하면서, 우리말의 체계에 들어맞지도 않는 용어나 표현을 자연스럽게 내뱉는다. 그런 글을 무게 있는 글이라고 서로 치켜세운다. 그들의 의식 속엔 학문은 사회와 분리되어 있고, 사회보다 훨씬 높은 곳에 존재하는 매우 신성한 것이다. 그래서 대체로 그들은 외국의 유명 지식인들(나아가 자신의 지도교수)의 이론을 연구하고 소개하는 것이 학술적으로 가치 있는 일이며, 그런 행태야말로 지식인의 참 역할인양 간주한다. 지금 여기 한국 사회에서 쟁점으로 등장하는 사건들(예컨대, 사드 배치, 한국사교과서 집필, 개헌, 행정수도 이전, 남북경협 등

---

56) 신응철, 『해석학과 문예비평』, 예림기획, 2001, 14쪽.
57) 강준만, 같은 책(2001), 477쪽.

등)에 대해 발언하거나 글을 쓰는 일에 대해서는 대체로 침묵한다.

　뿐만 아니라, 지식인의 전형인 대학의 전임교수들은 자신들의 글에서 국내 학자들(특히 시간강사)의 글은 가급적 인용하지 않으려 한다. 심지어 국내 학자들의 글은 아예 읽지 조차 않는 경향이 있다. 이유는 간단하다. 구별 의식, 나아가 차별의식 때문이다. 전임과 비전임간의 구별의식이 강할수록 자신들의 권위가 더욱 공고해 진다고 그들은 믿고 있다. 다소 과장일 수 있다. 그렇지만 한국의 지식인 사회는 자신들이 쌓아 올린 학자 이데올로기라는 강력한 구조물 앞에서 결국은 자신들 스스로도 갇혀버리는 운명에 처하고 말았다. 그 결과 학문의 동종교배 현상이 자연스럽게 일어나고 있다. 자기 스승의 이론이나 학문적 태도에 대해서, 나아가 특정 인맥의 권위자의 이론이나 학문적 경향에 대해는 절대로 비판해서는 안 된다는 터부가 지식인 사회에 통용되거나 강요되고 있다. 누군가가 그 터부에 반기를 들면 그는 한국의 지식인 사회에서 철저히 외면당하고 만다. 우리는 그와 같은 사례들을 주변에서 아주 쉽게 찾아볼 수 있다. 결국 이 같은 경향들이 인문학 자체(특히 철학)의 위기를 더욱 심화시켜 나가는 중요한 원인이 되고 있다는 사실이다.

'우 리' 지식인과 '선비', 그리고 '선비정신'

　이제 우리에게 남겨진 문제는, 비평가로서 지식인이 추구해야 할 바람직한 상은 무엇인가? 라는 물음에 대해 우리 스스로 답하는 일이다. 곽신환은 오늘의 지식인은 하청업자, 청부업자와 같다고 진단한 바 있다.[58] 그

---

58)　곽신환, 「조선조 지식인의 정체성 갈등」, 『인문학연구』 제32집, 숭실대 인문과학연구소, 2002, 44쪽.

러니까 프로젝트 참여라는 형태의 교수들의 연구가 사회적 요구를 충족시켜 준다는 긍정적 기능을 하기도 하지만, 어떤 면에서 그것은 국가나 정파 또는 특정 집단의 이해관계를 지켜주는 고용인의 기능을 하고 있는 것이다. 따라서 곽신환은 지식인의 이러한 모습에서 탈피하여 이 시대의 '보편윤리의 가치를 창출'하여 지켜내고, '도덕적 선봉의 위치'에 서야 하며, '새로운 가치 창출'을 도모해야 하는 것이 지식인의 책무라고 지적하였다.[59] 그렇다면 이러한 지식인의 전형을 우리는 가지고 있지 않았는가? 아직도 우리는 밖으로 눈을 돌려 그람시나 손탁, 벤야민이 말하는 지식인 상을 지금도 여전히 그대로 수입해야만 하는가?

필자는 먼저 **우리 지식인의 이념적 모델**을 '**선비**'와 '**선비정신**'에서 찾을 수 있다고 생각한다. '선비'는 학식과 인품을 갖춘 사람에 대한 호칭으로서, 특히 유교(儒敎) 이념을 구현하는 인격체 또는 신분 계층을 가리키는 말이다. 어원적으로 볼 때, 우리말의 선비는 '어질고 지식이 있는 사람'을 뜻하는 '선비'에서 왔다. '선비'의 '선'은 몽고어의 '어질다'라는 말의 'sait'의 변형인 'sain'과 연관되고, '비'는 몽고어 및 만주어에서 '지식 있는 사람'을 뜻하는 '박시'의 변형인 '비이'에서 온 말이다. 한자어의 士는 '벼슬한다'의 뜻인 仕와 관련된 말로서 일정한 지식과 기능을 갖고서 어떤 직분을 맡고 있다는 의미이다. 士는 '十'(수의 끝)과 '一'(수의 시작)의 결합으로 된 회의문자(會意文字)로 보기도 한다. 말하자면, 十을 미루어 一에 합한다고 풀이하면 넓은 데서 간략한 데로 돌아오는 박문약례(博文約禮)의 교육방법과 통하고, 一을 미루어 十에 합한다고 풀이하면 하나의 도리를 꿰뚫는다는 뜻과 통하는 것으로 해석된다. 이런 의미에서 '士'는 지식과 인격을 갖춘 인간으로 이해될 수 있고, 그만큼 우리말의 선비와 뜻이 통한다고 할 수 있다.[60]

---

59) 곽신환, 같은 글(2002), 45–46쪽.
60) 금장태, 『한국민족문화대백과사전』12, 한국정신문화연구원, 1991, 228쪽. 한승옥, 「亂世의 知識人과 선비정신」, 『인문학연구』 제32집, 숭실대 인문과학연구소, 2002, 12쪽.

선비는 **예법(禮法)과 의리(義理)의 주체요, 사회적 생명력의 원천이다. '인'** (仁)의 포용력과 조화정신은 선비의 화평하고 인자함에서 나타나며, 예의 는 선비의 염치의식과 사양심으로 표현되고, 믿음은 선비의 넓은 교우를 통해서 드러난다. 선비는 평상시에 화평하고 유순한 마음으로 지공무사 한 중용을 지킨다. 그러나 **의리(義理)의 정당성이 은폐될 때는 가장 예민한 감각으로 엄격하게 비판하고 배척하는 정신을 결코 잃지 않는다.**[61]

넓은 의미에서 선비란 유가사상의 전통 가운데 사회를 주도해 온 지식 인 문화 집단에 대한 총칭이라 할 수 있다. 그러니까 유가적인 이상적 지 식인으로 경전에 대한 일정한 지식과 예술에 대한 조예를 갖춘 사람으로, 조선조 사대부 문화, 즉 선비문화를 모방하고 실천한 지식인이며, 학문을 바탕으로 행동하는 사람이라 하겠다. 우리 민족은 인간 중심적 사고의 전 통 속에서 수양과 극기 및 학문 탐구를 추구하는 성인정치를 이상으로 하 는 전통을 중시하였다. 이에 '선비'라는 개념을 유교적 소양에 의해 형성 된 지도자만으로 보는 관점에서 탈피해서 포괄적으로 볼 때 선비정신이 보편성을 띤 지조 정신, 의리 정신의 표현이라는 것을 인식할 수 있을 것 이다.

선비정신에는 先公後私와 抑强扶弱의 정신이 있다. 공적인 일을 우선 하고 사적인 일은 뒤로하는 것을 先公後私라 하고, 강한 자를 누르고 약한 자를 부추기는 것을 抑强扶弱이라고 한다. 外柔內剛의 개성은 선비 인간 형의 전형이다. 겉으로는 부드러워 누구에게나 잘 대해 주고 예의 바르지 만 속으로는 강하고 심지 깊은 유형을 외유내강 형이라고 한다. 위기에 처 해서는 지조와 절개를 지키는 투철한 기개와 강인함을 갖고 있지만 사생 활에서는 한없이 부드럽고 온화한 사람, 이것이 선비의 인간형이었다. 즉, 조선시대 지식인들이 추구한 이상적 인간형은 감성의 발현인 人情과 인간

---

61) 금장태, 같은 곳(1991), 233쪽. 한승옥, 같은 글(2002), 14쪽 참조.

으로서 지켜야할 도리인 義理를 잘 調和시키는 사람이었다.

선비정신은 시대적 사명감과 책임 의식으로 대변되는 정신이다. 또한 선비정신은 淸廉과 淸貧을 우선 가치로 삼으면서 일상생활에서 儉約과 節制를 미덕으로 삼는 정신이다. 이러한 정신은 유학의 개조인 孔子의 사상에 잘 나타나 있다. 인격의 모범이요 사회의 良心으로 시대를 이끌어 가는 선비의 구실이 절실히 요구되는 현 시대상황에서 선비정신은 우리가 계승해 나가야 할 정신적 유산이다. 이 정신은 앞으로 오늘을 살아가는 우리와 그 후손까지 구원할 훌륭한 理念이라고 확신한다.

우리가 훌륭한 '선비정신'의 전통을 발전시켜 나간다면, 우리나라의 무궁한 발전에 필요한 건전한 批判精神을 함양할 수 있으며, 특히 그 시대의 선비와 같은 위치에 서있는 현대의 '지식인' 계층을 각성시키는 성과를 이룰 수 있다고 본다. 또한 선비정신의 現代的 意味가 여기에 있다고 하겠다.

선비에 대한 고찰을 통해 가장 주목할 수 있는 특징은 유교적 인격의 배양을 통해서 발현되는 비리에 대한 抵抗精神이라 하겠다. 선비는 오늘날의 왜소한 지식인과 곧잘 비교된다. 특히 꼿꼿한 지조와 목에 칼이 들어와도 두려워하지 않는 강인한 기개, 불굴의 정신력, 항상 깨어 있는 淸淨한 마음가짐으로 특징지어진 선비상은 아직도 많은 이들의 공감을 불러일으키게 된다. 일제 강점기와 광복 후 현대사의 전개 과정에서 소위 지식인들이 보여 주었던 체질적 한계와 현실 타협적 처신은 傳統時代의 知識人인 선비와 비교되면서 선비정신에 대한 현대적 재조명이 절실히 요청되고 있다.

이처럼 우리 조상들이 소중하게 간직했던 선비와 선비정신이 시대환경과 시대정신이 변화된 우리 사회에도 여전히 통용될 수 있을 것이라고 필자는 판단한다. 특히, 지성인(知性人)으로서의 지식인의 바람직한 역할을 염두에 둔다면 말이다.

|참고문헌|

『退溪集』

『논어』

『중용』

『한·영 성경전서』, (새영어흠정역판, 개역한글판), 대한성서공회. 1995.

강내희, 『지식 생산, 학문전략, 대학개혁』, 문화과학사, 1998.

강영안, 『자연과 자유사이』, 문예출판사, 1998.

강준만, 『대중매체 이론과 사상』, 개마고원, 2001.

고유섭, 「조선고적에 빛나는 미술」(1934), 『한국미술문화사논총』, 통문관, 1966.

_____, 『朝鮮美術史 及 美術論考』, 통문관, 1963.

_____, 『한국탑파의 연구』, 을유문화사, 1947.

곽신환, 「조선조 지식인의 정체성 갈등」, 『인문학연구』 제32집, 숭실대 인문과학연구
　　　소, 2002.

권문봉, 「전통적 선비정신에 대한 일고찰」, 『한문교육연구』 23호, 한국한문교육학회,
　　　2004.

권영필, 「한국미술의 미의식」, 『한국 근대 미학과 우현 미학의 현재성』, 인하대출판부,
　　　2006.

_____, 『미적 상상력과 미술사학』, 문예출판사, 2000.

_____, 『한국의 미를 다시 읽는다』, 돌베게, 2005.

그로스버그, 로렌스., 「문화연구: 그 이름이 의미하는 것」, 『현대사상』 제4호, 민음사,
　　　1997.

금장태, 『한국민족문화대백과사전』 12, 한국정신문화연구원, 1991.

_____, 『한국의 선비와 선비정신』, 서울대출판부, 2000.

김덕영, 『게오르그 짐멜의 모더니티 풍경 11가지』, 도서출판 길, 2007.

_____, 『논쟁의 역사를 통해 본 사회학』, 한울아카데미, 2003.

_____, 『현대의 현상학』, 나남출판사, 1999.

김상봉, 「안티학벌 운동의 철학적 기초」, 『진보와 보수』(사회와철학연구회), 이학사,
　　　2002.

_____, 『학벌사회』, 한길사, 2004.

김연옥,「조지훈 詩에 나타난 선비정신의 구현」, 한국어문교육 제11집, 2002.

김영애,「미술사가 고유섭에 대한 고찰」, 동국대석사논문, 1989.

김용석,「김용석의 대중문화로 철학하기」 중, "차별 해소? 의식의 껍데기를 벗어던지라". 한겨레신문, 2007년 8월 4일(토).

김용환,「문화학에서의 인문학: 문화인류학적 제언」,『인문비평』창간호, 월인, 2000.

김임수,「고유섭과 한국미술의 미학」,『한국 근대 미학과 우현 미학의 현재성』, 인하대출판부, 2006.

_____,『고유섭 연구』, 홍익대 박사학위논문, 1990.

김재진,「역사의 시간화와 역사해석에 있어서의 히브리적 인지구조」, 2010년 12월 숭실대 기독교학대학원 교수퇴수회 발표원고.

김창수,「우현 고유섭과 인천문화」,『한국 근대 미학과 우현 미학의 현재성』, 인하대출판부, 2006.

김태길,「선비정신과 師道」, 선비정신과 師道文化, 청주사범대학 교육연구소, 1987.

김흥수,『한국전쟁과 기복신앙확산연구』, 한국기독교역사연구소. 1999.

나유미,「국립중앙박물관 자원봉사 현황」, 한국문화교육학회, 2008.

나종석,「데카르트 합리주의와 근대 초기에서의 수사학의 위기 -비코의 수사학적 전통의 복권 시도를 중심으로」,『고전 해석학의 역사』(한국해석학회), 철학과현실사, 2002.

노상오,「선비정신의 연구」, 부산교육대학교 논문집 제31권, 1995.

누스바움, M.『공부를 넘어 교육으로』(우석영 역), 궁리, 2011.

대한성서공회,『성경전서』, 새영어흠정역판, 1985.

로마노프스키, 윌리엄 D.,『대중문화전쟁』(신국원 역), 예영커뮤니케이션. 2001.

_____.,『맥주 타이타닉 그리스도인: 기독교 세계관으로 대중문화 읽기』(정혁현 역), IVP. 2004.

류재만,「어린이를 위한 전문 도슨트에 대한 연구」,『미술교육논총』제18권, 2005.

리케르트,『문화과학과 자연과학』(이상엽 역), 책세상, 2004.

리쾨르,『역사와 진리』(박건택 역), 솔로몬출판사, 2002.

맥루한,『미디어의 이해-인간의 확장』(박정규 역), 커뮤니케이션북스, 1997.

_____,『구텐베르크 은하계-활자인간의 형성』(임상원 역), 커뮤니케이션북스, 2001.

목수현,「우현 고유섭의 미술사관」,『한국 근대 미학과 우현 미학의 현재성』, 인하대출판부, 2006.

목수현,「한국 고미술 연구에 나타난 고유섭의 예술관 고찰」, 서울대 석사논문, 1991.

문현병,「프랑크푸르트학파의 사회철학에서 문화비판」,『시대와철학』제11호, 1995.

박균섭,『선비정신연구』, 문음사, 2015.

박정신,『한국 기독교 읽기』, 다락방. 2004.

박지연,「박물관·미술관 도슨트의 직무분석」, 한국문화교육학회, 2008.

박충구,『21세기 문명과 기독교윤리』, 대한기독교서회, 1999.

백기수,『미학개설』, 서울대출판부, 1972.

백종현,「계몽철학으로서 칸트의 전통 형이상학 비판」,『칸트와 정치철학』(한국칸트학
　　　회 편), 철학과현실사, 2002.

베네딕트, 루스.,『문화의 패턴』(김열규 역), 까치, 1997.

뵈메.H외,『문화학이란 무엇인가』(손동현·이상엽 역), 성균관대출판부, 2004.

성백효 역주,『현토완역 대학·중용·집주』, 전통문화연구회, 1994.

손탁, S.,『해석에 반대한다』(이민아 역), 도서출판 이후, 2002.

송일병,『알기 쉬운 사상의학』, 하나미디어, 1993.

신국원,『변혁과 샬롬의 대중문화론』, IVP. 2004.

신응철,『해석학과 문예비평』, 예림기획, 2001.

＿＿＿,『문화철학과 문화비평』, 철학과현실사, 2003.

＿＿＿,「프랑크푸르트학파와 신칸트학파의 문화분석(연구) 방법론 -문화철학과 문화
　　　비평의 상관성의 관점에서」,『대동철학』제24집, 2004.

＿＿＿,『20대, 이제 철학을 만나다』, 동문사, 2014.

＿＿＿,『기독교문화학이란 무엇인가』, 북코리아. 2006.

＿＿＿,『문화, 철학으로 읽다』, 북코리아, 2009.

＿＿＿,『카시러 사회철학과 역사철학』, 철학과현실사, 2004.

＿＿＿,『카시러의 문화철학』, 한울아카데미, 2000.

＿＿＿,『해석학과 문예비평』, 예림기획, 2001

＿＿＿,「해석: 해방인가? 훼방인가?」,『철학연구』제61집, 2003.

＿＿＿「문화 해석의 두 입장: 자유의지론과 문화결정론의 논쟁」,『고전 해석학의 역사』
　　　(한국해석학회), 철학과현실사, 2002.

＿＿＿「카시러의 인식이론 고찰」,『칸트와 현대 유럽 철학』(한국칸트학회 편), 철학과
　　　현실사, 2001.

쌍소, 피에르,『느리게 산다는 것의 의미』(김주경 역), 동문선, 2007.

야나기 무네요시,『공예문화』, 민병산 역, 신구문화사, 1976.

옥한흠,「크리스챤의 성 윤리」,『현대와 크리스챤의 윤리』, 도서출판 엠마오, 1987.

윤세진,「미술은 어떻게 역사가 되었는가-고유섭과 근대적 미술담론-」,『한국 근대 미
　　　학과 우현 미학의 현재성』, 인하대출판부, 2006.

이경직,『문화매거진 오늘』, 2006년 5·6월호.

이국헌,『기독교 윤리학의 이해』, 삼영출판사, 2004.

이명복,『체질을 알면 건강이 보인다』, 대광출판사, 1993.

이명수외,『다문화와 인정의 로컬리티』, 소명출판, 부산대한국민족문화연구소, 2015.

이병준외,『고령자 적합 직종 발굴 및 훈련프로그램 개발(문화영역을 중심으로)』, 노동
　　　부·부산대 교육연구소, 2007.

이상신,『19世紀 獨逸歷史 認識論』, 고려대출판부, 1989.

_____,『서양사학사』, 신서원, 1993.

이상엽,「짐멜과 카시러의 문화철학 비교 연구」,『철학논총』제50집, 제4권, 2007.

이영주,「삼성어린이박물관의 museum Educator 운영 사례」, 한국문화교육학회, 2008.

이종호,『안동선비는 어떻게 살았을까』, 신원, 2004.

이한구, "칸트와 역사 세계",『칸트의 역사철학』, 서광사, 1992.

임성빈,「성경으로 본 동성애」,『빛과 소금』, 1996년 6월호.

_____,『21세기 문화와 기독교』, 장로회신학대 출판부, 2004.

장세용,「로컬, 주체, 타자」,『로컬리티 인문학』11집, 부산대 한국민족문화연구소, 2014.

전국대학인문학연구소협의회, 2000,『인문비평』, 월인, 창간호.

전국한의과대학 사상의학교실 엮음,『四象醫學』, 집문당, 1997.

전영배,『선비道의 現代的 照明』, 지구문화사, 1984.

정옥자,『우리 선비』, 현암사, 2002.

정진상,『국립대 통합네트워크』, 책세상, 2004.

정진상 외,『대학 서열체제 연구』, 한울출판사, 2004.

제들마이어, 한스.,『중심의 상실』(박래경 역), 문예출판사. 2002.

_____.,『현대 예술의 혁명』(남상식 역), 한길사. 2004.

조명기,「로컬에 대한 두 가지 질문: 로컬은 실재하는 소수인가」,『로컬리티 인문학』11
　　　집, 부산대 한국민족문화연구소, 2014.

조요한,『관심과 통찰』, 숭실대출판부, 2004.

_____,『아름다운 것은 어렵다』, 숭실대출판부, 2005.

조요한, 『예술을 사랑하는 마음』, 한길사, 1996.

_____, 『예술철학』, 미술문화, 2003.

주광순, 「Mall의 유비적 해석학과 Gadamer의 철학적 해석학」, 『가다머의 해석학과 수사학』(2014년 제108차 한국해석학회 동계 학술발표회 자료집, 2014.12), 2014.

주승택, 『선비정신과 안동문학』, 이회, 2002.

짐멜, G., 『게오르그 짐멜의 문화이론』(김덕영·배정희 옮김), 도서출판 길, 2007.

짐멜, G., 『돈의 철학』(안준섭·장영배·조희연 역), 한길사, 1983.

_____, 『짐멜의 모더니티 읽기』(김덕영·윤미애 옮김), 새물결, 2005.

최성환, 「다문화 인문학과 해석학」, 『철학탐구』 40집, 중앙철학연구소, 2015.

_____, 「다문화주의와 타자의 문제」, 『다문화콘텐츠 연구』, 문화콘텐츠기술원, 2009.

_____, 「딜타이와 짐멜의 삶의 개념과 이해 개념」, 『철학탐구』 제25집, 2009.

최소인, 「니체와 칸트-거리의 파토스와 사이의 로고스」, 『칸트와 현대 유럽 철학』(한국칸트학회편), 철학과현실사, 2001.

최순우, 「우리의 미술」(1963), 『한국미 산책』, 최순우 전집 제5원, 학고제, 1992.

카시러(E.)., 『언어와 신화』(신응철 역), 지식을만드는지식, 2015.

_____, 『인간이란 무엇인가』(최명관 역), 서광사, 1988.

칸트, 임마누엘, 『칸트의 역사철학』(이한구 편역), 서광사, 1993.

_____, 『순수이성비판』(최재희 역), 박영사, 1992.

_____, 『실용적 관점에서 본 인간학』(이남원 역), UUP, 1998.

_____, 『칸트의 역사철학』(이한구 역), 서광사, 1992.

크리언, 케이트., 『그람시·문화·인류학』(김우영 역), 도서출판 길, 2004.

퇴계학부산연구원, 『한국의 선비정신』, 신안정판사, 2012.

파에촐트, 하인츠., 『카시러』(봉일원역), 인간사랑, 2000.

하이데거, 『니체와 니힐리즘』(박찬국 역), 철학과현실사, 2000.

한국문화교육학회, 2008 한국박물관대회 논문집, 『도슨트#해설사』, 2008.

한국문화예술교육진흥원, 『박물관·미술관·미술관 교육 전문인력 양성 및 지원방안 연구』, 2006.

한승옥, 「亂世의 知識人과 선비정신」, 『인문학연구』 제32집, 숭실대 인문과학연구소, 2002.

헤르더, J. G., 『인류의 역사철학에 대한 이념』(강성호 역), 책세상, 2002.

현대사상 기획특집 특별대담, "문화연구와 권력", 『현대사상』 제4호, 민음사, 1997.

홀, 에드워드., 『문화를 넘어서서』(최효선 역), 한길사, 2000.

홍경자, 「짐멜의 비극적인 것」, 『해석학연구』 제8집, 2001.

A. Mall외 지음, 『전통과 합리성-상호문화 철학에 관한 한 가지 관점』(주광순외 역, 김 정현 엮음), 시와 진실, 2010.

Ahrendt, Hannah., "Race-Thinking Before Racism", *The Review of Politics*, Ⅵ, No. 1(1944).

Bandura, A., Behavior theory and the models of man. *American Psychologist* (December). 1974.

Bandura, A., The self system in reciprocal determinism. *American Psychologist* 33 (4). 1978.

Benjamin, W., "The work of art in the age of mechanical reproduction" in *Culture; Critical Concepts in Sociology*, Edited by Chris Jenks, Vol 2. Routledge London and New York, 1968.(벤야민, 『문예비평과 이론』(이태동역), 문예출판사, 1997.)

Bernstein, Richard J., *Beyond Objectivism and Relativism; Science, Hermeneutics, and Praxis*, University of Pennsylvania Press, 1983.(『객관주의와 상대주의를 넘어 서』(정창호외 역), 보광재, 1996.)

Bieber, I., *Homosexuality*, New York: Basic Books, 1962.

_____., *Psychodynamics and sexual object choices: A reply to Dr. Richard C. Friedman' s paper. Contemporary Psychoanalysis* 12: 1976.

Buber, Martin., *Ich und Edu, in Die Schriften über das dialogische Prinzip*, Verlag Lambert Schneider, Heidelberg, 1923. 1954, 1974. 영어본은 *I and Thou*, ed by Walter Kaufmann, 1970. (번역서로 『나와 너』(표재명 역), 문예출판사, 1977.)

Byne, W., and B. Parsons., Human sexual orientation: The biological theories reap- praised. *Archives of General Psychiatry* 50. 1993.

Cassirer, Ernst., *An Essay on Man: An Interpretation to Philosophy of Human Culture*, New Haven Yale University Press, 1944.

_____., *The Logic of the Humanities*, translated by Clarence Smith Howe, New Haven and London: Yale University Press, 1960.

_____., *Das Erkenntnis Problem* Ⅳ, Wissenschaftliche Buchgesellschaft Darmstadt, 1973.

Cassirer, Ernst., *Die Philosophie der Aufklärung*, Tübingen, 1932. *The Philosophy of the Enlightenment*, translated by Fritz C. A. Koelln and James P. Pettegrove, Princeton University Press, 1951.

_____., *Individuum und Kosmos in der Philosophie der Renaissance*(Leipzig, 1927.)

_____., *Philosophie der Symbolischen Formen*, Reprint. vol.1: *Die Sprache*, 1923. vol.2: *Das mythtische Denken*, 1925. vol.3: *Die Phänomenologie der Erkenntnis*, 1929. Reprint. Darmstadt: Wissenschatliche Buchgesellschaft, 1964.

_____., *Symbol, Myth, and Culture: Essays and Lectures of Ernst Cassirer 1935-1945*, Edited by Donald Philp Verene, New Haven and London Yale University Press, 1979.

_____., *The Myth of the State*, New Haven and London, Yale University Press, 1946. 『국가의 신화』(최명관 역), 서광사, 1988.

_____., *The Philosophy of Symbolic Forms*, Vol 3: The Phenomenology of knowledge, translated by Ralph Manheim, New Haven and London, Yale University Press. 1957.

_____., *Wesen und Wirkung des Symbolbegriffs*, 1956, Reprint. Darmstadt: Wissenschaftliche Buchgesellschaft, 1969.

Daniel A. Helminiak, *What the Bible Really Says About Homosexuality*, Millennium Edition, 2000. (『성서가 말하는 동성애-신이 허락하고 인간이 금지한 사랑』(김강일 역), 해울, 2003.)

Derrick Sherwin Bailey, *Homosexuality and the Western Christian Tradition*, Longmans, Green, 1955.

Dorner, G., Stressful events in prenatal life of biand homosexual men. *Experimental and Clinical Endocrinology* 81. 1983.

Gadamer, H.G., *Wahrheit und Methode*, Tübingen: J.C.B. Mohr, Paul Siebeck, 1972. 영역본은 *Truth and Method*, Translated William Glen-Doepel, Sheed and Ward London, 1975.

Gobineau, *Essai sur l'inégalité des races humaines*, 1853-1855. 제2판(Paris: Firmin-Didot).

Gramsci, Antonio., *Selections from the Prison Notebooks*, edited by Quintin Hoare and Geoffrey Nowell Smith, London: Lawrence & Wishart, 1971.

_____., *Selections from Political Writings* 1910-1920, edited by Quintin Hoare, London, Lawrence & Wishart, 1977.

Gramsci, Antonio., *Selections from Cultural Writings*, edited by David Forgacs and Geofferey Nowell Smith, London, Lawrence & Wishart, 1985.

Hamer, D. H., A linkage between DNA markers on the X chromosome and male sexual orientation. Science 261 (5119). 1993.

Hartmut Böhme·Peter Matussek·Lothar Müller, *Orientierung Kulturwissenschaft*, Rowohlt Taschenbuch Verlag GmbH, Reinbek bei Hamburg, 2000.

Heidegger, Martin., *Sein und Zeit*, 『존재와 시간』(이기상 역), 까치, 1998.

Herrn, R., On the history of biological theories of homosexuality used to justify homosexuality. Special issue: Sex, cells, and same-sex desire: The biology of sexual preference. *Journal of Homosexuality* 28 (1-2). 1995.

Humboldt, Wilhelm von., *Linguistic Variabilty and Intellectual Development*, Miami Linguistics Series No.9, trans. George C. Guck and Frithoj A. Raven(Coral Gables: University of Miami Press, 1971.)

John R. W. Stott, *Same-Sex Partnership?*, Zondervan, 1998. (『존 스토트의 동성애 논쟁-동성간 결혼도 가능한가?』(양혜원 역), 홍성사, 2006.)

Judith K. Bailiwick & Jack O. Balswick, *Authentic Human Sexuality*, Inter Varsity Press, 1999. (『진정한 성』(홍병룡 역), IVP, 2002.)

Kant, Immanuel., *Anthropology from a Pragmatic Point of View*, Southern Illinois University Press, 1978.

Krois, J. M., *Cassirer: Symbolic Forms and History*, New Haven and London, 1987.

Mall, Ram Adhar., *Philosophie im Vergleich der Kulturen-Interkulturelle Philosophie-eine neue Orientierung*, Darmstadt: Wissenschaftliche Buchgesellschaft, 1995.

McLuhan, Marshall., 1964, *The Gutenberg Galaxy: The Making of Typographic Man*, New York: Mentor.(맥루한, 2001, 『구텐베르크 은하계-활자 인간의 형성』(임상원 역), 커뮤니케이션북스.)

_____., 1997, *Understanding Media: The Extensions of Man*, New York: McGraw-Hill. (맥루한, 1997, 『미디어의 이해-인간의 확장』(박정규 역), 커뮤니케이션북스.)

Mendlewitsch, Doris., *Volk und Heil. Vordenker des Nationalsozialismus im 19. Jahrhundert*, Rheda-Wiedenbrück, 1988.

Mosse, George L., *Die Geschichte des Rassismus in Europa*, Frankfurt/M. 1990.

Niedermann, Joseph., *Kultur. Werden und Wandlungen eines Begriffs und seiner Ersatzbegriffs von Cicero bis Herder*, Firenze 1941.

Nietzsche, Friedrich., *Also sprach Zarathustra* Ⅰ-Ⅳ. Kritische Studienausgabe Herausgegeben von Giorgio Colli und Mazzino Montinari, Dünndruck-Ausgabe, 1988. 『차라투스트라는 이렇게 말했다』(정동호 역), 니체전집 13. 책세상, 2000.

_____., *Sämtlich Werke, Kritische Studienausgabe* Band 5. dtv/de Gruyter, Dünndruck-Ausgabe, 1980. 『선악의 저편·도덕의 계보』(김정현 역), 책세상, 2002.

_____., *Sämtlich Werke, Kritische Studienausgabe* Band 6. dtv/de Gruyter, Dünndruck-Ausgabe, 1980.

Nussbaum, *Citizens of the World: A Classical Defense of Reform in Liberal Education*, Cambridge, MA: Harvard University Press, 1997.

Peter Coleman, *Christian Attitudes to Homosexuality*, SPCK, 1980.

Ricoeur, Paul., *Interpretation Theory: Discourse and The surplus of Meaning*, The Texas Christian University Press, Fort Worth, Texas, 1976.

Romanowski, William D., *Pop Culture Wars: Religion & the Role of Entertainment in American Life*, Inter Varsity Press. 1996.

Schiller, F., *Über naive und sentimentalische Dichtung*, Stuttgart, 1975.

Schilpp, Paul Arthur(ed)., *The Library of Living Philosophers*, Open Court Publishing Company La Salle, Illinois, 1949.

_____., *The Philosophy of Ernst Cassirer*, Open Court Publishing Company La Salle, Illinois, 1973.

Sedlmayr, Hans., *Die Revolution der modernen Kunst*, Rowohlt Taschenbuch Verlag GmbH, Reinbek bei Hamburg. 1957.

Sedlmayr, Hans., *Verlust der Mitte*, Otto Müller Verlag, Salzburg Wien. 1948.

Shusterman, Richard., *Pragmatist Aesthetics: Living Beauty, Rethinking Art*, Rowman & Littlefield, 2000.(번역서 『프라그마티스트 미학; 살아있는 아름다움, 다시 생각해 보는 예술』(김광명외 역), 예전사, 2002.

Simmel, Georg., *Gesamtausgabe, Band 14. Hauptprobleme der Philosophie.Philosophische Kultur*, Herausgegeben von Rüdiger Kramme und Otthein Rammstedt, Suhrkamp

Verlag Frankfurt am Main 1966.

Simmel, Georg., *Grundfragen der Sozilogie. Individuum und Gesellschaft*, Berlin 1970.

_____., *Soziologie. Untersuchungen über die Formen der Vergesellschaftung*(1908): *Georg Simmel Gesamtausgabe* 11, Frankfurt am Main. 1992.

_____., "Die Zukunft unserer Kultur. Stimmen über Kulturtendenzen und Kulturpolitik(1909)", in *Georg Simmel Gesamtausgabe* 17, Frankfurt a.M: Suhrkamp, 2005.

_____., "Vom Wesen der Kultur(1908)", in *Georg Simmel Gesamtausgabe, Band 8. Aufsätze und Abhandlungen 1901-08*, Suhrkamp Verlag Frankfurt am Main 1993.

Sontag, Susan., *Against Interpretation and Other Essays*, New York, Dell, 1966.(수잔 손탁,『해석에 반대한다』(이민아 역), 도서출판 이후, 2002.)

Swann, Peter., *Art of China, Korea, and Japan*, Thames and Hudson, 1963.

Tillich, Paul., *Theology of Culture*, ed. by Robert C. Kimball, Oxford University Press, 1959. (번역서로『문화의 신학』(남정우 역), 대한기독교서회, 2002.)

Uexküll, J. von., Theoretische Biologie, 제2판 (Berlin, 1938); *Umwelt und Innenwelt der Tiere* (1909), 제2판 (Berlin, 1921.)

Verene, Donald Phillip.(ed), *Symbol, Myth, and Culture: Essays and Lectures of Ernst Cassirer*, 1935-1945, New Haven: Yale Univ. Press, 1979.

Vieregg, H., *Museumswissenschaften*, Paderborn: W. Fink Verlag. 2006.

Wolff, C., *Love between women*, New York: St. Martin's Press, 1971.

|찾아보기|

|용어|

ㄱ

ㅇ

■ 저/자/소/개

신 응 철 (申膺澈)

안동 경안고 졸업
숭실대학교 인문대 철학과 졸업(서양철학 전공, 문학사)
숭실대학교 대학원 철학과 졸업(해석학 전공, 문학 석사)
숭실대학교 대학원 철학과 졸업(문화철학 전공, 철학 박사)

◆ 경력
전남대학교 철학연구교육센터 학술연구교수
숭실대학교 인문과학연구소 학술연구교수
연세대학교 미디어아트연구소 HK연구교수
대림대학교 교양학부 교수
경성대학교 글로컬문화학부 교수
현) 동아대학교 인문대 철학생명의료윤리학과 교수
　　한국해석학회 총무이사, 한국현대유럽철학회 총무이사
　　인문콘텐츠학회 총무이사
　　(사)아시아문화학술원 『인문사회21』 편집위원
　　한국인문사회과학회 『현상과 인식』 편집위원

◆ 단독 저(역서)
『카시러의 문화철학』, 『해석학과 문예비평』, 『카시러 사회철학과 역사철학』,
『철학으로 보는 문화』, 『문화철학과 문화비평』, 『문화, 철학으로 읽다』,
『기독교철학자들의 문화관』, 『기독교문화학이란 무엇인가』, 『관상의 문화학』,
『20대, 이제 철학을 만나다』, 『에른스트 카시러』,
『언어와 신화』(카시러, 번역서)

대학생이 알아야 할

인성·교양·윤리의 문제들

초판 1쇄 발행　2018년 3월　5일
초판 1쇄 발행　2018년 3월 10일

저　　　자　신 응 철
펴 낸 이　임 순 재
펴 낸 곳　(주)한올출판사
등　　　록　제11-403호
주　　　소　서울시 마포구 모래내로 83(성산동, 한올빌딩 3층)
전　　　화　(02)376-4298(대표)
팩　　　스　(02)302-8073
홈 페 이 지　www.hanol.co.kr
e - 메 일　hanol@hanol.co.kr
ISBN 979-11-5685-638-2